中原地产红皮书2010 京津卷

中原集团研究中心　著

北京中原投资顾问部　北京中原研究部

天津中原投资顾问部

中国建筑工业出版社

本书以第一手的数据资料及调研资料，全面而系统地介绍了2009年全年和2010年1月～8月北京、天津房地产市场的整体概况，以及政策环境、行业格局、土地市场、住宅市场、写字楼市场、商铺市场等各个细分市场的发展与变化。此外，本书对京、津房地产市场在此期间的热点专题进行了着重分析，包括北京通州区热点板块市场分析、北京的学区房、天津环城四区土地市场发展研究、天津工业地产市场研究、天津精装修公寓产品研究等，并对2010年以及2011年上半年京、津房地产市场进行了预测。本书可对房地产专业人员分析研究市场环境、洞悉市场热点起到借鉴作用，对普通大众的投资置业行为也具有较强的指导意义。

洗去浮华 蓄势待发

2010年的北京楼市可谓是风云变幻，一季度延续2009年的处处涨声，房地产投资大幅增长，地王频现，成交地价屡创新高，多数楼盘都呈现出销售火爆、量价齐升之势，以至于不少开发商捂盘惜售，购房者们则一边抱怨房价太高一边还怕抢不到。就在楼市形势“一片大好”之际，4月中旬政府对房地产市场开始了力度空前、史无前例的宏观调控，短短数日间各项政策接二连三地出台，众楼盘成交量应声下跌，购房者纷纷驻足观望，房地产市场走上了漫漫调整之路。

在调控政策出台的前几个月，商品房市场表现出的最大特征是成交量大幅下降，部分楼盘甚至在相当长的时间内持续零成交，而与此形成鲜明对照的是除了一些新开盘的项目加大了打折促销的力度，很多老楼盘的价格依然坚挺，楼市尚未出现普遍的价格调整；随着宏观调控的深入，成交疲软加上待售面积不断增长，迫使越来越多的开发商加入到打折促销的行列，促销形式由暗降转为明降，打折力度也逐步加大，成交量则随着房价的下降缓步攀升，调控效果逐渐显现。

即将到来的2011年对于中国乃至整个世界经济都将是十分关键的一年，由于国际金融危机的阴影尚未完全消退，美欧等发达国家的经济依然存在出现二次探底的可能，中国经济也将在扩内需、保增长、调结构、促民生的系列政策措施中继续前行。如果世界经济在新的一年中能够进一步企稳复苏，中国经济也将迎来新一轮的强劲增长，同时作为国民经济重要支柱的房地产业也将在经历一年左右的宏观调控洗礼后更加健康稳定，房价在泡沫受到大幅挤压后逐步回归理性，各类房产的投资价值重现，升值空间再度增大，购房者们也将重拾信心。北京作为中国的首都，房地产市场自然也备受瞩目，在经历了2007年的大涨、2008年的低迷，以及2009年的疯狂、2010年的逆转后，2011年楼市的走向更加受到各方关注，如果未来一段时期不再出台更加严厉的调控政策，那么2011年上半年楼市或将在2010年房价回调的基础上继续小幅向下寻找支撑，房价底部区域也将随时可能出现，在历经多次探底后预计到下半年楼市将有望迎来一轮较有力度的反弹行情，无论如何，我们都期待明年的房地产市场能够尽快结束调整、再度走向繁荣。

弹指之间，中原地产红皮书面世已有五载，伴随着北京房地产市场的风风雨雨、起落兴衰，和大家一起见证了楼市的成长与成熟。五年来，我们一直不断地努力探索和研究，力图为广大读者提供更加全面翔实的宏观、微观数据和更加深入细致的市场分析与预测，希望新的一期红皮书能够继续得到大家的喜爱和支持。

北京中原董事总经理

2010年9月

序二

做市场的领跑者

2001年到2010年，这是天津房地产飞速发展的十年，也是中原地产扎根天津，与天津房地产市场共同经历、成长的十年。从2008年房地产业面临资金链危机，到2009年的浴火重生，再到2010年一度空前的楼市新政出台，一路走来，天津中原始终以专业的经营理念，卓越的管理与服务品质，准确把握市场动态，引领行业发展。

相较于2008到2009年如过山车一般的市场状况，2010年是房地产市场过渡的一年，宏观政策调整在抑制房价的同时也为市场健康、稳定的发展奠定了基础。天津的房地产市场尤其波澜不惊，在经历了年初由新国十条带来的短暂震荡后，市场在开发商与购房者的博弈中找到了平衡点，逐渐回归平稳。

市场从来都是双刃剑，经过2008年的洗礼，天津中原在2009年实现了跨越式的发展，一手业务经过架构的调整和人员的重组后大幅增长，二手则继续巩固优势成为行业之翘楚，凭借在业绩等多方面的优异表现，集团第五大城市的称号屡有提及；而在2010年，我们更是厚积薄发，在稳固现有成果的同时，不断开拓进取，精益求精。

从一手业务来看，我们与知名品牌开发商的合作日益深入，如松江、金地、五矿、首创等，大抵看重公司多年积累的市场销售经验与强大的信息分析能力；而从喜年广场与朗钜的销售情况来看，也取得了令人瞩目的成绩。

在一手业务飞速发展的同时，我们在三级市场的腾飞更是有目共睹，凭借先进的管理理念与经营宗旨，业绩一路高歌猛进，成为天津中介行业的领头羊。值得一提的是，中原联动代理的红磡、金地、大地十二城等项目多次位列销售榜前列，独特而有效的一二手联动模式更成为天津地产代理模式之典范。

“皇牌代理、信心标记”，这八个字，在天津业界，愈加深入人心。

在自身不断成长、壮大，与各大知名媒体保持良好互动的同时，我们没有忘记回馈社会。爱心社成立、“母亲水窖 1+1”、爱心助学捐款等活动，都受到了社会各界的广泛关注与赞誉。在我们看来，热心公益正是企业与社会和谐发展的表现。

看似平常最奇崛，成如容易实艰辛，10年的中原，在风雨中成长，我们希望并致力于培养一支高素质的、有丰富专业知识，不断追求完美服务的地产综合服务团队，相信在中原全体的努力之下，这个品牌会更加迅速地成长，成为天津地产行业最值得信赖的品牌。

我们始终做房地产服务的领跑者！我们立志让中原的服务走近每个人，让中原的生命力生生不息！

天津中原董事总经理

2010年9月

目 录

城 市

数　据

公　司

插图目录

表格目录

Photo by: Hu wenkit 胡文杰 (www.pdoing.com)

Market
城市

京 津 | JINGJIN

北京市场主线：市场快速回升引来严厉调控

北京土地市场稳中有升

北京住宅新房市场受政策影响更大

北京写字楼市场平稳上升

北京商铺市场量跌价涨

天津市场主线：政策风云变幻　楼市起伏不定

天津品牌发展商布局速度加快

热点频出　天津土地市场活跃

政策主导市场走势　天津住宅市场价格创新高

天津甲级写字楼供应增加　竞争加剧

第1章　北京市场主线：市场快速回升引来严厉调控

北京中原投资顾问部

由于2008年下半年突如其来的世界性金融风暴，使得我国经济受到了较大程度的冲击。房地产作为同时拉动投资和消费的支柱型产业，成为了“保增长”的主要贡献力量。2009年，受国家巨额经济计划刺激的影响，房地产景气指数触底反弹，销售价格先跌后涨，房地产市场真正成为了刺激经济复苏的一个重要引擎。但是，随着房价的快速上涨以及地王的频频出现，也加剧了房地产市场的风险。

从政策导向看，在进入2009年后，政府继续适当地放宽金融、市场等方面的政策，一方面开辟新的融资渠道，降低准入门槛，鼓励了开发商的开发热情，刺激开发商的投资。另一方面，针对二手房市场，放宽组合贷款，刺激了购房者的需求，对房地产市场的回暖起到了积极的促进作用，使一度低迷的房地产市场又重新红火了起来。

由于2009年的政策导向，在促进楼市回暖的同时，也使得2010年初的成交均价同比上浮，并呈现出非理性上涨的趋势。因此，2010年4月起，我国出台了一系列楼市调控政策，一方面从源头抓起，控制土地成交价格，提高开发商拿地门槛并加大对土地使用情况的监管力度，降低了土地成交价格，缓解了地王频现的局面。另一方面，大幅提高购房贷款利率、限制购买套数，抑制投资需求，使房地产市场逐渐回归理性，抑制了房地产市场的过快发展。

从市场表现看，2009年房地产市场急剧升温，在国家经济刺激政策尤其是宽松的货币政策和通货膨胀预期等因素的影响下，2009年房地产市场的表现要远好于预期。出现了投资逐季加快，销售量增加，销售价格上涨，同比涨幅由负转正，并连续增长；国内贷款和个人按揭贷款增长速度加快；施工面积增速止跌回升，新开工面积强力反弹；国房景气指数持续走高等情况。

但是，随着2009年房地产市场的迅速回暖，使得固定资产投资总额不断加大、竣工面积不断增加；并且，在2010年4月楼市新政出台前，房地产市场总供应始终小于总需求。因此在多方面原因的共同作用下使房价保持着快速增长。新政出台后，过热的房地产市场得到了有效的抑制，从2010年5月起，成交量与成交均价出现回落，供需比不断增大，市场出现理性回归的态势。

从2009年和2010年的房地产形势看，北京总体市场2009年呈现迅速回暖态势，2010年在严厉的楼市调控政策的影响下，出现了量价齐跌的情况。

第2章　北京土地市场稳中有升

房地产市场在经历了一年的低迷之后，2009年又迎来了一次难得的机遇。2009年在政策的支持下，开发商开始争相求购土地，以增加后续储备。然而，优质地块的出让往往会引发激烈的竞争，但最终地块会落在有政策性资金支持的央企、国企开发商手中。由于央企、国企政策性资金的进入，使得优质地块的价格大涨，造成了地王频频出现的局面。同时，大量收购土地也促进了开发商“囤地炒地”行为的出现。

为此，北京市国土资源局表示要进行土地出让制度的改革，取消“价高者得”，采取综合评标的方式。同时，提高开发商拿地门槛，加强土地监管力度，严厉打击“囤地炒地”等行为的出现。

2.1 土地出让量稳价升

2.1.1 整体土地成交同比基本持平

2009年土地交易市场中，各类商品房用地成交1220hm^2（不含工业仓储及加油站用地），比2008年增长25%，与2008年8%的增幅相比，2009年土地供应量出现了大幅增加的情况。各类商品房用地形成供应面积1619万m^2，与2008年供应量相比增长28.9%。

2010年1至8月出让土地面积1401万m^2，同比增长24.41%（含工业仓储用地）。但是，土地成交增幅与上年度相比有所下降，主要由于2010年楼市调控政策的出台，使得土地成交量有所减少。预计2010年全年土地成交将达到2000万m^2，与去年基本持平。

图2-1　北京市土地出让成交分析（2006～2010年）

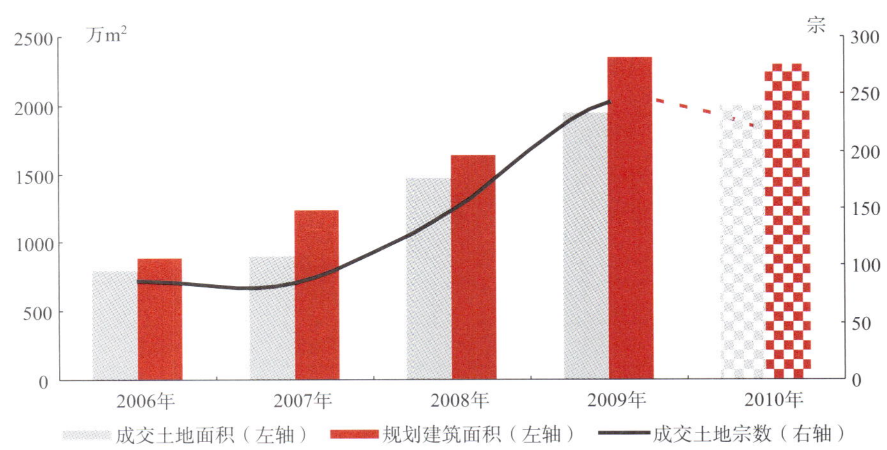

注：2010年数据为估测值。
数据来源：北京市土地储备交易中心。

2.1.2 住宅用地成交同比基本持平

2009年土地市场成交住宅用地947.43hm^2（含两限房用地），与2008年基本持平。虽然2009年住宅用地供应比2008年增加了37.28hm^2，然而全年仅完成供地计划的72.88%。

2010年年初，延续2009年房地产市场迅速回暖的势头，开发商积累了大量的资金，“地王”频频出现。但是，由于2010年4月楼市新政的出台，加大了对土地出让的监管力度，提高土地出让金的首缴比例；改变土地出让方式，采取综合评标法，坚决杜绝“价高者得”，使得成交量和价格与2009年同期相比都有一定的下降，减少了“地王”的出现。预计2010年全年土地成交速度将有所放缓。

2.1.3 土地价格继续上扬

2009年土地市场交易整体比较火爆，土地高价成交现象多于往年，一方面受较宽松的政策影响开发商纷纷进入土地市场，另一方面开发商面对逐渐回暖的楼市具有较强的信心，拿地更加“疯狂”。2009年商品房（含两限房）整体楼面地价达6064元/m^2，比2008年增长61.19%。2009年西城区商品房楼面地价最高，为13332元/m^2（由于2009年“地王”——顺义区后沙峪地块被收回，因此未进行统计）。平谷区楼面地价涨幅最大，楼面地价5141元/m^2，增长378.23%。

北京市各区县住宅用地地价列表（2009年） 表2-1

区　域	2008年楼面地价（元/m^2）	2009年楼面地价（元/m^2）	同比增长（%）
海淀	8017	6802	-15.16
朝阳	5650	8933	58.11
石景山	4351	4730	8.71
顺义	4280	2036	-52.43
丰台	3122	11789	277.61
昌平	3120	3271	4.84
通州	3015	3888	28.96
大兴	1917	7518	292.18
房山	1827	4343	137.71
平谷	1075	5141	378.23
延庆	794	3282	313.35
西城	—	13332	—
门头沟	—	9314	—
密云	—	1214	—
怀柔	—	1257	—
总体水平	3762	6064	61.19

数据来源：北京中原投资顾问部。

2010年1至2月由于房地产市场的火爆以及在2009年开发商积累了大量的资金，使得住宅用地成交量和价格有了较大幅度的增长。然而，由于新土地政策的实施，自2010年3月下旬起，成交量迅速下降。2010年1至8月，楼面地价为9442元/m^2。根据北京土地储备中心公示的正在交易地块和即将入市地块，预测其地块加权的楼面价，2010年全年楼面地价预测将保持在8200元/m^{2}左右。

2.1.4 2010年一季度地王频出

北京市地王基本资料（2010年一季度）　　表2-2

宗地名称	土地面积（m^2）	规划建筑面积（m^2）	交易方式	规划用途	成交日期	成交价（万元）	楼面地价（元/m^2）	容积率	受让单位
丰台区六圈A居住项目用地	283865	348038	挂牌	居住用地	2010-01-21	597000	17153	1.7	中海地产集团有限公司
通州区半壁店（旧村改造）居住及居住区配套教育用地	199939	265153	挂牌	居住及居住区配套教育	2010-02-24	282000	10635	1.9	北京天旭运河房地产开发有限责任公司
北京市朝阳区崔各庄乡大望京村环境整治土地储备项目1号地	206270	169537	挂牌	住宅混合公建用地、医院用地、其他类多功能用地、居住区配套教育用地	2010-03-15	408000	24066	2.0	北京远豪置业有限公司
大兴区亦庄住宅及商业项目（X1-1B）地块	330236	391170	挂牌	住宅及商业	2010-03-15	524000	13396	2.1	北京中信新城房地产有限公司
海淀区东升乡居住、商业项目	44508	104537	挂牌	居住、商业金融用地	2010-03-15	176000	16836	3.1	北京世博宏业房地产开发有限公司
朝阳区崔各庄乡大望京村环境整治土地储备项目4号、5号地	310316	280790	挂牌	住宅混合公建用地、公建混合住宅用地、托幼用地	2010-03-17	504000	17949	3.0	北京保利营房地产开发有限公司

数据来源：北京市土地储备交易中心。

这一现象的原因主要有以下几点：

其一，由于2009年房地产市场量价齐升，开发商原有的库存迅速得到消化，原来紧张的资金链现在已较为宽松，再加上资本金比例的大幅降低，显著提高了企业投资能力，使得投资热情与投资能力双双回升，于是开发商重新开始土地储备，特别是储备品质优良的地块。然而，在优质地块的争夺中，中小型房地产企业存在实力有限、资金周转压力大以及承受风险能力小等特点。这就使得优质地块的争夺战往往发生在拥有资金优势的国有企业之间，从而在一定程度上促成了“地王”的频频出现。

其二，在通货膨胀预期仍然没有改变的情况下，企业和居民的储蓄需求下降，而房地产投资性需求继续扩大，带来的后果是房价的继续上升。房地产的需求增加使得房价上涨，房价上涨势必带动地价上涨，特别是优质的土地，价格更会因为其品质优良受到各开发商的追捧。

2.2 未来土地供应总量将继续增加

2009年房地产市场全面回暖，土地成交量与成交价格均有较大幅度的增长。为抑制房地产市场的过热发展，2010年出台了一系列调控政策，减缓了土地的成交速度，但同时也计划加大政策性住房用地供应量。因此，未来土地供应总量将继续增加。未来土地市场将呈现以下几种特征：

一是开发商放缓拿地速度

通过土地成交数据可以看出，2010年一季度住宅用地成交量为273hm^2，而在政策出台后，即2010年4～8月的4个月时间里，住宅用地成交量减少了89hm^2。可见，由多部委先后出台的土地政策，抬高了开发商拿地的门槛，加大了开发商拿地的成本。同时，又由于4月以后楼市成交量的大幅下降，使得开发商拿地变得较为谨慎，并放缓了拿地的速度。

二是未来出让土地将会集中在新城

因近年来北京市的整体规划侧重于新城的开发建设，为此，规划中的11个新城将会是北京的重点发展区域，这些区域的土地市场也会变得比较活跃。其中，由于北京经济发展向南城倾斜的政策导向，2009年大兴区成交住宅用地13宗，房山区成交住宅用地10宗。而位于东部发展带上的通州区也成交了8宗住宅用地。可见这些区域已经逐渐成为土地供应的热点。

三是未来将继续加大政策性住房用地供应

2010年3月，国土部出台了《关于加强房地产用地供应和监管有关问题的通知》,《通知》要求确保保障性住房、棚户改造和自住性中小套型商品房建房用地不低于住房建设用地供应总量的70%。以及2009年国土资源部出台政策要求增加保障性住房工程用地的政策支持，进一步杜绝小部分地方政府与开发商在获取保障性住房用地后，擅自进行商品房建设等商业开发的行为。随着政策的逐步落实，未来政策性住房用地供应将会继续增大。

第3章　北京住宅新房市场受政策影响更大

房地产市场上存在着诸多不确定因素。在经历了2009年这一房地产发展的“黄金年”之后，2010年4月17日，国务院为遏制房价过快上涨，发出了《关于坚决遏制部分城市房价过快上涨的通知》。随后，北京市政府为落实《通知》要求，首先出台了地方细则——“京十二条”。新政出台后，在不到一个月的时间里，北京楼市成交量即出现明显降幅，5月份成交均价环比下跌超过18%。由此可见，此轮楼市新政的出台对于过热的房地产市场起到了明显的抑制作用。政策的打压加上购房者的持币观望，给开发企业带来了前所未有的严峻考验。

为此，开发商纷纷减缓推盘速度，采取打折优惠等活动。直到2010年6至7月，出现知名地产商降价销售的情况，如：“长阳半岛”、“保利茉莉公馆”等，创造了区域内的销售奇迹。但是，就整体市场而言，成交量并未出现反弹，与2009年同期相比仍处于较低水平。

3.1 一手住宅市场量跌价稳

3.1.1 供应量呈现下降趋势

2009年北京住宅市场上市面积约942.1万m^2，上市套数8.3万套，延续了自2004年以来的下降势头，较2008年供应面积减少18.5%，供应套数减少15.3%。从供应势头看，2009年除1～2月供应量较低外，全年均维持在较高水平。从总供应量看，2009年下半年市场新增供应量较上半年增长了25.6%，显示了经济回暖、成交量上涨的市场格局已开始向供应端传导。2010年1～8月供应平稳，上市面积达542万m^2，供应量较2009年同期下降约11.4%。

图3–1　北京市住宅月度供应量（2009～2010年）

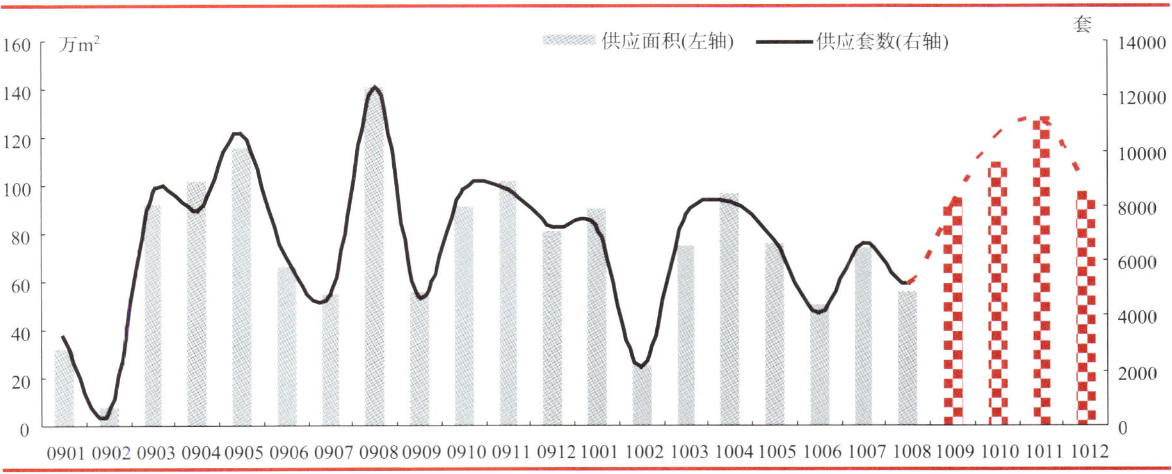

注：2010年9至12月数据为估测值。
数据来源：北京中原投资顾问部。

3.1.2 成交2009年激增2010年遇冷

2009年住宅市场成交量为1844万m^2，成交套数约为15.6万套，较2008年巨幅上涨，与2008年相比上涨120.3%。全年走势上，第一季度成交量呈上涨趋势，此后成交量保持稳定，并处于较高水平。下半年成交套数较上半年上涨11.4%，成交面积上涨16.8%，虽然“金九银十”并未出现，但是，2009年底成交量出现回升，与2008年相比有较大幅度的增长。

图3-2　北京市住宅月度成交量（2009～2010年）

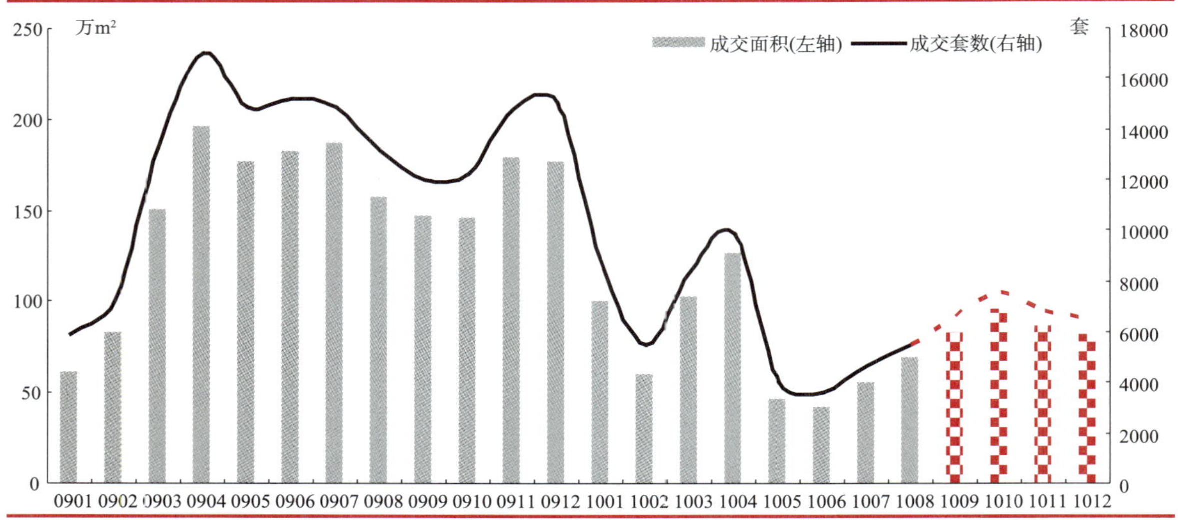

注：2010年9至12月数据为估测值。
数据来源：北京中原投资顾问部。

而2010年年初，受传统节日和楼市新政的影响成交量出现下降，特别是5月开始，成交量出现大幅下跌。2010年1至8月成交面积604.76万m²，与2009年同期相比减少近五成。但相信受“金九银十”的影响，2010年底成交量将会出现回升。

3.1.3 价格增幅呈现上涨趋势

与2008年相比2009年北京普通住宅价格增幅开始呈现下降趋势，但2010年成交价格增幅出现反弹，有望回到并超过2007年价格增长水平。2010上半年，继2003和2009年之后，成交价格再次出现负增长，而此时的价格已经较2003年上涨了217%。北京市商品住宅价格在经历了2008年最高峰之后又呈现出上升趋势。

图3-3　北京市住宅成交价格走势（2004～2010年）

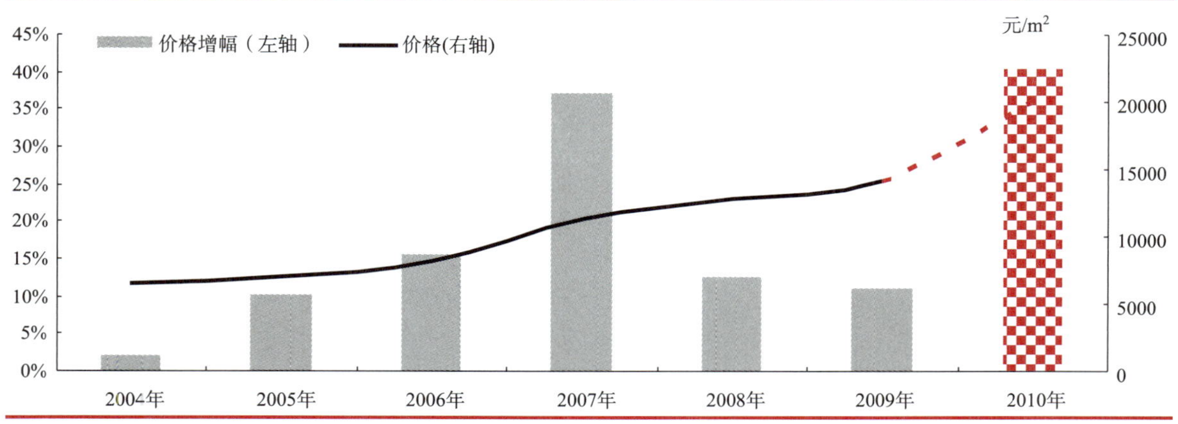

注：2010年数据为估测值。
数据来源：北京中原投资顾问部。

从月度走势看，虽然2009年9月成交价格出现小幅回落，但是价格整体呈现上涨趋势。进入2010年后价格增长突然发力，继而受成交量交互影响，2010年4月成交价格达到最高点，此后受政策影响，价格出现回落。2010年1至8月住宅成交价格为19926元/m^2，预计2010年全年价格水平与2009年相比仍有较大上涨，全市均价约为20000元/m^2。

图3-4 北京市住宅月度成交价格走势（2009～2010年）

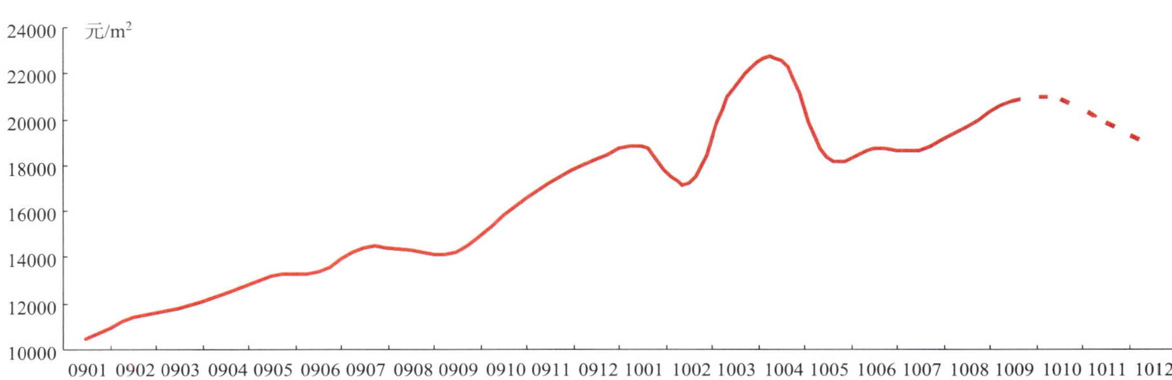

注：2010年10至12月数据为估测值。
数据来源：北京中原投资顾问部。

3.1.4 一手住宅市场展望　量稳价涨

■ 商品住宅的供应量趋于稳定

2008年成交住宅用地建筑面积为978万m^2，经过两年左右的建设期，这部分项目在2010年应该上市。而2010年上半年预售许可面积约为542万m^2，还有很大一部分没有上市，目前住宅市场成交价格正在逐渐回升，因此，2010年下半年开发商将会把部分商品房推出市场。

同时，2009年至2010年将是部分2008年“高价地”所形成项目的上市期。虽然2010年年初“高价地”形成项目的成本已接近甚至超过周边市场售价，但在高端住宅市场销售预期较好的前提下，这部分项目也将形成供应。因此，预计未来市场供应不会过度起伏，基本保持平稳供应。

■ 成交量将会出现小幅持续增长

2010年第二季度成交量受政策影响出现较大幅度下降，但由于近期一些低价楼盘的相继入市，如“保利茉莉公馆”、“长阳半岛”等，成交量出现了小幅的增长。随着“金九银十”的到来，开发商将会逐渐加大推盘力度，使成交量继续保持增长，但政策对楼市的快速发展将起到抑制作用，因此，成交量的增幅不会很大。

2009年至2010年年初，北京市房地产市场异常火爆，但随着2010年4月楼市新政的出台，成交量大幅下降，成交均价也有一定程度的下跌。虽然由于“金九银十”的到来，成交量与成交均价将会出现上涨，但是一旦后市反弹回暖过快，政府将极有可能采取更严厉的调控政策来严控市场，从而导致房地产市场再度陷入调整。从近期中央领导人及各部委的言论亦可看出，中央政府对于调控从严不变的决心。且对于楼市至关重要的信贷政策，短期内不但不会有放松的可能，部分城市还在逐步收紧。因此，近期住宅价格的上行仍存在较大的压力。

3.2 二手住宅买卖市场先扬后抑

3.2.1 成交量先扬后抑　二手比重仍高于一手

历经2009年的楼市疯狂，2010年楼市活跃继续，虽然2月春节所在月份交易量出现回落，但节日过后一、二手住宅交易量都大幅回升，3至4月份成交量达到顶峰。随后，受4月末楼市收紧政策“国十条”、“京十二条”等陆续出台的影响，北京楼市开始陷入低迷，成交量急剧回落，一、二手住宅成交都回落至春节期间的低迷水平。其中，二手住宅成交量依旧占比超过一手，成为市场成交的主力。据北京中原三级市场研究部的统计数据显示，2010年1至4月，北京市一、二手住宅成交量比介于0.4∶1～0.6∶1。进入5月之后，楼市形势逆转，一、二手交易量大幅下挫，由于一手住宅成交量回落幅度更大，一、二手成交比例不到0.3∶1。7至8月随着价格的回落，成交量微现回暖，一二手成交比再次回到0.5∶1。（图3-5）

图3-5　北京市一、二手住宅成交量走势图（2010年1～8月）

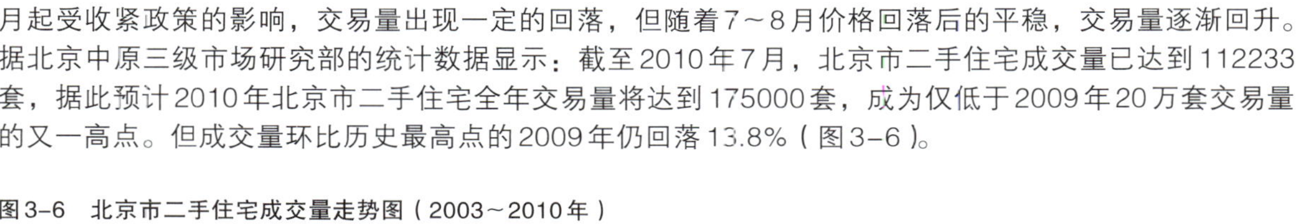

数据来源：北京中原三级市场研究部。

3.2.2 二手住宅成交量回落　仍达近年高位

2010年2月春节过后，北京市二手住宅的房源及需求量集中爆发，促使成交量也节节攀升，虽然5月起受收紧政策的影响，交易量出现一定的回落，但随着7～8月价格回落后的平稳，交易量逐渐回升。据北京中原三级市场研究部的统计数据显示：截至2010年7月，北京市二手住宅成交量已达到112233套，据此预计2010年北京市二手住宅全年交易量将达到175000套，成为仅低于2009年20万套交易量的又一高点。但成交量环比历史最高点的2009年仍回落13.8%（图3-6）。

图3-6　北京市二手住宅成交量走势图（2003～2010年）

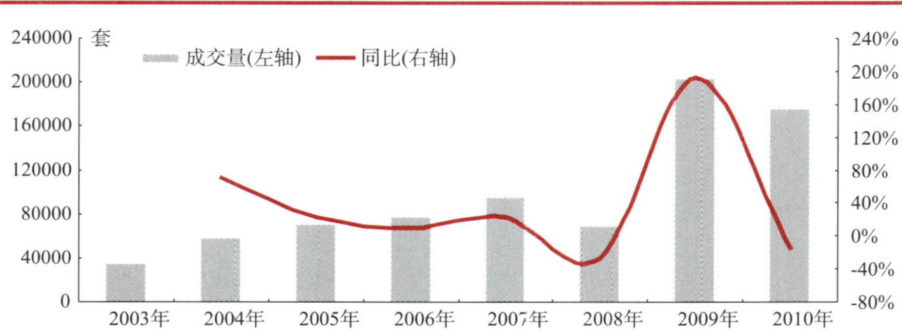

数据来源：北京中原三级市场研究部。

3.2.3 二手住宅价格先扬后抑　回落至2009年末的水平

2008年受到奥运会召开的影响，上半年价格走势相对平缓，下半年还未复苏又遭遇金融危机，二手住宅价格随即开始进入下降的通道；直至2009年价格基本探底后的3月份开始转降为升，后期京城楼市疯狂活跃，价格也表现为持续上涨。进入2010年，1至4月继续价格上涨的步伐，5月后受收紧政策的影响，随交易量的大幅回落，价格开始步入下行通道，价格水平逐渐向2009年靠近。CLI北京二手住宅价格指数显示，2010年8月二手住宅价格为22404元/m^2。

北京中原三级市场研究部的统计数据显示，2010年1至8月的二手住宅价格为23006元/m^2，与2009年1至8月的18232元/m^2的均价相比较，上涨26.2%，可见2010年1至8月的二手住宅平均价格同比仍高于2009年。

图3–7　北京市二手住宅成交价格走势图（2008～2010年）

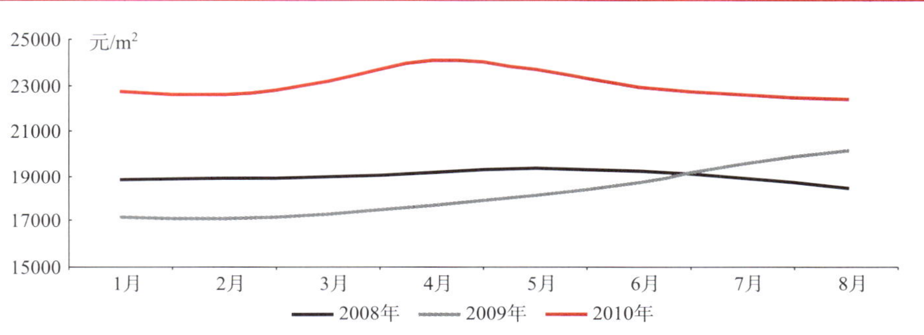

数据来源：北京中原三级市场研究部。

2010北京市二手住宅买卖市场从3月起复苏，5至6月步入下行通道，7至8月以来交易量微观回暖，价格仍旧呈现下行趋势。而随着政策收紧的持续影响以及政府稳定房价的坚定决心，再加上一、二手倒挂现象对市场的影响，交易量在未来几个月将保持微量回暖的水平。因此，预计2010年的成交量为175000套。而就价格方面而言，预计2010年末将回落走稳，降至2009年末的价格水平。

3.3 二手住宅租赁市场空前活跃

3.3.1 2010年租赁成交二季度异常活跃

2010年一季度北京市租赁市场表现比较活跃。1月份，年底换房人群增加，加上买卖市场业主和客户双方僵持，购房者观望情绪较重，一些等待的客户逐渐转向了租赁市场，因此带来1月租赁成交量环比上涨21.45%。2月份，受到春节7天长假的影响，总体租赁成交量有所回落，环比下降了8.23%，但是年后租赁市场回暖明显。3月份，北京市买卖和租赁市场两旺，租赁需求中，除外地求租人群不断增加外，一些企业招聘、公司扩员等，一些高校毕业生陆续离校找工作，也增加了租赁市场的需求，促进了成交量的攀高，环比上涨了50.65%。

二季度，租赁成交量除受季节性租赁需求变动影响外，在2010年的4、5月份租赁市场需求增长明显，成交比较活跃。4月份，政策频出，客户对买卖市场持观望态度，买卖市场迅速冷却刺激了租赁市场，“转购为租”的购房人和“转售为租”的业主增加，从而促进了4月，尤其是下半月租赁需求的旺盛。5月份，受政策调整的影响，部分购房需求被转化为租赁需求。此外，一些区域由于拆迁过渡租房、高考租房、6月份毕业生离校提前租房等，促进了5月份租赁成交量上涨，环比涨幅为7.80%。6月份，由于租赁市场房源量供给的不断增加，租赁市场供需调整，6月份租赁成交逐渐走向平缓，成交量出现了微幅下滑。

三季度，租赁市场相对平淡，主要影响因素为季节性租赁需求的变动，三个月租赁市场成交量出现了持续的下滑，但是在8月份由于暑假结束、新学期开学，学区房的租赁需求上涨，在学区房租赁的带动作用下，部分区域租赁成交量仍有上涨。

3.3.2 2010年租金价格跳涨后恢复平稳

2010年一季度，北京市中高档二手商品房租金价格在春节过后逐渐出现回升。主要原因是春节过后，外地人群已陆续返京，一些企业招聘、公司扩员等，一些高校毕业生陆续离校找工作，也增加了租赁市场的需求，市场成交的回暖，促进了租金价格的回升，以及在3月份出现了较大的上涨。

二季度，北京市中高档二手商品房租金价格走势由上涨逐渐走向平缓。具体来看，4月份，在北京市政府系列调控政策的影响下，买卖市场由热转冷，业主"转售为租"和客户"转购为租"的现象增加明显，加上换房客户的增加，从而促进了传统租赁淡季的4月，在2010年出现了租金价格较大上涨的情况，环比涨幅为2.50%。5月份，拆迁过渡租房、高考租房、高校毕业生离校提前租房等，促进了5月份租赁成交量上涨，助推租金价格继续上浮。6月份市场中新增租赁需求变化不明显。其中一些换房客户由于近期的租金上涨，转移到一些租价相对便宜的区域租房，影响租金价格逐渐走向平缓，趋于稳定。

三季度，租赁市场主要受季节性因素影响，7月份租赁市场，房源量和求租量均出现了小幅的下降，房源量环比下浮6.9%，而租客求租量下浮了12.6%，租赁供给和需求的调整影响成交量回落，租金价格出现了下浮。8月份学区房租赁需求增长明显，租金价格走势依然比较平稳，但环比仍出现了0.08%的微幅上涨。9月份租赁市场新增需求减弱，成交量进一步回落，从而带来了租金价格的回调。

图3-8 北京市中高档二手住宅租赁成交量月环比及价格走势图（2010年1～12月）

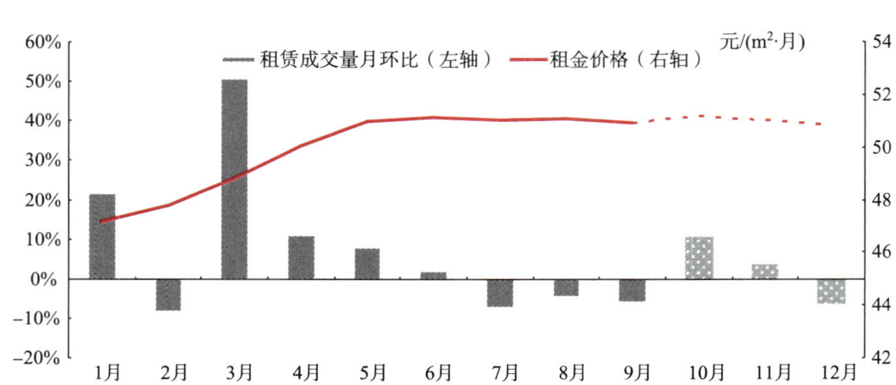

注：2010年10至12月数据为估测值。
数据来源：北京中原三级市场研究部。

2010年四季度北京市租赁市场新增需求仍会继续减少，影响成交量变动的主要因素将为季节性租赁需求的变动。北京中原三级市场研究部预计，10、11月份北京市各大高校的毕业人群将会陆续走出校园，为找工作而外出选择租房居住，还有一些来自外地的求职人群也都陆续进京，将会促进租赁成交量出现小幅回升。12月份除换房客户外，新增租赁需求将会减弱，租赁成交量和租金价格都将会出现下调。

第4章　北京写字楼市场平稳上升

4.1 写字楼市场整体量稳价涨

全球性金融危机对北京写字楼市场影响明显。2008年楼市冰点期间北京写字楼新增供应161.41万m²；期房成交面积为107.02万m²，不到2007年的50%；成交均价为18471元/m²，较2007年增长了32.42%。2009年通过政府的大力调控，宽松的货币政策以及市场供应新增不足促成了2009年楼市的火爆，但写字楼部分相对于住宅市场却平缓得多。2009年上半年的写字楼市场承接了2008年的委靡状态，在2009年中开始出现反弹，写字楼供需面积及销售价格迅速回升，租金也在年底开始反弹。2009年写字楼供应超过160万m²，成交超过180万m²，多年来北京写字楼首次出现需求量超过供给量的现象。写字楼销售均价达18000元/m²，甲级写字楼入住率回升至85%的水平。纵观2010年北京写字楼市场，热点在售写字楼售价总体上扬，在住宅地产市场成交量严重萎缩的“后新政”时期，供需均保持了自年初以来的上涨势头，相对住宅市场变动较为平缓。

图4-1　北京市写字楼商圈区位示意图

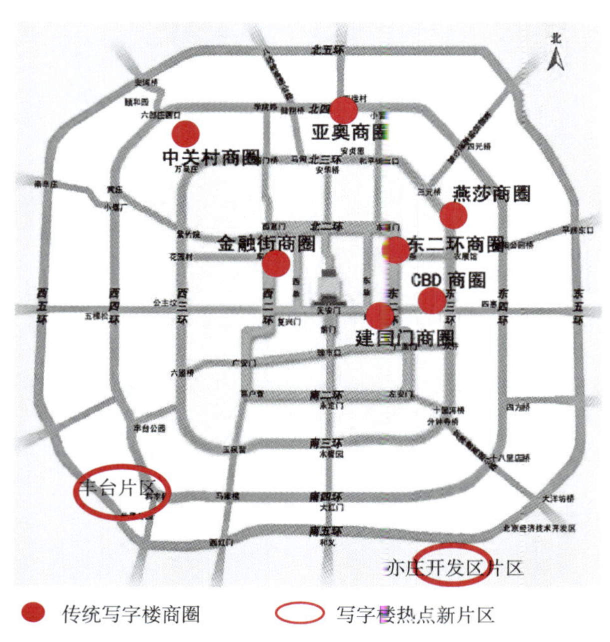

资料来源：北京中原投资顾问部。

如图所示，北京写字楼市场的传统商圈以北部和东部地区为主，朝阳及海淀为集中片区。根据2010年在售项目价格上涨情况来看，南城大兴区亦庄开发区和丰台片区内的几个热点项目售价全部上涨，亦庄最高涨幅达到25%左右，丰台区最高涨幅为48.7%。南城部分片区正逐渐形成新的热点。从项目数量上看，北京南部、西部区域写字楼市场还有进一步开发的潜力，未来发展空间值得期待。租赁市场以核心区域租金上涨明显，金融街及中关村的传统商圈表现上佳。

4.2 写字楼供应呈分散化趋势

4.2.1 市场供应量下降

图4-2　北京市写字楼年度供应（2002～2010年）

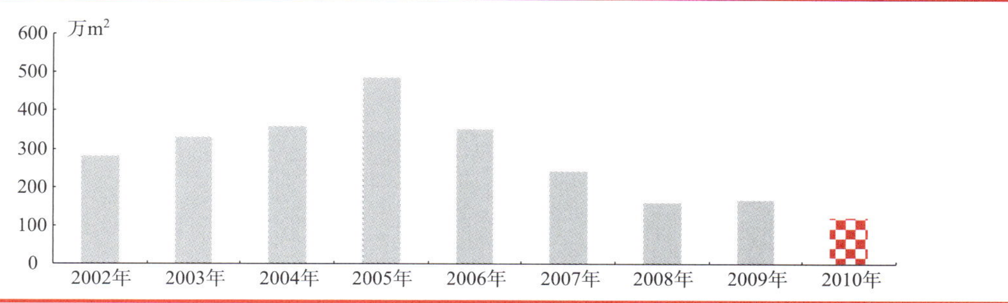

注：2010年数据为估测值。
数据来源：北京中原投资顾问部。

自2005年北京写字楼市场供应达到峰值后，供应量逐渐回落。2008奥运之后，紧接着的全球性金融危机使得北京写字楼供应量回落明显，2008年全年总供应量触底仅为161.6万m²，达历史低位。2009年尽管楼市火爆但由于经济危机的影响，写字楼市场并没能呈现类似住宅市场的繁荣。2009年全年总供应量同2008年基本持平，达到167万m²。2010年随着全球经济逐渐走出衰退，以及国内经济的稳定增长，北京甲级写字楼市场回暖现象明显。2010年上半年甲级写字楼供应不足，第一季度表现尤为明显；下半年开始放量形成供应高峰，全年供应量将超过120万m²。突出现象是企业的自用型写字楼增多，该类项目不会进入租赁市场。据统计下半年北京甲级写字楼总量将超过100万m²，但其中有将近半数为自用为主的甲级写字楼。

4.2.2 新增供应出现向边缘扩散趋势

2009年全年写字楼供应相对分散，朝阳海淀两个传统供应核心区供应比例略有下调，城市郊区县供应略有增加。根据2010年1至8月统计数据分析，写字楼分布除传统的朝阳、海淀区外，东城区新增供应明显增加，超出了海淀区。昌平区写字楼新增供应占据了很大比例，成为仅次于朝阳区的第二大供应区域。城市中心区域的崇文、宣武也有少量供应。周边郊区供应略有增加。延续了2009年供应相对分散的趋势。

图4-3　北京市写字楼新增供应的区域分布（2008～2010年1～8月）

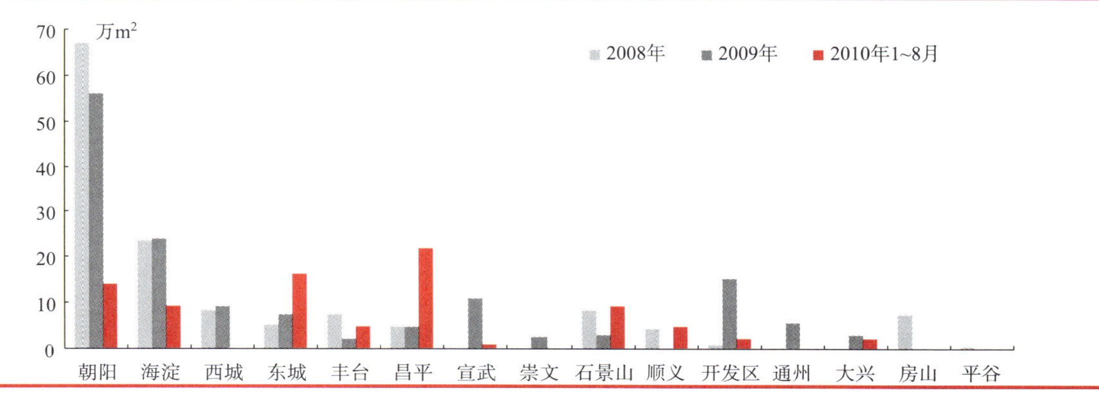

数据来源：北京中原投资顾问部。

4.2.3 禁售“商改住”令转型产品骑虎难下

2006年后北京写字楼市场近几年供应已逾千万平方米，虽然写字楼供应仍集中在城市中心区域，但政府不断增大近郊区域写字楼土地供应也给开发商带来了较大的压力。因此，一些边缘产品如50年产权的公寓出现，以小户型、低总价的概念吸引投资者购房，借此减轻写字楼开发带来的销售压力。由于个别酒店类项目擅自变更规划和土地性质，一方面无法发挥酒店类项目在旅游服务、促进就业、提升城市品质方面的基本功能，对周边的交通和环境也会产生负面影响；另一方面，这种“住宅”无法保障购房人合法权益，甚至容易产生售后包租、返本销售等违法违规行为。为杜绝这类问题的出现，四部门明确了对擅自改变酒店类项目用地性质进行监管，禁止“商改住”。因此“商改住”转型产品失去未来市场供应，建成项目销售受到政策严重影响，整体面临骑虎难下的困境。

4.3 写字楼需求量稳价涨

4.3.1 写字楼需求略有回暖

奥运之后的全球性金融危机，使得北京写字楼市场需求迅速回落，2008年北京写字楼期房成交总面积为107.02万m^2，不到2007年的50%。2009年随着经济逐步回暖，房地产市场整体好转，全年写字楼成交较2008年有所回升，首次出现需求超过供应的局面，全年销售达到214.23万m^2。

图4-4 北京市写字楼年度销售面积（2003～2010年）

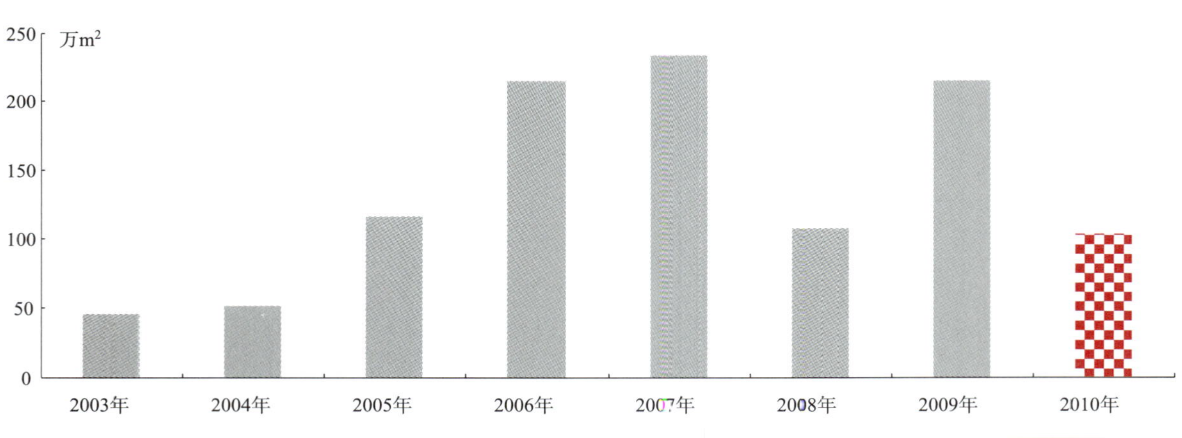

注：2010年数据为估测值。
数据来源：北京中原投资顾问部。

2010年由于调控政策的影响，楼市的火爆大幅降温。写字楼销售面积较2009年有所下降，但由于住宅市场受调控影响明显，促使部分投资客的目光转向商业地产。另一方面相对住宅价格，商业类产品拥有一定优势，因此促使了写字楼市场在大环境遇冷的前提下相对有所回暖。从租赁需求方面来看，伴随着经济的逐步回暖，2009年收缩了的外企租赁需求进一步增加，传统的金融机构、能源行业、国企继续成为市场的消费主力，为写字楼市场的持续上涨提供了有力保障。

图4-5 北京市各区域写字楼成交量比较（2008～2010年1～8月）

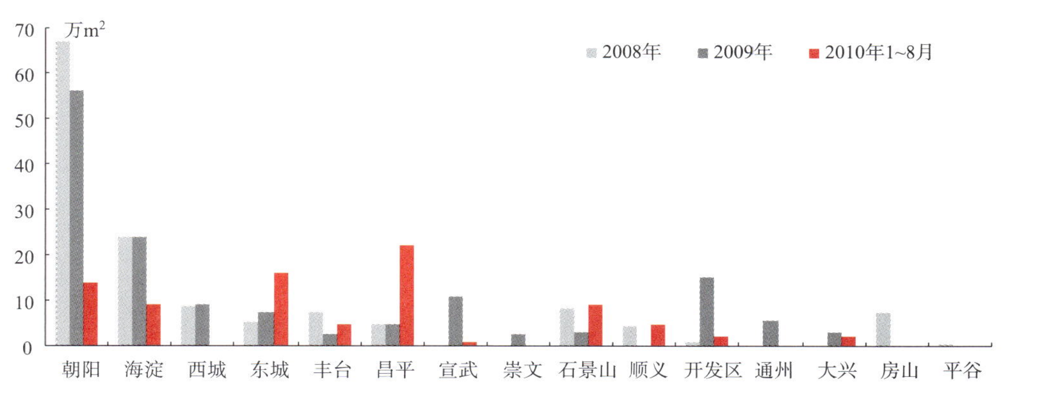

数据来源：北京中原投资顾问部。

2010年1至8月写字楼市场朝阳区仍稳居成交量之首，海淀区位居第二；东城区、西城区、昌平区成交量较有起色，逐渐接近海淀区成交量。周边郊区成交量显示出写字楼分布由最初的集中逐渐向多元化分布，未来市场供应分布很大程度上将维持此趋势。

4.3.2 写字楼均价强劲回升

图4-6 北京市写字楼整体成交均价（2002～2009年）

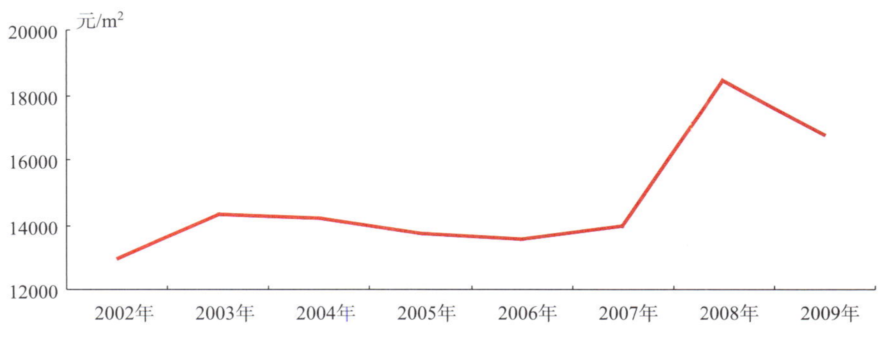

数据来源：北京中原投资顾问部。

2008年北京写字楼整体成交均价达到18471元/m²，相较2007年北京写字楼13948.40元/m²的均价，涨幅高达32.42%，为近年来最高水平。2009年写字楼成交均价为17004元/m²，凸现其在经济不稳定期的投资价值，全年写字楼成交价格未出现大幅下滑。

图4-7　北京市写字楼整体成交均价（2010年1～8月）

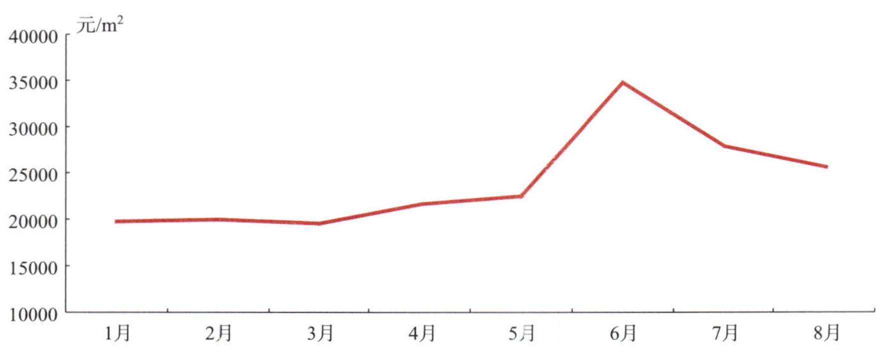

数据来源：北京中原投资顾问部。

1至8月数据显示尽管2010年调控造成楼市火爆的回落，但写字楼成交价格并未受到较大影响而波动，价格维持稳定并于5月开始有明显涨幅。相对于受影响较大的住宅市场，写字楼市场凭借自身优势吸引了一定投资者的目光，保持了稳定的价格。未来随着全球经济大环境的逐渐回暖，写字楼价格上涨有一定的潜力。

4.3.3 成交呈现区域化差异

图4-8　北京市各区域写字楼价格比较（2008～2010年1～8月）

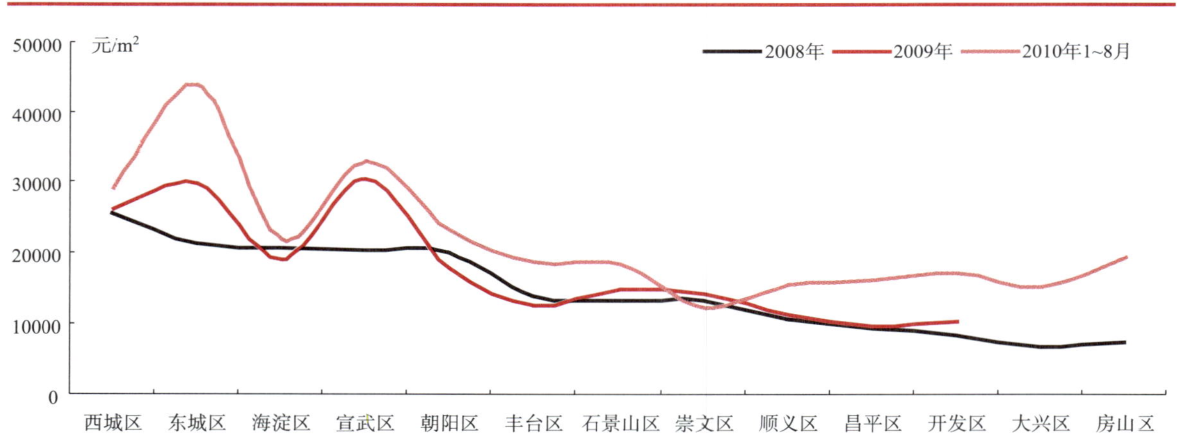

数据来源：北京中原投资顾问部。

2008年写字楼预售价格方面，西城、东城、海淀、宣武四区位列全市写字楼成交价格的前四，均价超过 20000元/m²，2009年东城区写字楼均价达30007元/m²，西城和海淀两区写字楼均价也超过20000元/m²。2010年中心城区写字楼均价继续回升，东城、宣武、西城、朝阳位列全市写字楼成交价格的前四；其中东城区突破40000元/m²大关，宣武区突破30000元/m²大关；西城区超过29000元/m²，朝阳区取代海淀区位列第四。

4.3.4 甲级写字楼租金呈上升态势

图4-9　北京市甲级写字楼各季度租金指数及入住率（2003年1季度～2010年1季度）

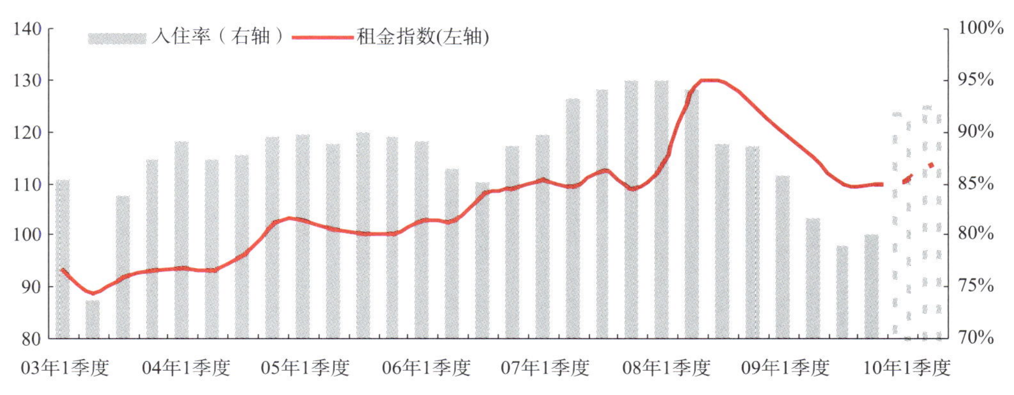

注：2010年数据为估测值。
数据来源：北京中原投资顾问部。

从图中显示的整体趋势看，自2003年以来北京甲级写字楼租金基本保持较为平稳的增势。2008年北京甲级写字楼租金指数在前三个季度强劲上升之后在第四季度出现下滑，2009年继续回落达到2007年第三季度租金水平。2010年开始由于部分投资客涌入写字楼产品，以及经济大环境的逐步好转，北京市甲级写字楼租金开始上涨成为楼市亮点。写字楼区域市场表现归结为：

中关村商圈：租金入住率上涨最快。不同于其他商圈国企占领半边天，该区域客群以私企为主，约占写字楼内企业总数的60%。随着金融街区域入住率的逐渐攀升，未来将可能有更多的金融企业分流至中关村区域，为该区域带来较好的发展机遇，其商业模式将多元化发展。

CBD商圈：租金入住率双赢。2010年全市甲级写字楼新增供应量超过近85%位于CBD及其周边地区。成熟项目表现平稳，租金入住率稳定上升，仅次于金融街区域。新项目表现上佳，市场成交活跃。同时CBD东扩的规划对住宅市场也带来了有利刺激，涌现不少热点项目。

金融街商圈：租金水平创历史新高。金融街区域新增供应屈指可数，现有项目入住接近饱和，空置面积未来持续“吃紧”，租金上涨潜力十足。

4.4 写字楼市场未来展望

4.4.1 未来供应略减　区域分散化趋势持续

奥运之后，写字楼供应急剧回落，加之国际金融危机的影响，北京写字楼市场已现下行周期，预计短期内写字楼的供应量难以达到2005年峰值水平。由于城市核心区域内土地供应的减少以及CBD、金融街等区域开发进入尾声，城市核心区写字楼供应比例逐渐减小，写字楼供应向边缘区域以及郊区县扩散。另一方面比较核心区域写字楼的高昂价格，边缘及郊区区域拥有一定的吸引力。随着商圈的逐渐分散，写字楼市场的商圈模式将逐步淡化。

图4-10　北京市主要写字楼区位分布（2008～2010年）

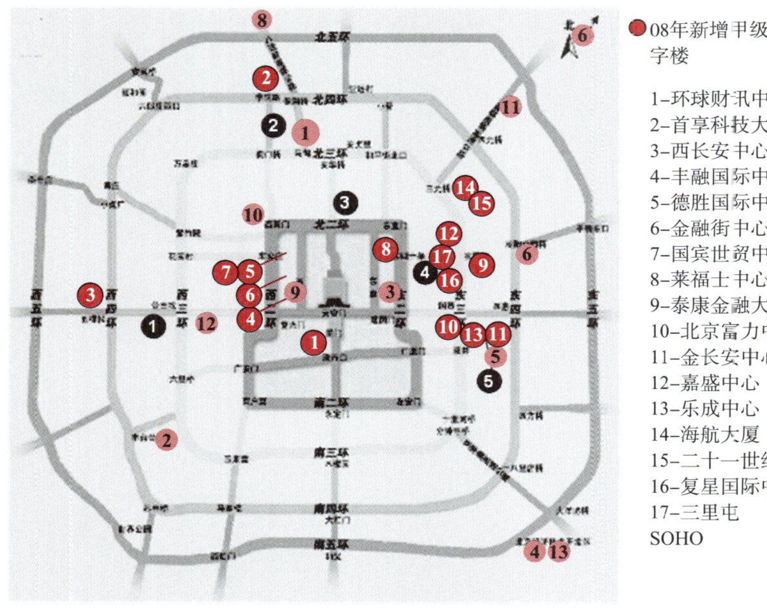

资料来源：北京中原投资顾问部。

4.4.2 吸引部分投资客群　国企事业单位扛大旗

在对楼市未来预期不甚明朗的状态下，部分投资者将目光从住宅产品转向商业类产品。同时写字楼产品在价格上较商品房有一定优势。未来楼市调控尚未明确，住宅市场是否开始回暖难以确定。写字楼市场在楼市大环境下逆市而上出现回暖都对投资者形成一定的吸引力。资金实力较为充裕的大型国有企事业单位仍将在写字楼市场占据主力地位。

4.4.3 边缘区供应增加　未来市场运行压力较大

虽然受中国经济相对迅速回暖的影响，2010年外企在京需求不断回升，从而写字楼销售价格、入住率、租金等方面显示出写字楼市场已经回暖，但从近年来供应总量看仍存在潜在压力。多年来供需两方总是供大于求，仅有2009年首次出现供不应求，写字楼市场一直维持着较高的空置率。尽管2010年市场回暖，但甲级写字楼平均空置率基本维持在15%左右。另一方面写字楼客群对商圈所属区域的要求也造成了一定影响。核心区域空置率逐渐下降，边缘区域的商业氛围处在市场培育期，加之北京大规划的影响，边缘区写字楼供应不断增加，加大了写字楼市场整体运行压力。

第5章　北京商铺市场量跌价涨

5.1 商铺市场整体供不应求

2009年商业地产市场供应较之2008年降幅明显，2010年1至8月份商业地产市场供应仅达到2009年同期的三分之二，2010年商业地产市场整体供应同比2009年呈直线下降趋势，预计2010年全年商业地产供应量不会超过70万m^2。2009年商业地产整体需求反弹，2010年1至8月份商业地产需求情况呈现回落，预计2010年商业地产成交面积不会超过70万m^2。2010年商铺成交价格相比2009年有呈现大幅上涨的可能，预计不高于28469元/m^2；小面积商铺仍是投资主流，2010年成交商铺在单套面积上与2009年一致，在单套总价上将大于2009年。

5.2 商铺新增供应下降　集中分布四区

2009年商业地产市场新增供应达132.73万m^2，较之2008年降幅明显。新增商铺7905套。2010年1至8月份商业地产市场新增供应仅为46.47万m^2，新增商铺3176套，同比2009年，呈直线下降趋势，预计2010年全年商业地产供应不会超过70万m^2。

从区域分布来看，集中分布在朝阳、海淀、房山、东城热点区域。

2009年北京市商业用房供应量最高的区域为朝阳区，总供应面积约47.1万m^2，占整个北京市总供应量的36%，其次为海淀区，供应面积约20.8万m^2，占16%，再次是房山区，供应面积约9.9万m^2，占8%。 2009年朝阳区商业用房供应量占据北京市总供应量的36%，较之2008年降低11个百分点，与三里屯SOHO销售型商业的售罄有直接联系。

2010年1至8月份北京商业用房供应量仍以朝阳区为最多，供应面积19.2万m^2，占整个北京总供应量的41%，同比2009年降幅明显，其次为东城区，供应面积约8.7万m^2，占19%，海淀区列位第三，供应面积约5.9万m^2，占13%，预计2010年全年将延续这一供应态势。

图5-1　北京市商铺新增供应面积的区域分布（2009～2010年）

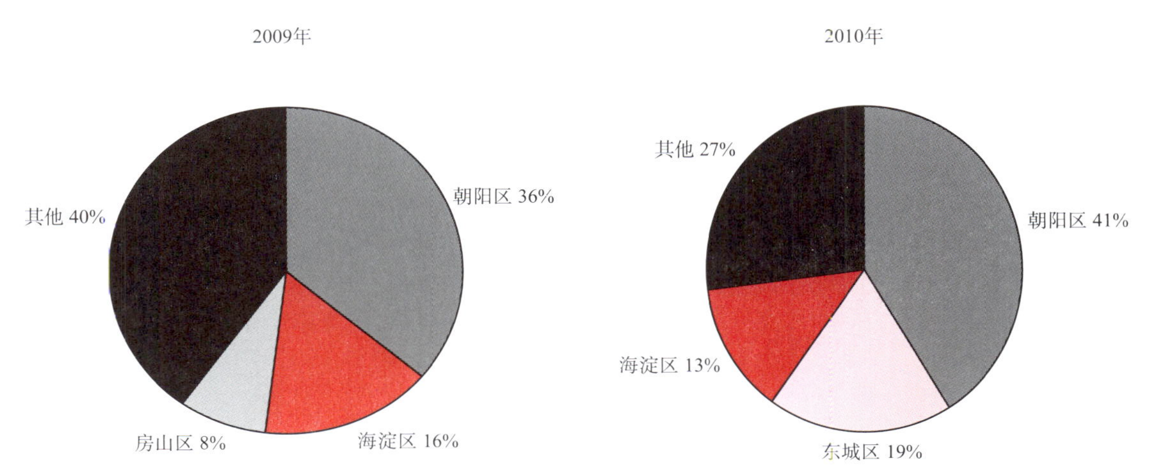

数据来源：北京中原投资顾问部。

5.3 商铺需求市场特征

5.3.1 2009市场需求反弹2010年呈现回落趋势

图5-2 北京市商铺预售成交情况（2001～2010年）

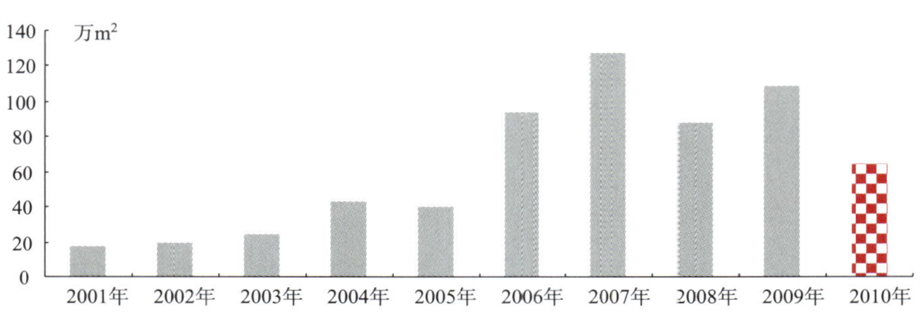

注：2010年数据为估测值。
数据来源：北京中原投资顾问部。

北京市商铺市场成交面积、成交套数一览（2009～2010年） 表5-1

年 份	上市面积（万m^2）	上市套数（套）	成交面积（万m^2）	成交套数（套）
2009年	132.73	7905	109.15	10153
2010年（1~8月）	46.47	3176	64.26	5439
2010年（估）	70	—	88	—

数据来源：北京中原投资顾问部。

2009年商铺市场期房成交面积为109.15万m^2，占总体供应的82%；而2008年商铺市场期房成交面积为87.71m^2，占总体供应的55%。2009年房地产市场处于反弹期，各城区成交量均有一定幅度的上涨，虽然朝阳区在三里屯SOHO的售罄影响下，商铺市场期房供应量有所下降，其他城区成交量均有不同程度的上涨。说明投资客群的增多和日趋积极的投资心态，但同时部分开发企业将销售型物业转为持有型物业。

在2008年下半年金融海啸影响下，商铺市场存量较大，伴随着2009年楼市整体转暖，商铺市场需求呈现反弹，进入到2010年，1至8月份商铺市场期房成交达到了64.26万m^2，其中仍以朝阳区扮演需求大户，占总需求的41%，但相比2009年同期有所下降。按这一趋势预测，2010年全年商铺市场成交量有望突破70万m^2。

5.3.2 2010年成交价格呈现大幅上涨趋势

图5-3 北京市商铺预售成交均价走势（2001～2010年）

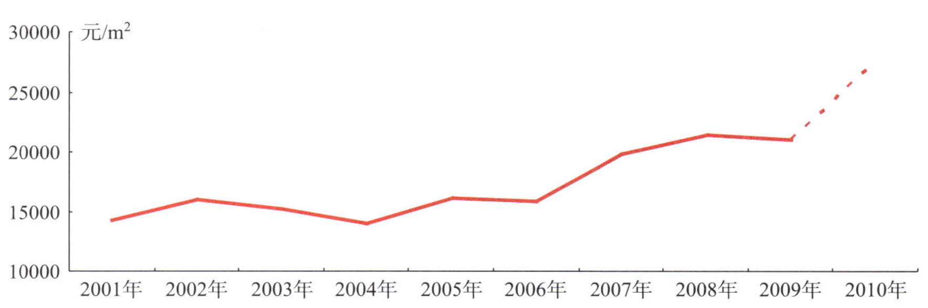

注：2010年数据为估测值。

数据来源：北京中原投资顾问部。

图5-4 北京市商铺市场城八区预售成交均价（2010年1～8月）

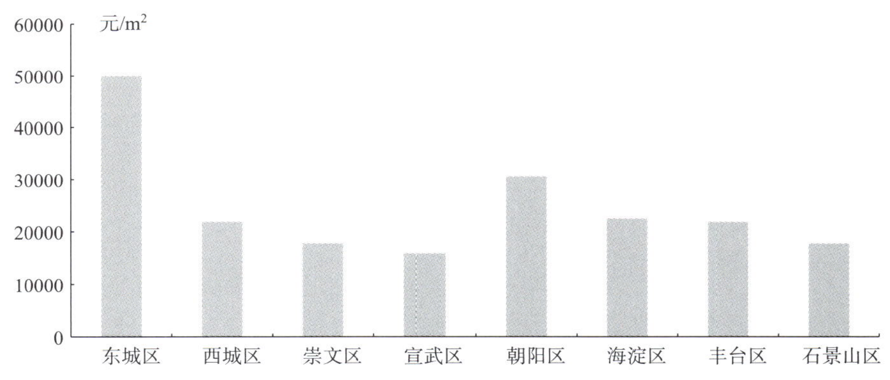

数据来源：北京中原投资顾问部。

2004至2008年期间，北京商铺平均价格呈整体上涨趋势，受金融危机影响，2008至2009年期间，北京商铺平均价格呈下降趋势，进入到2010年，从1至8月数据显示，北京市商铺销售价格与2009年相比有明显上涨。2009年商铺平均价格为21055元/m^2，2010年1至8月商铺平均价格为27729元/m^2。

2008年下半年投资市场逐渐萧条，2009年楼市整体转暖，商铺需求呈现反弹，进入到2010年，受到经济形势以及优质地段商业供应减少的双重影响，预计2010年北京商铺平均销售价格为28469元/m^2。

2009年城八区商铺成交均价情况中，西城区与朝阳区商铺成交价格持平，东城区与海淀区紧随其后。预计2010年城八区商铺成交均价仍将延续这一态势。

5.3.3 小面积商铺仍是投资主流

2009年北京商业月度单铺面积显示，平均月度交易商铺面积集中在80～150m^2，在此区间内的商铺产品最受欢迎，单铺普遍总价在150万元～300万元之间，与2008年一致，由此可知，2009年商业地产市场继续2008年市场情况以小面积的投资型产品为主。

进入到2010年，截止到2010年8月份，月度平均交易商铺面积仍然集中在80～150m²，单铺普遍总价在200万元～350万元之间，2010年月度平均交易商铺面积与2009年一致，2010年单铺总价大于或高于2009年。说明投资客群的投资心态越来越积极，感性趋势逐渐加强。

图5-5 北京市商铺市场月度成交单铺面积及售价（2009～2010年1～12月）

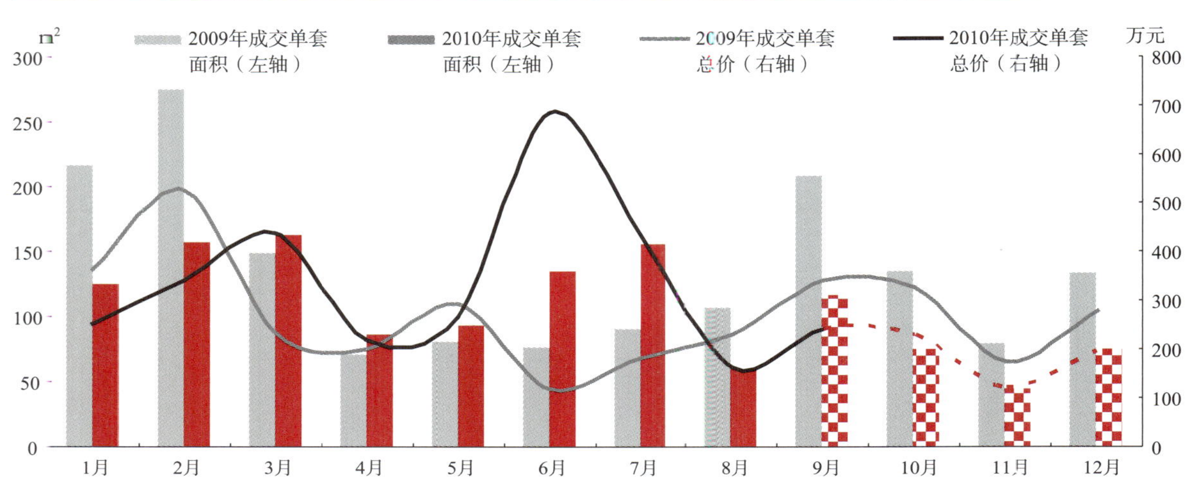

注：2010年9至12月数据为估测值。
数据来源：北京中原投资顾问部。

5.4 商铺市场未来展望

5.4.1 整体供应锐减且呈现分散供应态势

从2010年上半年北京商铺市场整体放量程度来看，2010年1至6月份北京商铺放量40万m²，比2009年53万m²呈直线下降趋势，预计短时期内投资环境不会发生跨越式转变，大部分开发商在推盘时对待商业入市时机慎之又慎，尽量避免大体量商业集中入市。

从未来北京商铺各区域供应来看，2010年上半年朝阳区在三里屯“SOHO”销售型商铺售罄之后，供应量比2009年出现明显下降，传统商业核心区，多个核心城区在供应量上也呈现出不同程度的下降。一方面是开发商推盘谨慎，另一方面是核心城区大部分优质地段商业已被开发殆尽，传统商圈内新增供应将逐渐缩减。预计未来从各区域供应来看，将由区域集中式供应转变为分散式供应，伴随着居住人口的外扩、消费能力的聚集与增强，以及消费理念与模式的更新，城市副中心商业将继续发展，新商圈在逐步形成。如西三环、西四环及东五环等区域，均有部分数量的大体量购物中心项目在前期运作。这些均将促成城市副中心商业的发展。

5.4.2 未来商业整体市场发展趋缓

2009年商业地产开发陷入停滞状态，主要表现在商业地产项目推进上的停滞。“西单大悦城”、“华贸购物中心”、“银泰购物中心”、三里屯“Village”等在内，真正入市的新开商业面积不足300万m²。而“大钟寺国际广场”等已落成的商业项目则集体推迟了开业时间。

图5-6　北京市未来新增大型购物中心区位分布（2009～2010年）

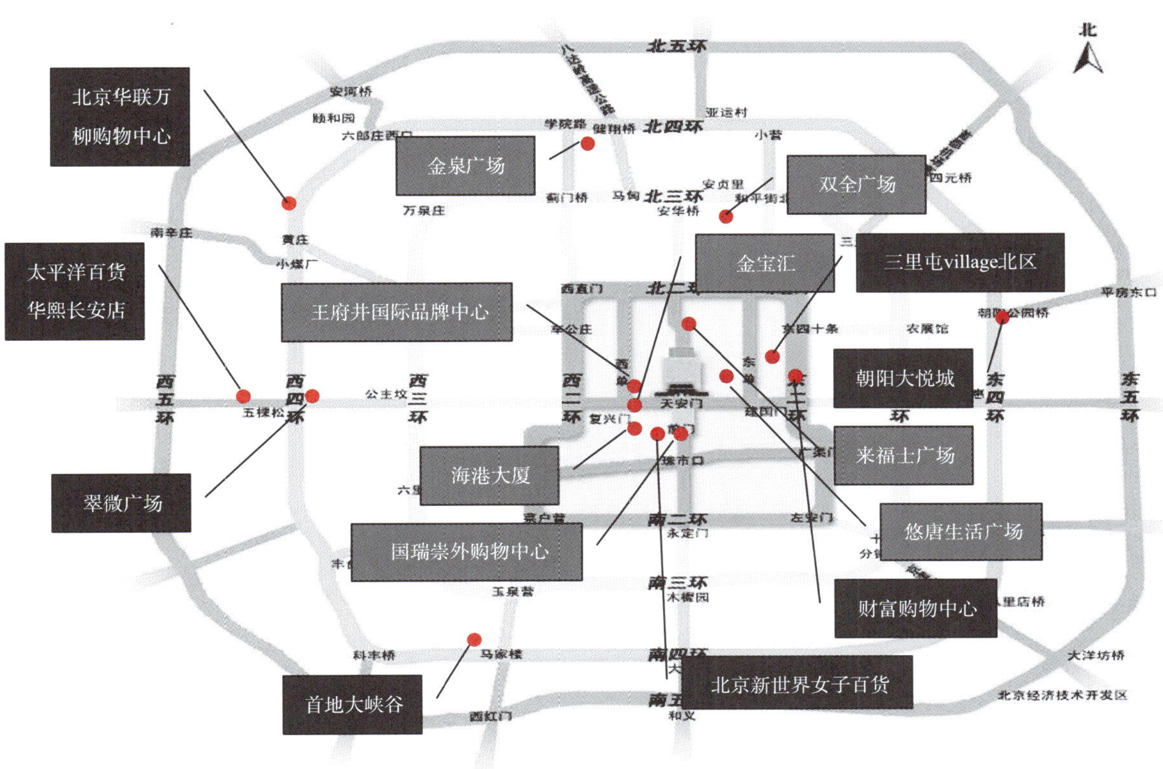

注：蓝色为2009年新增。
资料来源：北京中原投资顾问部。

2009年商业地产延续招商难的困境。2009年4月，北京朝阳门11万m^2的“悠唐”和崇文门13万m^2的“国瑞城”艰难开业了。但是，这只是“部分”开业，商场里大部分的面积还挂着“即将开业”的围挡。

高端商业开发热、供应过剩等现象将在2010年得到部分缓解，但是由于国际金融危机的后续影响深重，极大地抑制了消费者对高档奢侈品的需求，高端商业项目供过于求的局面尚难彻底改善，仍然会存在过剩危机。投资环境受到严重影响，同时人均可支配收入增速减缓，直接影响到经营者预期，大部分较高价格成交的商铺在经营中并没有实现与之售价匹配的租金收益，目前已经产生商业投资额度回落情况，预计未来一段时间内，商业整体发展将呈现趋缓现象。

5.4.3 住宅商业和区域特色商业模式逐渐成为市场热点

随着北京大规模居住片区的日益壮大，对商业配套发展提出了新的挑战。一方面是巨大的消费需求带来的机遇，另一方面，是区别于传统的商业中心、商务型商业设施的新型商业模式带来的风险。这种大型居住区的形成所带来的商业催化效应正开始逐步释放，望京商业的蓬勃发展可能仅仅是第一个开始。这种新型的住区商业模式有别于传统商业，将会成为未来很长时间内的主流开发模式。

区域特色商业是商业地产开发的一个亮点，各地著名的区域特色商业有助于提升城市旅游业的竞争力，同时可以吸引消费者购物的倾向，以形成比较优势，有利于消费者进行比较和选择，因此具有利润的提升空间。这种消费者的偏好倾向决定了这是商业地产的一个发展方向，区域特色商业在消费者的强烈偏好下可以形成对区域商业地产的有效需求，这就解决了商业地产有效需求不足的难题，因此区域特色商业是商业地产的一个发展方向。

5.4.4 空置率持续高位致租金提升空间有限

2009年整体商业零售市场竞争空前激烈，空置率持续上升。预计未来空置率偏高的局势将持续。

造成这种现象的主要原因是供需错位。市场提供的商业形式，与经营者需要的商业类型在一定程度上错位，产生无效商业面积。从市场表现来看，随着商铺供应量的增长，无效商业面积供应亦呈现出了进一步加大的趋势，从而造成了北京商铺市场空置率大幅增加，诸多建成的物业未能符合商户的需求，在招商时遇到较大的困难，也在一定程度上抑制了租金的上涨。

5.4.5 未来价格将呈现小幅下降趋势

预计2011年商铺成交价格存在小幅下降的可能，伴随着售价与租金倒挂局面，2011年商业价值增长幅度将小于往年，甚至可能出现滞涨，伴随着楼市转暖，商铺成交情况反弹并不能解决商业运营的难题。

综合以上因素，在商铺价格涨幅扩大的2010年，我们认为，未来短时间内北京商业地产在价格层面不会发生较大变动，整体商业发展节奏放缓，同时部分商铺租金与售价倒挂的局面将继续上演，商铺回报率呈现下降趋势，投资热度将呈现下降趋势。

第6章　天津市场主线：政策风云变幻　楼市起伏不定

天津中原投资顾问部

2009至2010年期间，经济环境、地产政策风云变幻，楼市也随之起伏不定。经济环境方面，金融危机影响绵延不断、货币供应势头不减、股市低迷不振、CPI高涨等因素都不同程度地影响房地产市场。政策因素方面，“4.15”新政及其一系列后续政策导致楼市迅速降温，市场的波动幅度是近年来所罕见的。

2009至2010年期间，中国的房地产市场经历了一个先升后降的小周期，天津的房地产市场同样经历了这一过程。这里的“升”，是上升、增加、升温的意思；“降”则有下降、减少、降温的意思。

从具体的市场表现看，2009年全年天津的楼市受到国内市场大环境的带动、巨额信贷的支撑，房地产市场神奇反弹。2009年春节后，首先是压抑的刚性需求集中释放，促使住宅市场回暖，形成“小阳春”走势。2009年5月起，改善及投资性客户的追高入市使楼市持续升温。2009年3月至12月，天津的新建商品住宅成交量连续10个月保持在百万平方米以上的规模。

进入2010年以后，由于房价的过快上涨已经开始影响实体经济的恢复及社稷民生的稳定，政府陆续出台了一系列抑制房地产市场过快上涨的政策，如1月出台“国十一条”、2月上调存款准备金率、3月出台“国十九条”、4月出台号称史上最严厉的“4.15”新政。在政策调控的作用下，天津的住宅市场迅速降温。2010年5月至6月，新建商品住宅的成交量比新政出台前的平均水平下降了40%，二手住宅的成交量下降了50%。

2010年下半年，预计在政策全面落地后市场逐渐回复稳定，一个健康的市场环境对于房地产行业的长期发展更加有利。

第7章　天津品牌发展商布局速度加快

7.1 本土房企高价储地　央企名企陆续布局天津

在此轮调控到来之前，房地产市场的持续升温带动了天津土地价格的上涨，本土发展商融创集团以10409元/m^2的楼面地价摘得天津南开区兴业里地块。此外，天津及滨海新区的快速发展也吸引了大量央企和品牌发展商的目光，陆续在津拿地，如保利、中铁、华侨城、青岛海尔、恒大、北京金隅等。4月28日，津南（挂）2010-11号地块竞拍，起始价584800万元，富力和中铁两家房企展开激烈角逐，最终富力地产以70.5亿拍得该地块，津南区咸水沽镇迎来新总价地王。

7.2 集聚效应渐显　环城及滨海新区成投资重点

随着中心城区土地的日趋稀缺，发展商投资的重点逐渐转向环城区域和滨海新区，其中环城区域中的津南区已经有云南星耀、碧桂园、京基、富力、青岛海尔等众多发展商陆续在此储备了大量的土地，而中新生态城则同时云集了国内和国外的大量知名发展商，未来这两个区域将成为大型的新兴居住区，发展商集聚效应也将逐渐显现。

7.3 新盘旺销　新政后品牌发展商无降价举动

由于2009年房地产市场的火爆，使得房价快速上涨，政府在2010年4月陆续推出了一系列的调控政策。经历了2008年的宏观调控，面对此轮新政，天津房地产市场虽成交量有所下滑，但价格仍呈振荡上行的态势，各品牌发展商并无大幅降价的举动，特别是在调整期内推出的新盘均有不俗的销售业绩，如河西区的“博轩园”、东丽区的“恒大绿洲”、西青区的“中信珺台”、“松江城”以及滨海新区的融科“贻锦台”、世茂“湿地公元”等。

天津市部分房企在津购买典型地块一览（2010年）　　表7-1

企业名称	地块名称	土地面积（万m^2）	可建面积（万m^2）	土地金额（亿元）
北京金隅嘉业房地产开发有限公司	东丽区津滨大道南侧B1、B2、B3、B4、B5地块	28.00	47.76	17.89
中海地产集团有限公司	河北区铁东路东侧地块	15.04	48.84	27.00
青岛海尔房地产开发投资有限公司	津南区八里台镇地块	59.02	88.78	8.57
北京万科企业有限公司	天津港集装箱物流中心航运服务区二期A、B1地块	14.95	37.37	8.08
天津融创置地有限公司	南开区怀安环路南北两侧地块	7.06	17.10	17.80
保利（天津）房地产开发有限公司	武清城区光明道南侧、泉达路西侧地块	15.43	27.77	5.90
天津滨海发展投资控股有限公司	蓟县许家台乡小米庄村东侧地块	118.50	113.78	7.11
上海中星（集团）有限公司	东丽区津汉公路北侧、杨北公路东侧地块	68.28	101.32	26.30
恒大地产集团天津蓟县有限公司	蓟县官庄镇盘山引线西侧地块	82.16	76.90	5.76
中铁房地产集团有限公司	河北区金钟河大街北侧地块	25.23	86.78	40.32
天津华侨城实业有限公司	东丽区东丽湖西北侧地块	204.60	220.94	36.55
华润置地（天津）有限公司	东丽区津汉公路北，杨北公路东西两侧地块	51.18	70.86	19.39
天津海航东海岸投资有限公司	东疆港区南部欧洲路以西	57.41	87.34	7.96

续表

企业名称	地块名称	土地面积（万 m^2）	可建面积（万 m^2）	土地金额（亿元）
天津海泰北塘休闲度假中心有限公司	滨海新区塘沽北塘地块	33.96	23.94	7.78
北京富力城房地产开发有限公司	津南区咸水沽镇地块	128.92	301.09	70.50
宁波奥克斯置业有限公司	武清城区南东路东侧地块	16.93	45.52	4.15
天津市天山房地产开发有限公司	津南区小站镇地块	58.95	113.71	5.91

资料来源：天津中原数据库。

第8章　热点频出　天津土地市场活跃

8.1 土地市场整体成交量升价涨

土地是房地产开发的基础，每一年土地市场供需的情况也往往体现了当年房地产市场开发的冷热程度。随着天津楼市在2009年的再次高涨，天津土地市场表现也较为活跃。

8.1.1 供求两旺引地价上涨

2010年1至7月，天津土地交易中心通过招拍挂共出让经营性用地201幅，占地面积约2454万m^2，比2009年同期上涨了20%。土地成交量为2231万m^2，规划建筑面积约3400万m^2。截至2010年7月份，天津土地市场的成交量位居全国各城市之首。一方面，说明天津正处在城市快速发展的过程中，商品房需求旺盛，房地产市场发展迅速；另一方面，也说明政府财政对土地收入的依赖程度较强。

随着天津市商品房价格的持续上涨，土地成交价格也相应上涨，2010年1至7月经营性用地的平均楼面价格为1836元/m^2，比2009年全年的平均价格上涨了约77%。

图8-1　天津市土地供需及价格走势（2007～2010年1～7月）

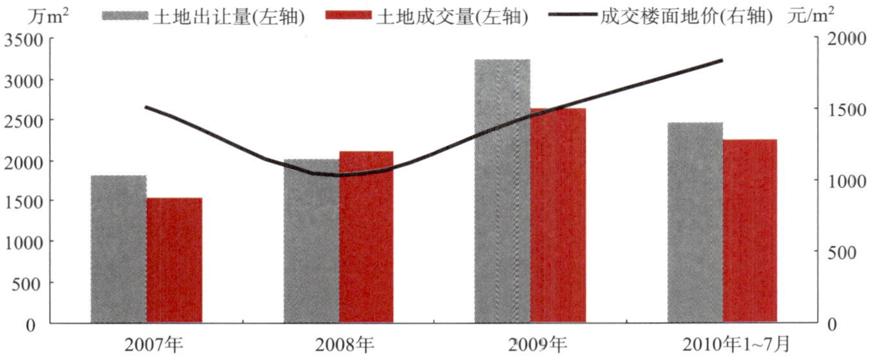

数据来源：天津市土地交易中心。

8.1.2 住宅用地出让为主

由于2009年住宅需求再度出现高峰，因此各区都加大了居住用地的出让。2010年1至7月成交的经营性质土地中，居住以及含居住性质的综合月地总和达到了1797万m^2，占总成交量的81%。预计未来几年将为市场提供较大的供应量。

图8-2　天津市土地市场成交性质占比（2010年1～7月）

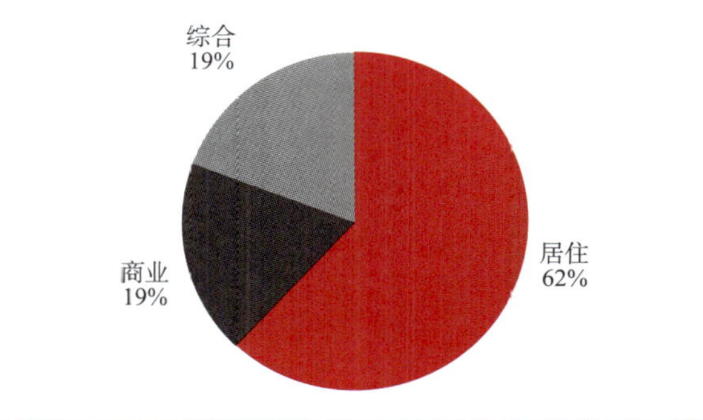

数据来源　天津市土地交易中心。

8.2 外围城区渐成土地市场主力

中心城区土地供应稀缺，连续3年成交量仅占全市的3%，未来商品房市场将长期处于供不应求的状态。环城四区及远郊区县土地资源丰富，整理成本低，地价也相对较低，出让量和成交量均比较大。环城四区由于日益完善的配套，已经成为了中心城区人口外流的首选区域，特别是西青和津南区，均有大面积土地成交，产品线丰富，市场认可度高。远郊区县正处在快速的城市化进程中，商品房需求量大，土地市场也存在较大的溢价空间。滨海新区土地市场是天津土地的热点成交区域，在2008年和2009年分别占到了全市成交总量的47%和53%，其中大部分土地为一级土地整理企业获取，如生态城、北塘等。市场上的实际有效供应非常有限。

图8-3　天津市各区域土地成交情况（2007～2010年1～7月）

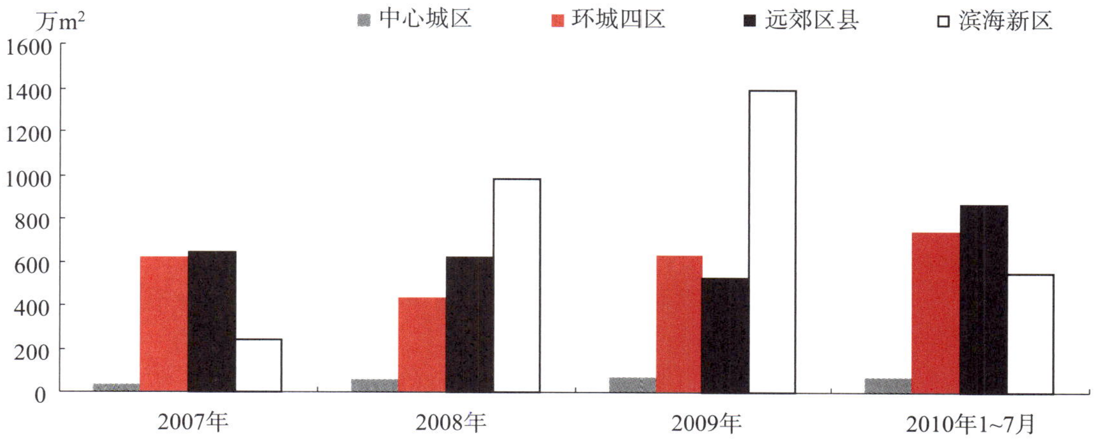

数据来源：天津市土地交易中心。

8.2.1 中心城区

随着中心城区商务商业功能的不断强化，其居住性质用地出让比例减少，直接影响了房地产市场的供应结构，居住型物业日益稀缺，住宅在全市的总成交中占比不断减少，价格增幅居全市之首。但是由于其配套完善、抗风险能力强，中心城区依然是购房者的理想居住地，因此土地资源炙手可热，土地价格在近几年出现了快速的提升。

2010年1至7月，天津中心城区共成交土地67万m²。目前有实力在中心城区取地的多数为央企、国企、布局全国的大规模地产公司或本地与政府关系密切的企业。其中典型的成交案例有：中海地产、中铁集团获取河北区地块，融创地产获取南开区地块等。中海地产获取的地块位于河北区铁东路，为住宅用地，其占地面积达到了15万m²，建筑面积将近50万m²；中铁集团获取的地块位于河北区金钟河大街，为居住和商业的综合性质用地，其占地面积为25万m²，建筑面积达到了87万m²，如此大的体量在近几年中心城区出让的土地中已经十分罕有。3月份融创置业取得的南开区兴业里地块楼面价格高达10409元/m²，创下了区域单价地王，该地块成交后，周边二手房的价格立即上涨了30%左右。

中心城区的土地由于价值高、位置优越、配套成熟等因素，其未来开发的产品势必较为高端，因此未来的销售价格仍将保持在较高的水平。

图8-4 天津市中心城区土地成交情况（2007～2010年1～7月）

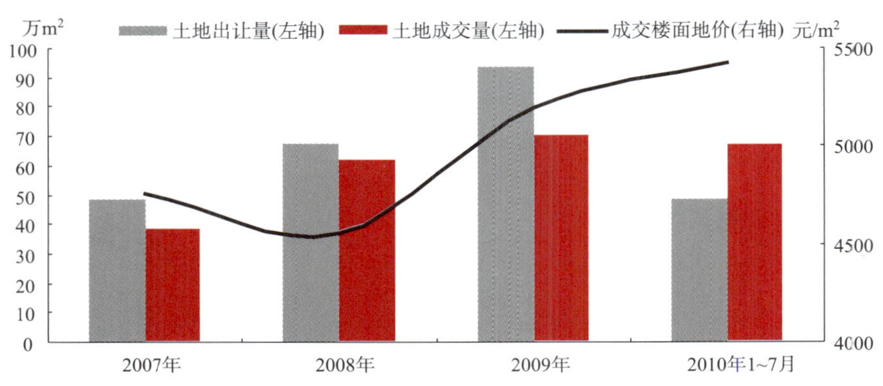

数据来源：天津市土地交易中心。

8.2.2 环城四区

2010年1至7月，环城四区共成交经营性质用地749万m²，成交土地集中在津南和东丽两个区域，主要位于东丽区的津滨大道居住板块和津南区的八里台居住板块，全部为居住和综合性质用地。其中典型的成交案例有金隅地产获取东丽区津滨大道地块、富力地产获取津南区地块等。

东丽区津滨大道地块为居住用地，全部被北京金隅嘉业拍得，平均楼面价格4061元/m²。相比2009年保利地产所拍得的昆仑路西侧居住地块3500元/m²的价格，土地增值较为显著。津南区咸水沽地块占地128.9万m²，被富力地产拍得，土地价格相比2009年涨幅不大。但由于目前津南区已经汇集了星耀、碧桂园、中信、海尔等大盘，集聚效应将会使该区域的产品品质和市场认知不断提升，未来土地价值依然具有较大的发展潜力。

图8-5 天津市环城四区土地成交情况（2007～2010年1～7月）

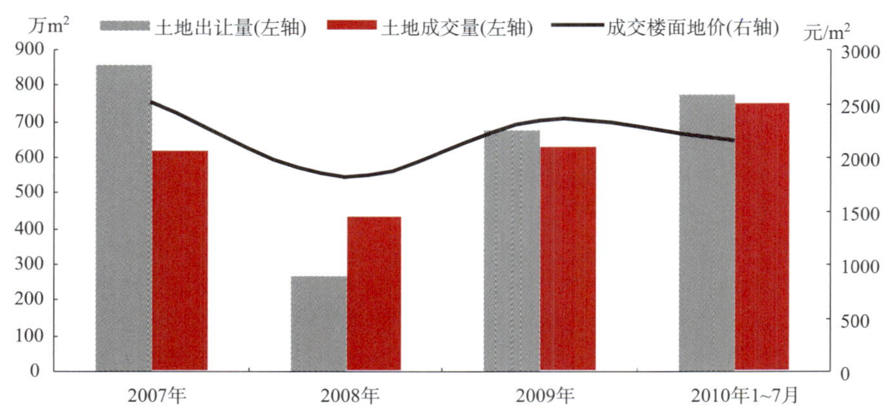

数据来源：天津市土地交易中心。

8.2.3 远郊五县

远郊区县土地资源丰富，整理成本低，适宜获取大规模可持续开发地块。近年来供需均比较旺盛，土地价值被逐步挖掘。2010年1至7月，共成交经营性质用地865万m^2，平均楼面地价为922元/m^2，较2009年全年上涨了14%。

土地成交的热点板块有武清城区、蓟县山地和静海团泊湖等。武清占据京津发展轴的区位优势，目前已有数家大规模房企进驻，如保利、北京住总等，销售业绩均良好。恒大地产在蓟县获取大规模山地，发展低密度旅游休闲地产。团泊湖居住板块成交的土地中也有相当大体量的低容积率居住用地。在2010年1至7月成交的经营性用地中蓟县土地成交量位居远郊区县之首，占远郊区县土地成交总量的29%，其次为武清区，占比为27%。土地性质均以居住用地为主，目前远郊依然处于城市化进程中，适宜发展居住型产品。

图8-6　天津市远郊区县土地成交情况（2007～2010年1～7月）

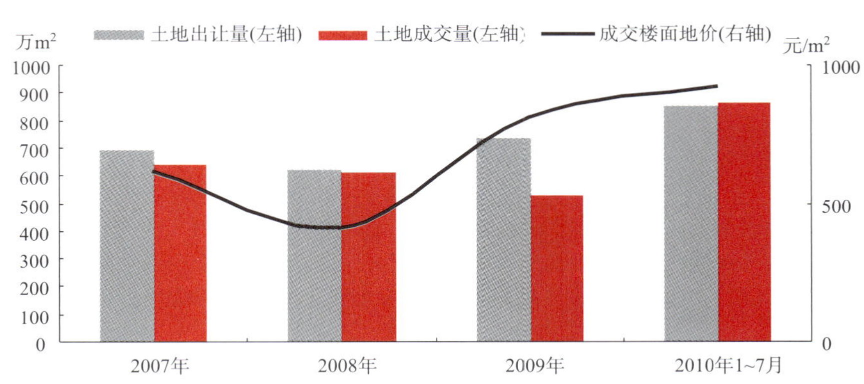

数据来源：天津市土地交易中心。

8.2.4 滨海新区

滨海新区土地指标集中在大规模建设项目上，如生态城、北塘、响螺湾、渤龙湖、中心渔港等，零散的土地成交量相当有限。2010年土地成交量较2009年有小幅回落，1至7月份，共成交经营性质用地551万m^2，目前整体地价水平为1750元/m^2，土地价格较2009年上涨了67%。

国际、国内的大型知名房企纷纷布局滨海，主要进驻方向为滨海新区核心区——塘沽及开发区。但是由于通过招拍挂成交的地块很少，大多数发展商通过与当地企业合作、收购原有地块、与一级土地整理企业合作的方式获取土地。

8.3 城市地位提升促进土地市场持续活跃

虽然天津的房价也处于持续上涨中，但由于与一线城市相比仍有一定的差距，且市场的需求量仍较大，因此吸引了更多的知名开发商纷纷进驻。2010年1至7月，保利、万科、中海、北京金隅、青岛海尔、宁波奥克斯、中惠、中铁、恒大、华侨城等开发企业均在天津取得土地。

知名开发企业的进驻一方面将使得产品开发更为多元化，整体品质进一步得到提升，但另一方面，异地开发成本提高、潜力地块升值等因素或将使房价进一步的上涨。

2010年国家出台了相对严厉的楼市调控政策，但是大多数发展商依然看好天津楼市的未来发展潜力，拿地热情不减，土地市场成交活跃。而随着滨海新区的发展，天津的城市地位将进一步提升，房地产市场将得到快速发展，土地价值将被不断挖掘。

图8-7　天津市滨海新区土地成交情况（2007～2010年1～7月）

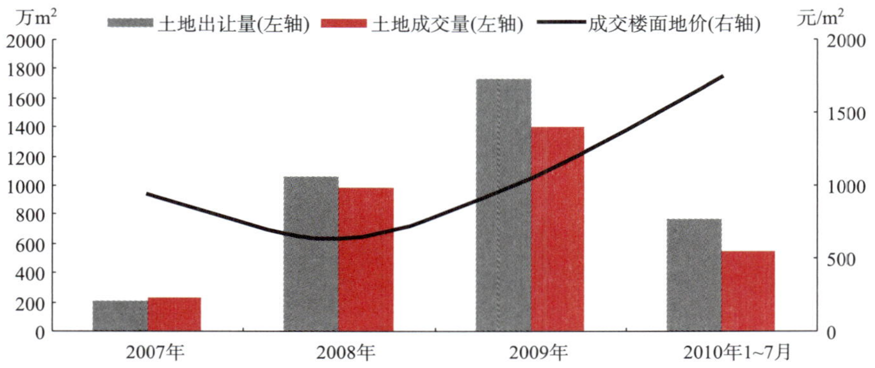

数据来源：天津市土地交易中心。

中心城区的土地将持续处于稀缺状态，由于该区域商务商业功能凸显，未来土地供应的方向为高公建配比的综合性地块。环城四区和和滨海新区依旧会是成交的亮点区域，是未来土地市场成交的主要构成板块。从土地价格趋势来看，整体价格短期内不会大幅上涨，但稀缺型土地的价格仍保持较高的水平。

第9章　政策主导市场走势　天津住宅市场价格创新高

9.1 天津一手住宅量增价涨

9.1.1 整体市场先扬后抑

2009年，天津市城建力度加大，拆迁量增加。同时，政府相继推出一些刺激政策，包括蓝印户口政策、二套房贷放松政策等，使住房需求量大幅增长，住宅市场强劲反弹。从3月开始，天津连续10个月月均成交量超过100万m^2，其中8月份成交量达到了峰值142.6万m^2。与成交量相对应是住宅成交均价一反2008年震荡下调的趋势，从3月份开始持续大幅上升，10月份的住宅成交均价达到了8025元/m^2。

2010年上半年全国房地产市场遭遇史上最严厉、最具有针对性、也是目前持续时间最长的一次政策调控，在多重政策的组合打压下天津市住宅市场成交量大跌，上半年成交559.6万m^2，环比下降36.6%，同比也下降6%。

9.1.2 成交量2009年创新高 2010年受抑制

2009～2010年，天津楼市先热后冷，楼市的成交量在持续高位运行之后于2010年一季度开始下行，在"4.15"新政出台后下行趋势加剧，月均成交量迅速缩水40%。价格方面，从2009年初开始一路攀升，在2010年一季度达到历史高位后保持稳定。

2009年3至12月：成交奇迹反弹，楼价稳定上涨。2009年第一季度，天津市购房落户的蓝印户口政策进行调整，由原来的100万/人下调至最低40万/人。在蓝印户口政策等地方政策的影响下，天津新建商品住宅市场奇迹反弹，月均成交量保持在百万平方米以上，价格也以月均2.5%的速度稳定增长。

2010年1至4月：成交小幅回落，楼价持续上扬。进入2010年，政策导向发生变化，2008年末颁布的一系列救市政策陆续到期，包括贷款首付比例提高、贷款利率优惠政策取消等。同时新出台的政策开始向抑制房价过快上涨、抑制投机的方向转变：1月出台"国十一条"，加大差别化信贷政策力度；2月上调存款准备金率，调整货币流通情况；3月出台"国十九条"，从严治理土地市场。在一系列新政的作用下，天津房地产市场开始进入观望期，月均成交面积平均下降了20%，但成交均价仍然在震荡中保持小幅上涨。

2010年5至6月：史上最严厉政策出台，成交迅速萎缩。2010年4月"4.15"新政出台后，楼市反应迅速，5月天津新建商品住宅成交面积仅为63.5万m^2，相比新政前的平均水平下降了40%，6月成交继续下跌，月成交面积仅有50.5万m^2。

图9-1　天津市一手住宅月度成交量、成交价格（2009年1月～2010年6月）

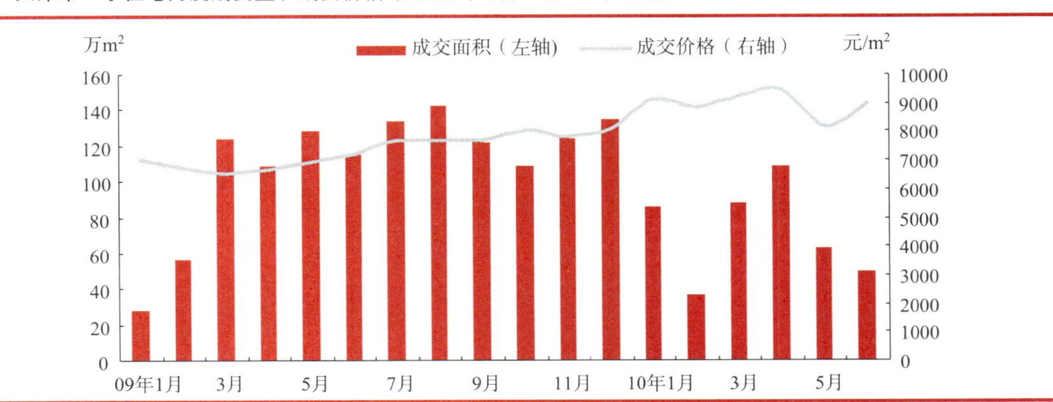

数据来源：天津中原投资顾问部。

图9-2　天津市一手住宅成交均价走势（2007～2010年上半年）

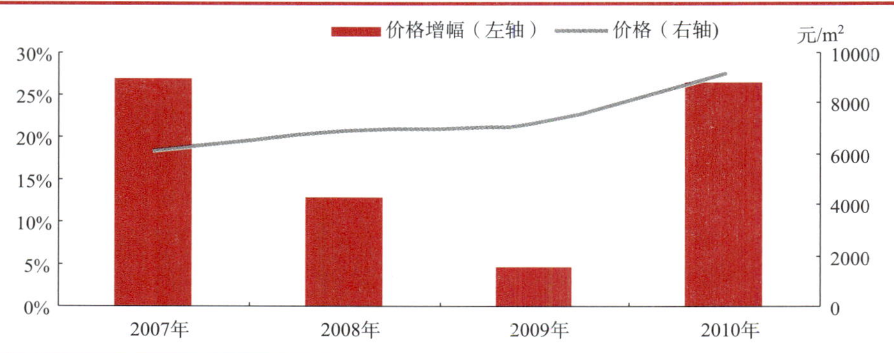

数据来源：天津中原投资顾问部。

9.1.3 中心城区供不应求　滨海新区成长迅速

2009年以来，由于区域发展情况的差异，新建商品住宅市场的区域性差异非常明显。中心城区可开发用地稀缺，连续3年经营性用地成交不足天津全市土地成交量的3%，导致新增供应持续下降，2010年上半年市内六区新增供应环比下降了60%。城市核心的地段价值及供应稀缺两个因素导致市内六区基本上出房即为高端项目，2010年平均成交价格突破15000元/m^2，比天津市平均成交价格高66.7%。

2009年下半年，滨海新区受“三区合一”带动，成交价格迅速上涨，其中核心区塘沽成交价格在1个月内由8000元/m^2迅速上涨至13000元/m^2，涨幅高达62.5%。

9.2 天津二手住宅市场进入快速发展期

9.2.1 市场回暖　成交量显著上升

2008年楼市低迷，进入2009年后，楼市逐渐回暖，带来二手房成交量的大幅上升。一方面，住宅市场刚性需求依旧旺盛，市场回暖使压抑一年的住宅需求得到释放；另一方面，受到二手房供应量大而新建住宅价格高等因素的影响，二手住宅关注度上升，交易量增加。2009年，二手房成交量同比增长223%，达到了10.48万套，为近年来最高。2010年上半年，二手住宅成交依然火爆，成交量已超过2008年全年二手住宅成交量。

图9-3　天津市二手住宅成交量及同比走势（2007～2010年上半年）

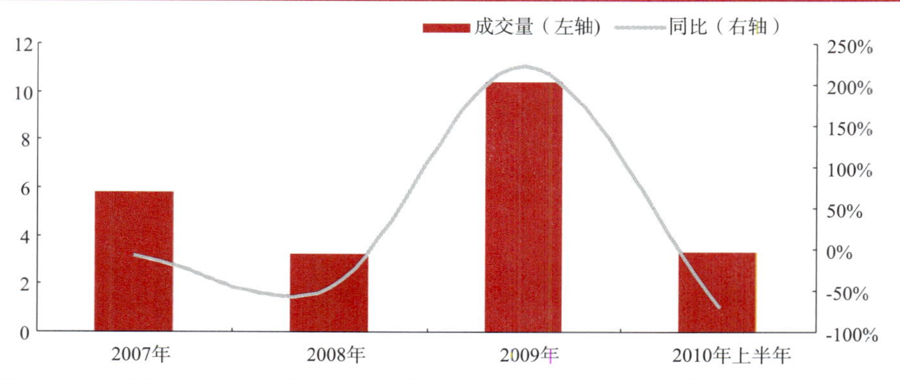

数据来源：天津中原投资顾问部。

从成交区域来看，中心城区和滨海新区远远高于环城四区以及远郊区县二手住宅成交量。

首先是交通便利程度，由于中心城区交通便利，发展较完善，二手住宅市场交易成交活跃，占二手住宅总体成交量的47%；其次是升值潜力，购房者在购买二手房时，关注持有物业升值潜力，2009年底，滨海新区“三区合一”，购房者看好滨海新区升值潜力使得二手房成交量上升，达到总体成交量的25%。

图9-4　天津市二手住宅成交区域分布（2009年1月～2010年6月）

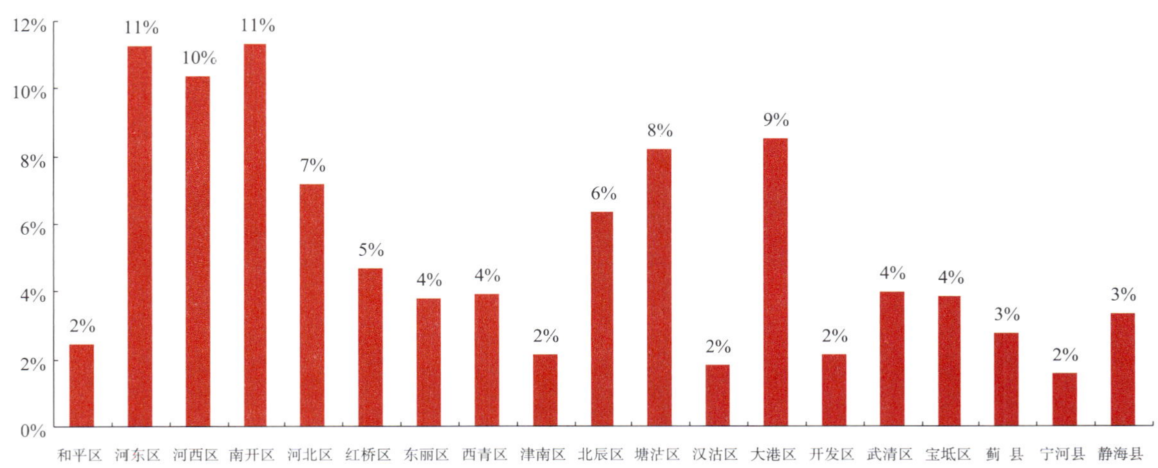

数据来源：天津中原投资顾问部。

9.2.2 成交价格稳步上升

2008年住宅市场较为低迷，且下半年遭遇金融危机，市场多处于观望状态，二手住宅成交量较低，成交价格小幅波动，但基本维持平稳。进入2009年后，住宅市场恢复活力，二手住房成交价格经历年初的小幅下降后，一直保持稳定增长态势，尤其是进入2009年下半年，市场形势利好，观望的购房者尤其是具有刚性需求的购房者，看好市场走势，并且认可二手住宅，二手住宅成交量上升带动成交价格持续增长。

2010年1月，二手房成交价格已同比增长22%。2010年1至3月，二手房成交价格保持平稳态势，甚至有小幅下降，主要是受3月政策调控影响，市场回到观望状态，进入四月后，由于政策调控对投机型购买者影响较大，一手住宅市场受政策影响更强烈，许多购买者转向二手住宅市场，带动成交价格继续上升。

图9-5　天津市二手住宅成交价格走势（2008年1月～2010年8月）

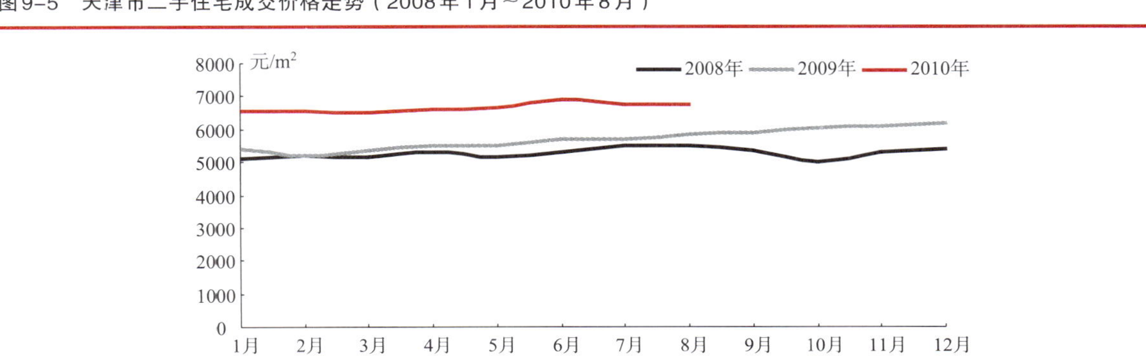

数据来源：天津中原投资顾问部。

图9-6　CLI天津二手价格指数走势（2004年5月～2010年8月）

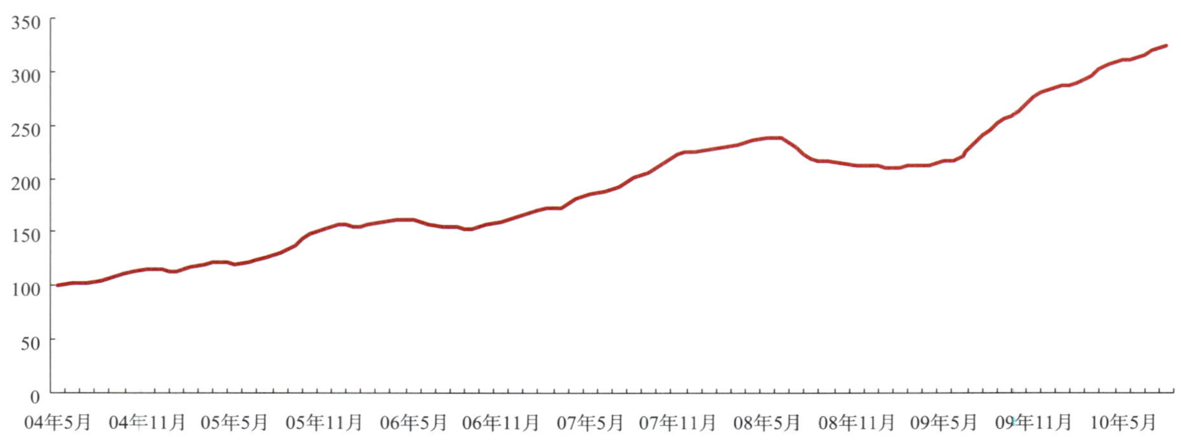

数据来源：天津中原投资顾问部。

9.2.3 中心城区二手房成交量超过一手房

2009年至2010年，天津市中心城区二手住宅成交量已超过一手住宅。

2009年楼市回暖，住宅需求得到释放，天津市存量住宅开始大量消化。一方面，中心城区有大量二手住宅供应，满足购房者购买需求；另一方面中心城区土地资源日益稀缺，一手住宅供应量减少。受此影响，天津一手住宅成交减少，二手住宅成交增加，且成交量超过一手住宅成交。

2008、2009年楼市波动较大，但天津中心城区住宅价值认可度依旧较高。许多新建商品房在环城四区、远郊区县开始大幅开发，但中心城区传统的价值仍受购房者认可。虽然进入2010年后，中心城区新建商品房供应明显减少，且价格日益攀升，但由于中心城区交通便利、地理位置优越、升值潜力高，使得购房者转而关注中心城区二手房市场。

图9-7　天津市一二手住宅成交量走势（2009年1月～2010年6月）

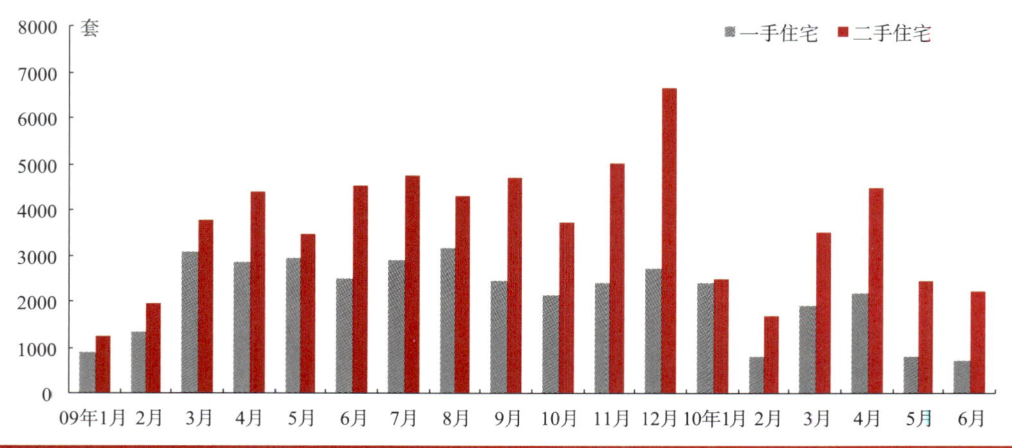

数据来源：天津中原投资顾问部。

第10章 天津甲级写字楼供应增加 竞争加剧

伴随着天津最大规模的甲级写字楼项目天津“环球金融中心”的上市，天津市的写字楼尤其是甲级写字楼开始了新一轮的发展高潮。1998年至2003年，天津市写字楼市场发展极其缓慢，市场供应量及吸纳量偏低，尤其是甲级写字楼，除了“津汇广场”一期投入运营之外，几乎没有甲级写字楼入市。2004年以后，天津市才开始有部分甲级写字楼入市。2010年天津“环球金融中心”项目入市，以其20.5万m^2的建筑面积成为天津最大的甲级写字楼，336.9m成为华北第一高度，售价30000元/m^2的单价拉开了天津市甲级写字楼快速发展的序幕。未来天津将有大量的甲级写字楼上市，由于天津市的产业结构以第二产业为主，因此高端客群偏少，未来上市的甲级写字楼能否取得良好的租售效果还有待时间检验。

10.1 供应增加 集中分布传统商务区

2009～2010年间，天津市出售型甲级写字楼新增供应量达到35.2万m^2，出租型甲级写字楼达21.65万m^2，天津市场甲级写字楼项目的总体数量达到16个，总供应面积108万m^2，其中约有60%左右的供应量为近5年的新增供应。2010年的市场新增供应量将进一步扩大，总体的供应量将达到36.6万m^2，值得一提的是，“MSD”项目C区作为滨海新区第一个高标准甲级写字楼的入市，代表了滨海新区正式步入甲级写字楼市场的发展时代。

天津市销售型甲级写字楼市场新增供应一览表（2009～2010年上半年） 表10-1

区　域	项目名称	项目地址	开发商名称	上市时间	建筑面积（万m^2）	销售价格（元/m^2）
海河沿线商圈	环球金融中心	和平大沽桥与兴安路交汇处	金融街津塔（天津）置业有限公司	2010.7	20.5	30000
南京路商圈	君隆广场	和平南京路99号	御道津旅（天津）发展有限公司	2009.1	9.4	25000
	环球置地广场	南开卫津路与南京路交口	天津海顺置业发展有限公司	2009.1	5.3	20000

数据来源：天津中原投资顾问部。

天津市租赁型甲级写字楼市场新增供应一览表（2009～2010年上半年） 表10-2

区　域	项目名称	项目地址	开发商名称	上市时间	建筑面积（万m^2）	租赁价格美元/（m^2·天）
友谊路商圈	鑫银大厦	河西区友谊路7号	天津金丰兆业房地产开发有限公司	2009.7	5.55	5.00
滨海开发区	MSD项目C区	开发区第一大街	天津泰达发展有限公司	2010.8	16.1	4.00

数据来源：天津中原投资顾问部。

从新增甲级写字楼项目的位置来看，2009～2010年新增甲级写字楼项目的供应主要集中在传统的商务区内，如南京路、海河沿线、友谊路沿线区域，“MSD”项目的C区位于滨海新区的核心区第一大街，从供应布局来看，天津市的甲级写字楼有进一步向核心商务区聚集的趋势，尤其是和平区的南京路沿线、海河沿线区域。

10.2 需求增长　租售价格快速上涨

天津市的甲级写字楼前几年的平均年吸纳量约为5万m²左右，2009至2010年，甲级写字楼的吸纳量有所增长，达到8万m²。但是，由于新增供应的大量上市，市场的供需矛盾越趋尖锐，市场的供应量需要比较长的时间进行消化。

天津甲级写字楼经历了几年的存量消化，其空置率持续几年保持下降态势，但是，2009年大量的供应上市，需求量却没有同步增长，导致2009年度的写字楼空置率有所上升，达到25%，相比2008年的15%上升达10个百分点。

2009～2010年间，天津市甲级写字楼的平均销售价格25000元/m²，平均租赁价格为5元/(m²·天)。

图10-1　天津市甲级写字楼供需情况（2000～2009年）

资料来源：天津中原投资顾问部。

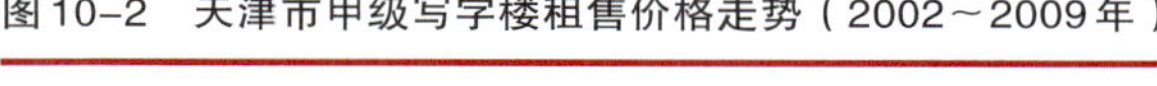

图10-2　天津市甲级写字楼租售价格走势（2002～2009年）

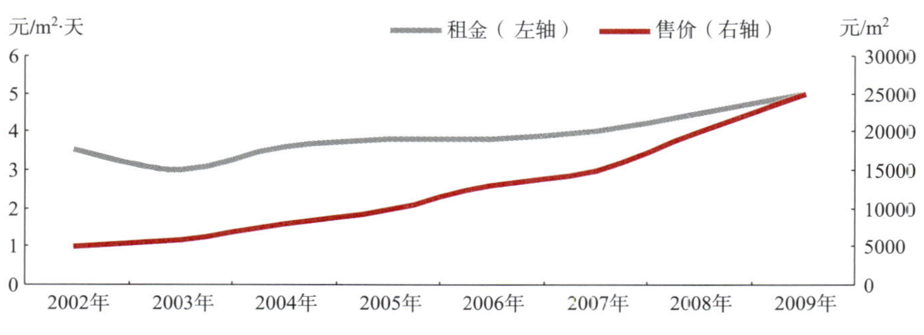

资料来源：天津中原投资顾问部。

10.3 潜在供应较多　市场竞争激烈

未来3年，天津市甲级写字楼的供应量比较大，预计总的供应面积将达到26.6万m²，年均新增供应达9万m²，均超过历年的市场吸纳量。目前公布的未来5年待开发项目约11个，另外，滨海新区未来也有大量的甲级写字楼规划，预计总体量将超过300万m^2，几乎是目前市场总供应量的3倍，因此，市场竞争情况越趋激烈。

天津市甲级写字楼未来3年供应项目　　表10-3

项目名称	项目地址	开发商	预计竣工时间	占地面积（万m^2）	建筑面积（万m^2）
昆仑中心	河西友谊路乐购超市北侧	天津昆仑兆业	2012年	1.4	5.6
宝利国际中心	南开长江道北侧与南丰路交口	天津宝利集团有限公司	2012年	2	7
合生国际大厦	和平海河北安桥头	合生创展（天津）有限公司	2012年	2	5
世纪都会轩	和平南京路（南京路营口道地铁上盖）	和记黄埔地产（天津）有限公司	2012年	2	9

数据来源：天津中原投资顾问部。

天津市甲级写字楼未来规划供应项目　　表10-4

项目名称	区域商圈	预计竣工时间	建筑情况	建筑面积（万m^2）
大悦城写字楼	南市商圈	2014年	39层	5.7
仁恒置地写字楼	海河商圈	2015年	40层	3.3
大都会	南市商圈	2015年	48层	—
现代城	南京路	2014年	50层	—
津湾广场写字楼	海河	2013年	70层	—
远洋二期	海河	2014年	50层	—
联合广场	小白楼	—	488米	30
富力大厦	小白楼	—	47层	—
欧嘉华中心	小白楼	—	60层	23
中粮六纬路项目	海河	—	48层	10
嘉里中心	海河	—	70层	13.4
高银117大厦	高新区	—	117层570米	30

数据来源：天津中原投资顾问部。

Photo by: Hu wenkit 胡文杰 (www.pdoing.com)

Story
楼事

京 津 | JINGJIN

第11章 北京通州区热点板块市场分析

北京中原投资顾问部 李昂/徐超

11.1 研究背景

2010年新政后，楼市以命运多舛来形容并不为过，从4月新政前房价的浮躁与盲动，到如今出现的零成交。政策越发从紧，人们对于楼市前景也越发迷茫。其中，通州房地产市场的变化最大，新政前某楼盘当天价格涨幅达到2000元/m^2左右，到目前通州楼盘打折销售，虽降价幅度不是太大。

目前通州成为购房者关注的焦点之一。其主要原因为，随着通州新城的规划发展，通州区整体发展正处于加速飞跃的关键时期；CBD东扩，和“中共北京市委十届七次全会”提出北京新城建设的重心将向通州倾斜；轨道交通及基础设施的加紧建设，提升区域价值；北京东站迁往通州，为区域带来了购房人群。

11.2 通州总体特征

由于2008年爆发的全球经济危机对中国房地产市场造成了较大的影响，市场处于萧条期。2009年年初开始，在利好因素的刺激下，通州区房地产市场开始迅速回暖，甚至出现火爆场面。即使在2010年出台了一系列房地产打压政策之后，也只是引起成交量下滑，而成交价格基本平稳。其利好因素主要有以下几点：1）2009年政府就出台了一系列的房地产政策，刺激楼市回暖；2）通州区位于北京市整体规划两轴两带多中心的东部发展带；3）通州区轨道交通等基础设施的大力建设；CBD东扩带动通州楼市的发展。

图11–1 北京市通州区房地产市场走势（2009年1月～2010年6月）

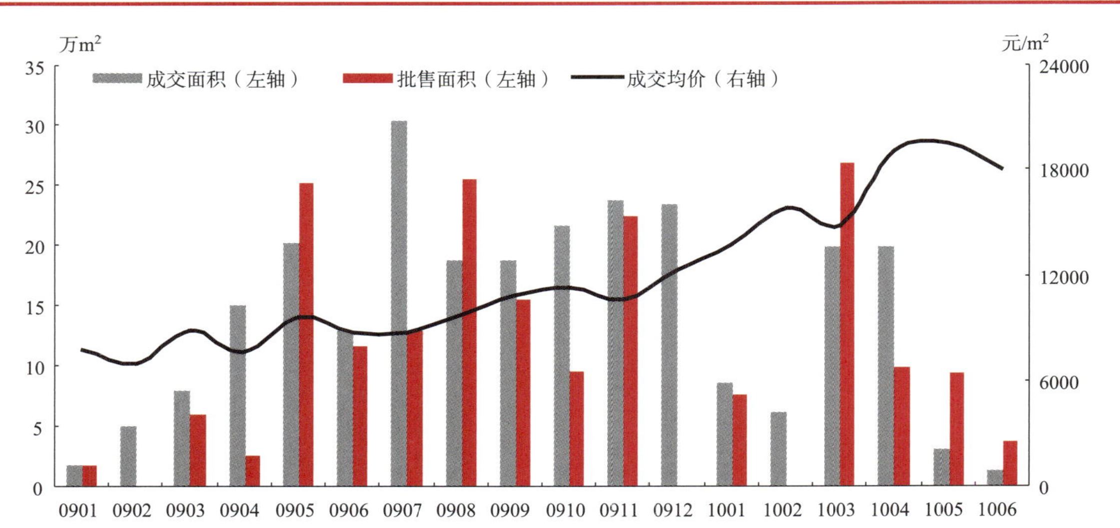

数据来源：北京中原投资顾问部。

由于2009年通州区房地产市场呈现供小于求的现象，因此，2010年初开始，政府出台政策，要求加大商品房供应力度。使得自2010年3月开始，房地产市场呈现供大于求现象明显。虽然2010年5～6

月，受新政影响，开发商放缓了商品房供应速度，但成交面积也大幅下降，因此，目前通州房地产市场处于不活跃期。2009年至今，通州区成交均价明显呈上升趋势，但是在2010年6月，成交均价出现小幅下降的趋势，环比下降7.2%。

11.3 通州区各板块市场分析

图11-2 北京市通州区板块分布

资料来源：北京中原投资顾问部。

通州城区重点发展格局可划分成以下四大板块，传统新华大街（东延线）片区、八通线片区、运河（通州新城）板块以及宋庄（通州北部）板块组成。新华大街（东延线）两侧分布了通州早期住宅、商业及少量办公物业形式，是通州最早核心区域；八通线沿线由轨道交通带动发展，形成通州后期兴起的居住、商业区域，其中居住是核心功能；运河板块属于通州新城重点核心发展板块，是未来通州热点区域；宋庄及北部区域仍属于落后区域，宋庄艺术创意产业区还处于初级阶段，北部地区仍以村落为主。

北京市通州区板块特点分析 表11-1

	八通及新华区域		宋庄区域		运河板块区域	
	早期	目前	早期	目前	早期	目前
住宅户型面积趋势	30～300㎡	90㎡两居	500㎡以上	可开拓空间大	40～200㎡	花园洋房
项目发展地域环境	无景观资源	强调园林设计	生态环境优异	强调景观引入	景观环境优异	强调园林设计
区域发展规划趋势	土地区域饱和	向南部外溢	土地资源丰富	特色吸纳外溢	核心土地稀缺	向北部、东部外溢
功能配套设施发展	配套完善	品质升级	配套基础差	小自给大借势	商务配套为核心	通州大配套

数据来源：北京中原投资顾问部。

住宅户型面积趋势：八通线及新华区域户型面积跨度较大，满足不同层面需求，早期尤其中小户型供应较大，近期90m²以上户型成为新项目开发主力产品，大户型供应开始增加。宋庄区域住宅发展缓慢，仍为村落建筑，唯一项目为别墅产品，独栋户型面积在500m²以上。而运河板块区域项目一期户型面积趋小，后期产品面积开始增大，近期90m²以上户型成为主力，尤其花园洋房的产品形式，其面积增加明显；通过分析为本案产品打造提供有力支撑。

项目发展地域环境：八通线及新华区域主要依托城铁发展，无任何生态及景观资源，区域项目强调自身内部环境景观建设，高绿化率、立体花园等名词是近期项目强调的亮点。宋庄区域良好的生态景观资源是此区域的天然资源。运河板块区域项目主要依托新城规划，未来城市景观形象优异，项目自身也非常重视内部园林景观设计，提高项目自身品质。

区域发展规划趋势：八通线及新华区域发展时间较长，可利用土地资源相对减少，由于北部区域受新城规划的影响，南部区域将是其未来向外扩张的主要趋势和方向。宋庄区域距离通州新城、顺义新城、东坝区域较近，将承接核心区居住功能的有力补充。运河板块区域是通州新城规划的核心区，其功能以商务为主，住宅土地稀缺，北部及东部区域将是未来外溢的主要地区。为本案所在区域发展提供必要支持。

功能配套设施发展：八通线及新华区域发展时间较长，商业等服务设施配套相对完善，目前随着新项目开发带动的配套建设，其配套品质在不断升级。宋庄区域发展落后，配套服务涉及面不会很广阔，满足自身小区域服务配套将是未来发展的基础要求。运河板块区域是通州新城规划的核心区，其配套功能规划完善，未来承担整个通州的高品质配套服务功能。为本案提升价值潜力。

图11-3　北京市区域项目分布

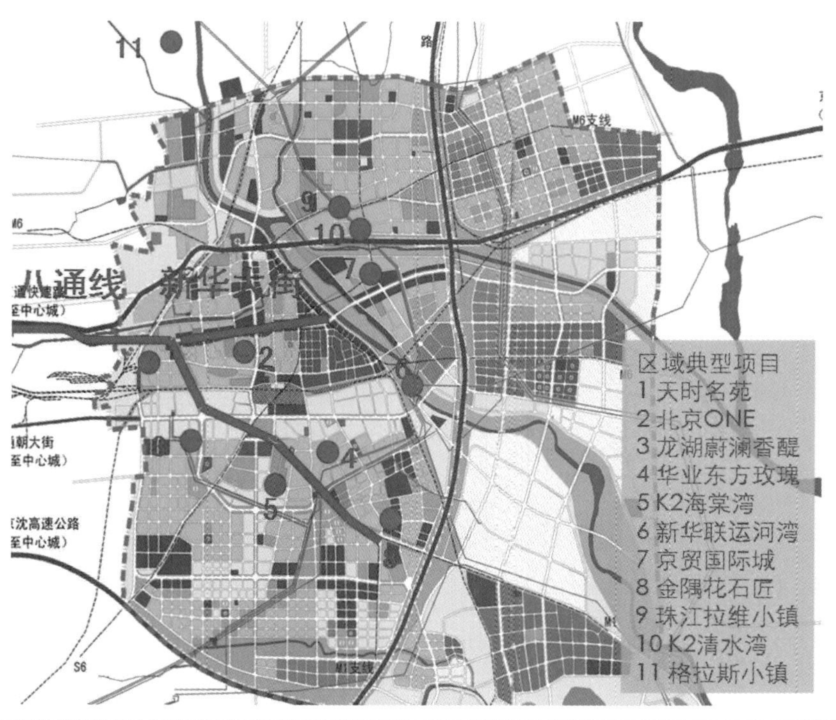

数据来源：北京中原投资顾问部。

11.3.1 八通线板块

■ 八通线板块项目整体情况

北京市八通线板块项目整体情况　　表 11–2

项目名称	建筑面积（万m^2）	产品类型	容积率	开盘时间	最新开盘时间
天时名苑	32	普通住宅、板楼	2.9	二期2010年3月底；2009年9月2、4号楼；2009年7月中旬；2009年6月27日	尾盘
龙湖蔚澜香醍	12	叠拼别墅，板楼、公寓	2.2	2010年4月	8月初
k2海棠湾	25	多、高层板楼，花园洋房 高档住宅	2.9	2010年4月中旬二期1号楼、14号楼、11号楼；2010年3月15日二期1、4、7、10号楼；2010年2月6日11号楼14号楼；2010年1月9日 11、14号楼 2009年11月27日	尾盘
华业东方玫瑰	101	住宅、板楼	3.12	2010年8月；2010年7月；二期2010年5月；2010年元旦A1、A2栋	2010年8月底到9月初
金隅花石匠	17	普通住宅、板楼	2.2	2010年7月1日	2010年7月1日

数据来源：北京中原投资顾问部。

区域市场供应主要以中高层为主，龙湖项目以低密别墅为主，但也开发了部分高层产品来满足市场需求；产品容积率基本在1～3之间，2.5以下以花园洋房为主，2.5以上以高层产品为主。

■ 八通线板块成交情况

北京市八通线板块一手房销售价格　　表 11–3

项目名称	销售均价（元/m^2）	销售状况
天时名苑	20000	尾盘
龙湖蔚澜香醍	21000	7月中旬一次开盘当天就已售完一栋，销售状况很好
k2海棠湾	23000	即将结盘，销售率在90%左右
华业东方玫瑰	16000	尚未开盘
金隅花石匠	15000	一共有100套左右，已卖出30套

数据来源：北京中原投资顾问部。

北京市八通线板块二手房销售价格　　表 11–4

项目名称	二手房价格（元/m^2）	成交状况
瑞都国际	17000～18000	受宏观政策影响，近期二手房成交量较低迷，成交主要以小面积为主
当代名筑	16000～17000	

数据来源：北京中原投资顾问部。

项目销售价格在16000～25000元/m^2之间，靠近东部区域销售价格相对较低；区域二手房价格基本在16000～18000元/m^2之间，各小区品质差异对价格影响较大；购买客群主要以北京客群为主，以满足自住需求为主，同时包括少量投资客户。

图 11-4　北京市天时名苑销售情况（2010 年第 13～17 周）

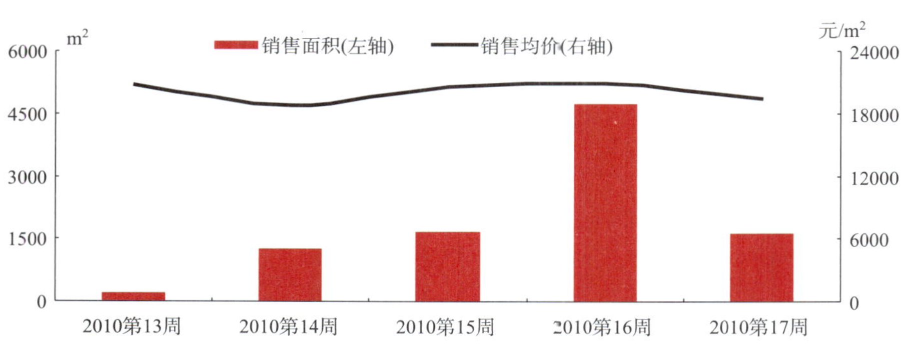

数据来源：北京中原投资顾问部。

图 11-5　北京市龙湖蔚澜香醍销售情况（2010 年第 16～27 周）

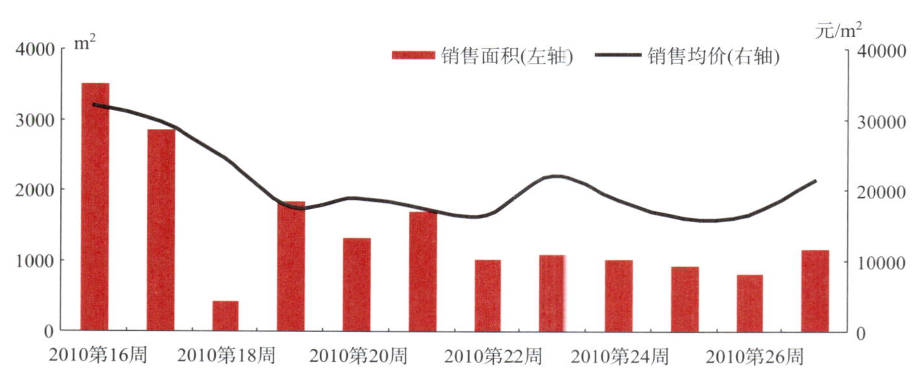

数据来源：北京中原投资顾问部。

图 11-6　北京市 K2 海棠湾销售情况（2010 年第 10～22 周）

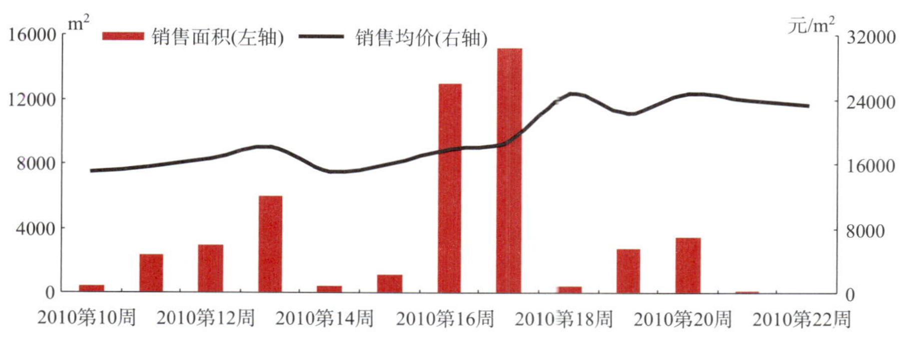

数据来源：北京中原投资顾问部。

图11-7　北京市金隅花石匠销售情况（2010年第29～30周）

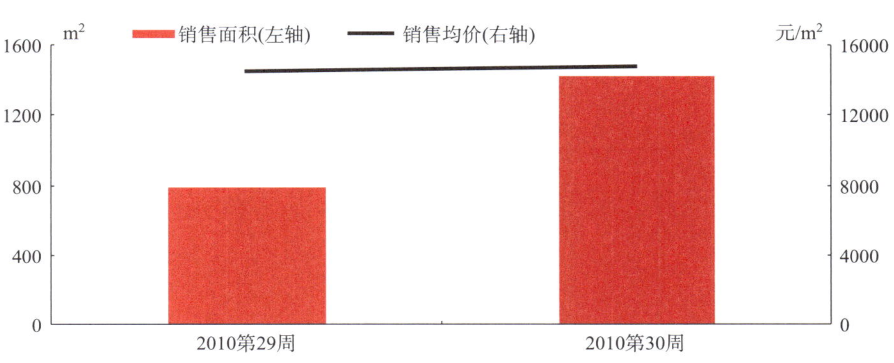

数据来源：北京中原投资顾问部。

11.3.2 新华大街板块

北京市通州区新华大街板块项目整体情况　　表11-5

项目名称	建筑面积	产品类型	容积率	开盘时间	最新开盘时间
北京ONE	28万m^2	板塔结合、高层，养生宅邸、商业综合体	4.15	2010年8月；2010年6月6日	无，推迟

数据来源：北京中原投资顾问部。

新华大街板块新项目稀缺，“北京one”项目是目前唯一即将入市项目，低碳科技理念是其推广主题，其销售均价达30000元/m^2；项目以板塔高层结合，产品以大户型为主，基本在100m^2以上，提供精装修及各类科技系统入户，体现低碳环保的价值理念；项目价格定位较高，但受近期宏观政策调控影响，一直处于推迟开盘阶段。

11.3.3 运河板块

■ 运河板块项目整体情况

北京市通州区运河板块项目整体情况　　表11-6

项目名称	建筑面积（万㎡）	产品类型	容积率	开盘时间	最新开盘时间
京贸国际城	69	高层住宅、别墅	2.5	2010年5月中旬4号楼；2010年4月6日3号楼；1、2号楼2010年3月28日	2010年3月28日
k2清水湾	13.7	住宅、公寓、别墅、花园洋房、联排别墅	2.2	2010年4月	2010年4月
新华联运河湾	31	板楼、小高层、高层	2.7	2010年7月10日；2010年5月；2010年4月中旬13号楼；2010年3月17日14、16、19、20、21号楼	2010年7月11日
珠江拉维小镇	21	双院花墅、公寓住宅、板楼、塔楼、板塔结合	2.1	2010年5月	2010年5月

数据来源：北京中原投资顾问部。

运河板块产品设计主要以高层和低密度别墅混合为主　强调高绿化、高舒适度；项目宣传主题基本依托通州新城规划利好为核心，强调自身项目良好的园林景观设计。

■ 运河板块成交情况

北京市通州区运河板块销售价格　　表11-7

项目名称	销售均价（元/m²）	销售状况
京贸国际城	26000	现处于一期销售，销售率为75%左右
k2清水湾	22000	总共1225套，一期300套，销售状况未统计
新华联运河湾	20000	已卖出三分之一
珠江拉维小镇	均价17000 公寓均价22000～25000 双院花墅400万/套	总共1700套，还剩下300～400套，销售率大概在78%左右

数据来源：北京中原投资顾问部。

运河板块借助通州新城规划利好，这一区域销售价格基本在20000元/m²以上，已经高于其他板块销售价格；初期入市价格相对较低，所以目前销售成绩基本属于初期开盘实现的成果，后期价格涨幅较大，实际成交并不理想；周边二手住宅开发较早，社区环境较差，目前二手房销售价格在13000～15000元/m²；购买客户基本以北京市区客户为主，同时包括少量外地投资客户，例如东北、山西及山东客户。

图11-8　北京市京贸国际城销售情况（2010年第10～26周）

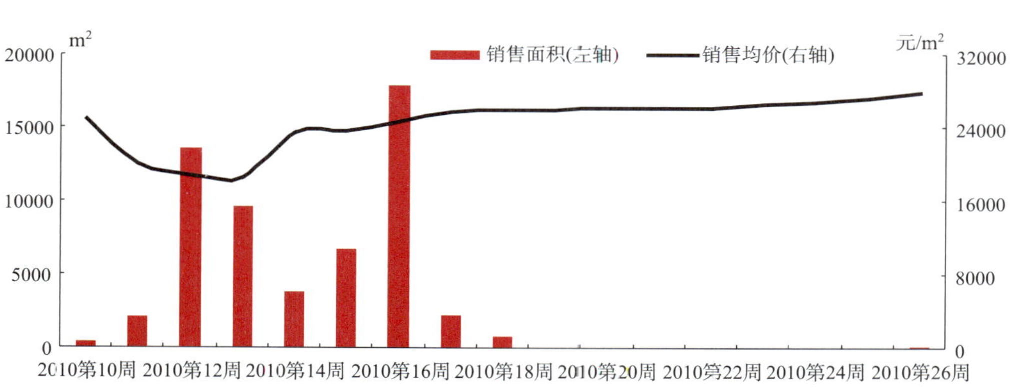

数据来源：北京中原投资顾问部。

图 11-9 北京市K2清水湾销售情况（2010年第14～27周）

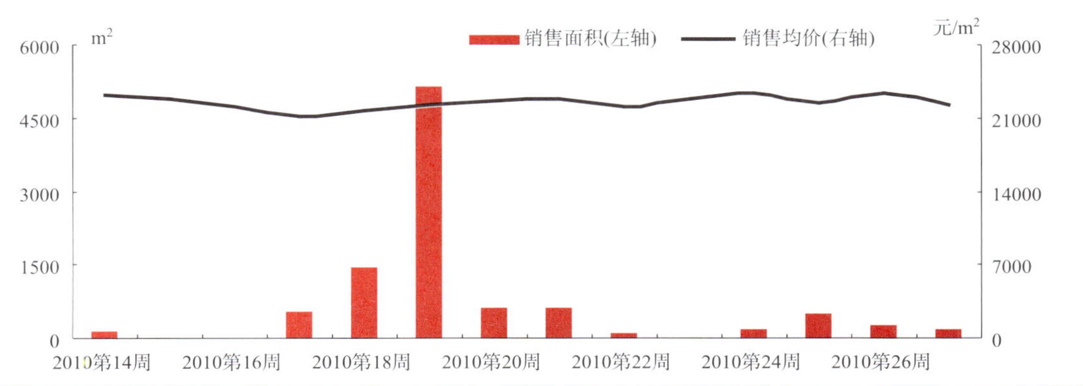

数据来源：北京中原投资顾问部。

图 11-10 北京市新华联运河湾销售情况（2010年第11～27周）

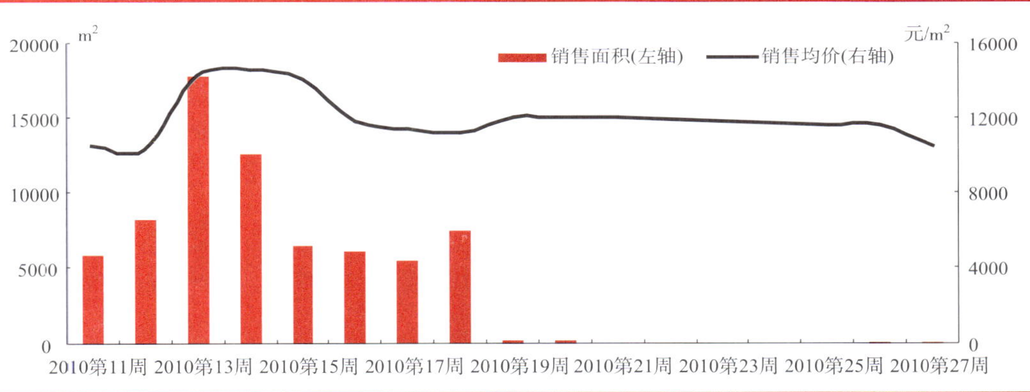

数据来源：北京中原投资顾问部。

图 11-11 北京市珠江拉维小镇销售情况（2010年第10～27周）

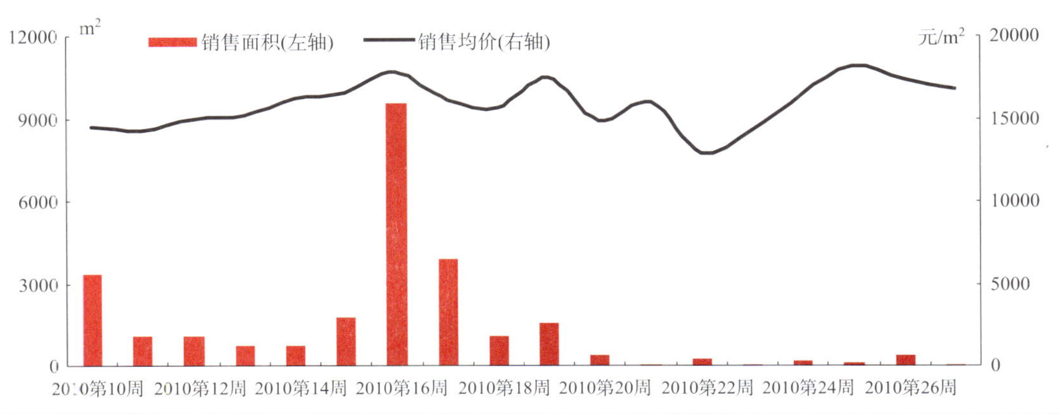

数据来源：北京中原投资顾问部。

11.3.4 宋庄及北部板块

北京市通州区宋庄及北部板块项目整体情况　　表11-8

项目名称	建筑面积	产品类型	容积率	开盘时间	最新开盘时间	销售情况
格拉斯小镇	分多期开发，预计开发建设面积约60万m²，二期建设面积4.8万m²	独栋别墅	0.31	三期2010年7月；2010年3月；二期2009年5月；一期2007年4月	最近无开盘	销售均价35000元/m²，目前还属于二期销售，销售率已达到70%以上

数据来源：北京中原投资顾问部。

本板块是项目地块所处区域，格拉斯小镇是区域唯一在售项目，属于典型的别墅项目；格拉斯小镇产品属于独栋别墅，户型面积均在500m²以上；销售价格在35000元/m²，属于高端项目，客群主要为高端别墅消费客群，无区域特征。

11.4 市场总结及未来发展趋势

八通线与新华大街板块是通州发展较早的区域，配套设施相对完善，交通便利。但是，对于同样具有便捷的交通、优美的环境并有政策规划支持的运河板块来讲，显然后者更具发展潜力。而宋庄及北部板块作为文化创意产业园区也将得到快速的发展。

由于政策调控，区域城市化进程有所减速，目前通州房地产市场处于不活跃期，但由于北京市总体规划的发展，通州区将承担起为北京市分流人员的功能，并且随着规划的不断实现，因此，未来通州房地产市场有一定的发展潜力。

目前项目品质和居住人群正在逐渐向中高端过度，但总体供应量有限，随着市场的发展，预计未来几年住宅市场潜在供给较大。受当前调控政策影响，目前区域价格较平稳，预计未来2年内，此价格平均年增幅仍将在10%左右。

随着新城规划的不断推进、北京东站的建设、商务园的发展以及宋庄创意园等将不断地吸纳务工人员，将为通州带来了大量的购房客群。目前轻轨沿线配套较齐备，并且档次也在不断提升。未来几年将重点打造运河板块，虽然目前其周边配套欠缺，但随着规划的不断推进，板块的交通、教育、医疗等配套设施都不断完善。

第12章　地王效应　搅动周边二手住宅价格波动

北京中原三级市场研究部　宋勤玉

12.1 北京地王及周边二手住宅板块情况

12.1.1 2010年上半年北京地王介绍

2010年上半年，北京市地王主要集中在第一季度出现，地王出现的板块主要分布在望京、海淀东升乡、亦庄。其中，三区域中的地王分别为：望京1号地成交价40.8亿，折合楼面价高达27529元/m^2；海淀东升乡地块成交价17.6亿元，折合楼面价为28308元/m^2；亦庄（X1-1B）地块成交价52.4亿元，楼面价16840元/m^2。

■ 北京地王及周边楼盘分布图

图12-1　北京市大望京村1号地及周边楼盘分布图

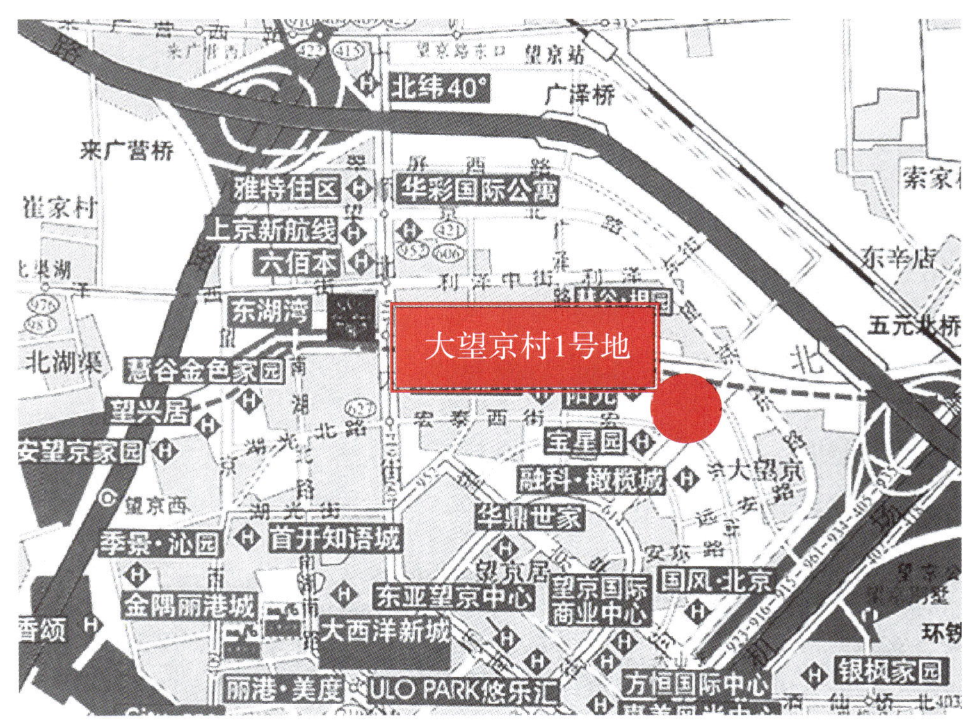

资料来源：北京中原三级市场研究部。

图 12–2 北京市海淀东升乡及周边楼盘分布图

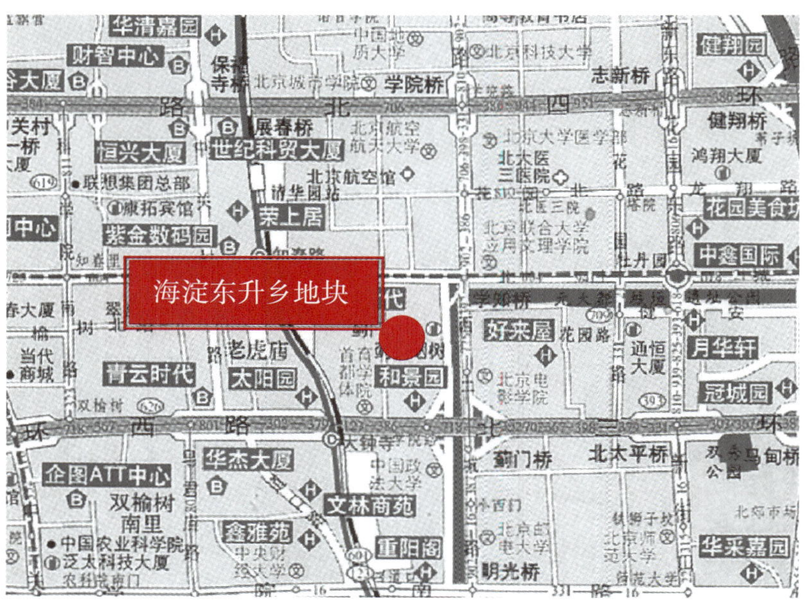

资料来源：北京中原三级市场研究部。

图 12–3 北京市亦庄（X1–1B）地块及周边楼盘分布图

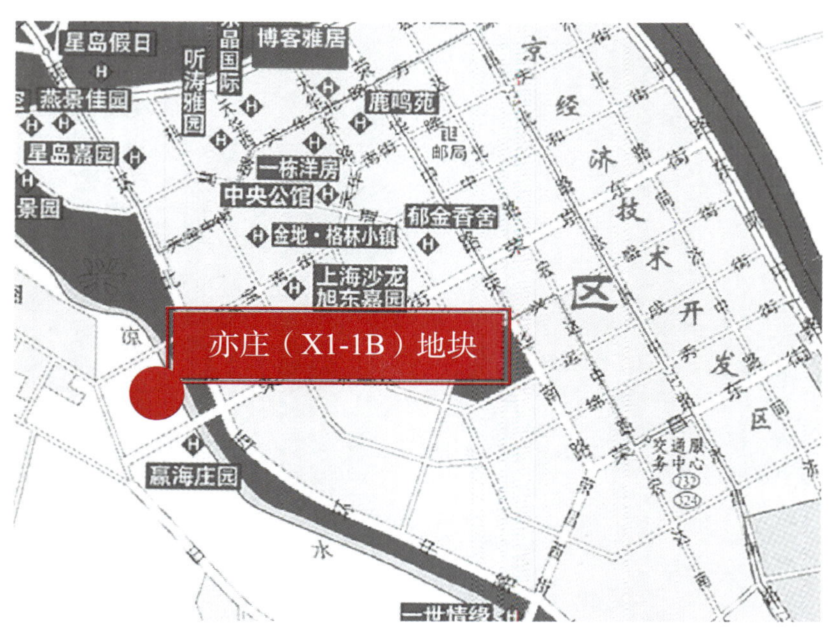

资料来源：北京中原三级市场研究部。

2010年北京地王情况介绍　　表12-1

序号	地块名称	楼面地价（元/m^2）	土地面积（万m^2）	总地价（亿元）	溢价率	土地用途	开发商
1	大望京村1号地	27529	20.63（其中建设用地8.35）	40.8	172%	住宅混合公建用地、医院用地、其他类多功能用地、居住区配套教育用地	北京远豪置业有限公司
2	海淀东升乡地块	28308	4.45（其中建设用地3.43）	17.6	193%	居住、商业金融用地	北京世博宏业房地产开发有限公司
3	亦庄（X1-1B）地块	16840	33.02（其中建设用地18.59）	52.4	103%	住宅及商业	北京中信新城房地产有限公司

资料来源：北京市土地整理储备中心。

12.1.2 北京地王周边二手住宅板块价格情况简述

图12-4　北京市地王所在板块分布图（2010年）

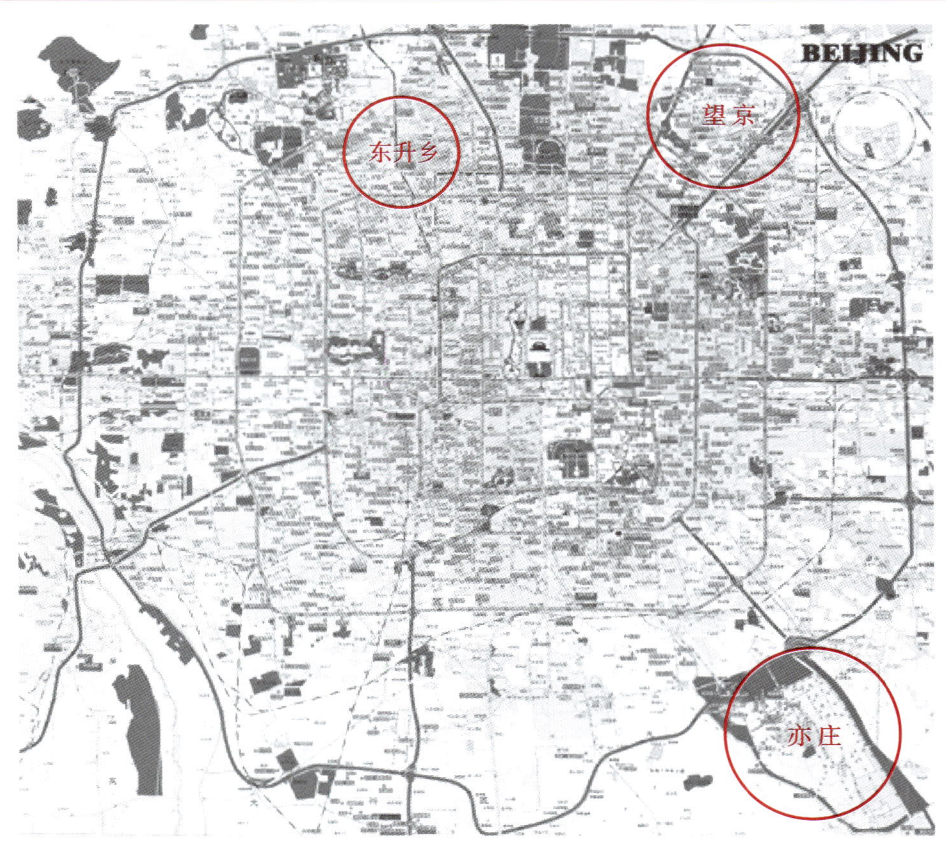

资料来源：北京中原三级市场研究部。

地王出现的板块主要分布在望京、海淀东升乡、亦庄区域，这些区域二手房市场现状如下：

■ 望京

望京区域具有“亚洲最大的居住社区”之称，区域居住氛围浓，生活、娱乐、休闲设施一应俱全，目前区内的主要居住人群有望京科技园内工作的人士和周边一些区域的企、事业单位的白领，及一些外籍人士，尤其明显的是韩国人群，区域内交通也十分的便利，未来还有地铁线路开通。

望京区域的二手房市场中房源众多，购房者刚性需求较大。与其他区域相比，望京区域的市场活跃度相对较高。2010年8月该区域二手房均价为23500元/m²。

■ 海淀东升乡

位于海淀区域内的东升乡地块紧邻北三环边线，交通极为便捷，社区内环境优美，周边商业繁华，学校、医疗以及休闲娱乐设施一应俱全，并且教育资源颇为丰厚，有著名学校北大附小、清华大学等，因此也带动了周边的学区房市场的发展。

海淀区二手房房源中学区房集中，其中以丰富的教学资源和生活资源得到购房者的青睐，其价位一直处于高价位状态。东升乡区域二手房市场情况稳定，前来看房的客户较多，区域内一居室的房源非常抢手，2010年8月普通二手房均价为28500元/m²左右。

■ 亦庄

2010年以来亦庄二手房市场快速发展，地铁线的消息促房价有所上扬，但政策的执行减缓了房价上涨的速度。亦庄主要以来自开发区的工作人士购买为主，开发区内公司、企业中众多的工作人群为亦庄提供了不少二手房客源，此外轻轨亦庄线的未来开通为亦庄带来了更为便利的交通，使区域房地产的保值性增强。2010年8月区域均价为16500元/m²左右。

12.2 不同时期地王对周边二手住宅价格的影响

12.2.1 地王诞生期

具体到不同的区域，房价涨幅情况并不相同。以北京市2010年地王周边市场为例，望京区域地王拍出后，区域二手房价格与地王楼面价相比，相对较低，因此区域二手房价格反弹的幅度较大。而海淀等学区房优势比较明显的区域，由于原来的价格水平较高，因此地王拍出来后，周边二手房价格上涨的情况并不是很明显。

■ 望京地块：楼面价近30000元/m² 报价猛涨

望京地王拍出后，业主和客户对未来房价上涨的预期迅速攀升，致使很多业主纷纷提高报价。2010年3月15日地王拍出后3天，一些反应比较敏感的业主已经将报价提高了5%，原来报价20000元/m²的房产，迅速涨到21000元/m²，且表示还要涨。许多的业主看到地王楼面地价已经接近30000元/m²，主动提升了挂牌价格。

北京中原三级市场研究部的数据显示，3月15日望京地王拍出后一个月，周边二手房市场中一些业主一套住房报价上涨了10～20万元不等，住宅价格平均涨幅达6.8%，远高于全市同期的均价涨幅3.8%。（表12-2）

北京市部分地王楼板价与周边二手住宅价格对比　　表12-2

地　王	时　间	地王的楼板价（元/m²）	地王拍出时周边二手住宅价格（元/m²）	地王拍出后一月周边二手住宅均价涨幅
大望京村1号地	2010年3月15日	27529	22500	6.8%
海淀东升乡地块	2010年3月15日	28308	30000	4.1%
亦庄（X1-1B）地块	2009年12月4日	16840	15500	4.7%

数据来源：北京中原三级市场研究部。

■ 海淀东升乡地块：楼面价创年内新高　客户积极入市

海淀东升乡地块所在区域房产市场发展稳定，由于学区房优势明显，长期以来，前来看房的客户较多，并且区域内一居室的房源非常抢手，在地王拍出时，区域内普通二手房均价已经达到了25000元/m^2，中高档二手商品房均价为30000元/m^2。

据北京中原分行反应，该区域本来二手房市场成交就比较稳定，地王出来后，业主报价信心更是大增，一些等待两会后房价下调的购房者，也逐渐结束了观望，积极入市，分行来电量和接待量明显增多。一些业主的报价也出现了上涨，平均一套住房报价上涨了5～10万元不等。

■ 亦庄（X1-1B）地块：成交价52.4亿元　地王和地铁效应共促房产升值

亦庄区域购房人群中，除了原来开发区内企业员工、中高层管理人士为节省上下班出行时间而购房外，由于年内将要开通的地铁亦庄线，也吸引了越来越多的市区内消费者前来购房。地王拍出时，亦庄新城内二手房均价已经达到了15000元/m^2左右。

亦庄新城内配套十分的完善，楼盘设计都各具特色、十分新颖，适合居住。完善的配套和亦庄地铁将开通等已经促进了该区域房产价值的升值。15日亦庄地王拍出后，区域内业主报价更加坚挺，普遍认为未来区域房价仍有很大的上涨空间。地王拍出后一个月的时间，该区域二手房均价上涨了4.7%，高于同期全市二手房均价涨幅。（表12-2）

综上，我们可以看到，地王拍出后，由于楼面价较高，会对周边的房产市场带来较大的影响，开发商、业主、客户对未来房价上涨的预期都会比较明显。在二手房方面，地王拍出后，业主和客户的心理变化比较明显，对未来房价上涨的预期变得更加坚定，部分区域在短期内即带来了房价的迅速上涨，业主调整挂牌价格的现象比较明显，尤其是一些二手房市场成交价和地王楼面价差距比较大的区域，业主报价会出现迅速上调，从而带动周边的二手房成交价格的上涨。

12.2.2 市场调整期

■ 大望京村1号地所在区域　二手房价冲高回落

3月15日，大望京村1号地，望京地王拍出后，由于楼面价近28000元/m^2，给周边二手房市场带来了很大的影响。地王拍出前，周边二手房成交均价为22500元/m^2左右。但是在地王拍出后的半月内，业主纷纷提高自己的挂牌价格，报价上涨2000～4000元/m^2不等，业主和客户对未来房价上涨的预期强烈，成交价格也上涨到了24500元/m^2左右。望京的二手房价在短期内有了2000元的跳涨。

但是4月中旬，政府出台了一系列的政策来调控房地产市场的发展，“国十条”及“北京十二条”颁布后，购房者的观望情绪日渐浓重，期待收紧政策作用后北京楼市的价格会有所回落。受4月收紧政策的持续影响及后续规范楼市的相关政策出台，7月份北京二手房市场价格继续回落，消费者的观望情绪继续蔓延，成交量回落走稳。随着望京区域的二手房价格的理性回落，8月该区域二手房成交均价为22000～24000元/m^2左右。

■ 海淀东升乡地块所在区域　二手房价微幅下调

海淀东升乡区域学区房较为密集，区域内买卖需求充足且比较稳定，其中一居室的房源非常抢手。该区域在地王拍出前普通二手房均价已经达到了25000元/m^2，中高档二手商品房均价为30000元/m^2。3月15日，地王出来后，业主报价信心大增，平均一套住房报价上涨了5～10万元不等。

由于该区域紧俏的房源加上稳定的需求长期存在，因此4月中旬房地产调控政策出来后，对该区域房价影响不是很大，目前该区域成交均价有微量的下浮，但是幅度很小，目前东升乡区域二手房成交均价仍维持在28500元/m^2左右。

■ 亦庄（X1-1B）地块所在区域　二手房价波动较小

亦庄区域地王拍出时，亦庄新城内二手房均价已经达到了15000元/m²左右。3月15日亦庄地王拍出后，区域内业主报价更加坚挺。在之后一个月的时间内，区域二手房均价曾一度上涨到了17000元/m²。

4月房产调控政策出来后，之后的几个月该区域二手房成交量逐渐出现了下滑，但是由于2010年亦庄地铁将要开通的利好因素存在，因此，区域二手房的成交均价并没有出现较大下滑，目前亦庄区域二手房成交均价维持在16500元/m²左右。

综上，地王对周边二手住宅房价上涨的持续作用在政策调整时期，回落的情况不尽相同，一些房价上涨幅度大的区域，在政策出现调整时，由于地王效应带来的房价虚高的部分会被挤出，出现成交价格的较大回落。而一些优势比较明显的区域，即使在政策出现调整时，仍有支撑因素存在，因此，价格变动幅度不是很大。

12.3 后市政府预警　地王影响逐渐淡出

在多幅地王诞生之后，政府针对土地市场采取了一系列措施进行监管。

一是改革土地出让方式。4月16日上午北京国土资源局召开的新闻发布会上公布：北京市土地改革招拍挂，将试点“限房价、竞地价”及“限地价、竞政策性住房面积”土地竞买方式，改进过去“价高者得”的挂牌出让方式，将更多采用“综合条件最优者得”的综合评标方式，将投标价格因素由过去的50分降低到25分。这一政策的出台无疑给不断狂热的房市降温。

二是增加居住用地有效供应。4月17日国土资源部指导督促各地及时制定并公布以住房为主的房地产供地计划，并切实予以落实。房价上涨过快的城市，要增加居住用地的供应总量。在坚持和完善土地招拍挂制度的同时，探索“综合评标”、“一次竞价”、“双向竞价”等出让方式，抑制居住用地出让价格非理性上涨。

三是加强对土地市场的调控、监督。中央及北京政府加强了对北京市土地、商品房、交易环节、信贷的宏观调控。要依法加快处置闲置房地产用地，对收回的闲置土地，要优先安排用于普通住房建设。对土地市场已经起到了立竿见影的影响。

据北京中原三级市场研究部统计数据显示，2010年4月14日之后，北京市土地市场相对变得冷淡，土地流拍的情况也不断出现，4月21日，北京市房山区窦店镇居住用地因拍卖价格超过上限而“流拍”。5月7日，北京首次以招标方式出让位于房山、通州、大兴和延庆的4宗住宅用地。其中面积最大的顺义区马坡镇地块由于5家参与竞标的开发商报价全部低于底价而流标。5月24日，包括北京丰台区花乡樊家村办公项目用地、朝阳区金盏乡楼梓庄村1～7号商业金融用地和2～4号多功能用地、房山区房山线长阳站9号地多功能项目用地等4宗非住宅类地块最终均因无人报价，宣告流拍。

在成交的土地中，再没有出现创造历史记录的土地成交价，住宅土地成交的楼面价格也出现了大幅的下滑。房产市场发展趋于稳定，地王对周边楼市的影响也逐渐淡出，房价迅速上涨的势头逐渐得到了遏制。

第13章　北京学区房　二手房市场的香饽饽

北京中原三级市场研究部　赵瑞华

13.1 学区房简介

13.1.1 学区房定义

学区房，一个特别的名词，它是由消费者对幼儿园、中小学校等教育资源的需求所衍生出的对房地产市场的关注热点，突显出居住环境的教育功能，并将此作为是否购房的标准。广义讲，学区房是指所处区域教育资源丰富，可以极大地满足人们教育学习需求的房地产项目。而在不少城市中，区域房产项目与学校入学制度相关联，此时就产生了狭义的学区房定义，即能够满足购房者本人子女就读区、市、省级重点学校（小学或中学）入学条件的房地产项目。

13.1.2 学区房典型分布区域

北京的教育资源相对丰富，其中最典型的学区房分布表现在海淀区、东城区和西城区三个的城区中（表13–1）。其中，海淀区可细分为万柳、世纪城、上地、曙光及中关村、学院路区域。在这些区域，普通学校、重点小学、重点中学相对非常集中。而东城区的学区房多集中在朝阳门内。

北京市学区房典型分布区域内的重点中小学　　表13–1

城　区	重点小学名称	重点中学名称
东城区	史家小学	北京市第二中学
	府学小学	北京市第五中学
	分司厅小学	第一七一中学
	灯市口小学	第五十五中学
西城区	北京师范大学实验小学	北京师范大学附属实验中学
	黄城根小学	北京市第四中学
	育民小学	北京铁路第二中学
海淀区	中关村一小	101中学
	中关村二小	清华附中
	中关村三小	北大附中
	人民大学附属小学	人大附中

资料来源：北京中原三级市场研究部。

13.1.3 北京学区房入学政策

由于学区房产项目所处区域与入学制度相关联，入学政策在区域、学校及时间等方面都不尽相同。下面以中关村一小和中关村三小为例（表13–2）：

小学入学政策比较 表13-2

	中关村三小	中关村一小
入学年龄	年满6周岁	年满6周岁
户口要求	具有海淀常住户口的适龄儿童	有本区、本校招生区域内正式常住户口，随父母长期居住本片
招生范围	主区楼盘：蜂鸟家园、康桥水郡、星标家园（碧水云天·颐园）、光大水墨风景（光大西园）等	310楼~314楼，317楼~323楼，325~334楼，甲331楼、334楼，36~38楼，47、48楼，新科祥园1~9号楼等学校区域内的楼盘项目
其他要求	a.北京人：购买区域楼盘，需将户口迁至该房屋物业地址下 b.外地人：购买区域楼盘，不能落户口，需持该房屋房产证原件办理入学手续 c.外籍人：购买区域楼盘，需持该房屋房产证原件办理入学手续 d.在满足如上条件的同时，如前业主曾用过该房屋孩子入学名额未满6年（或孩子小学未毕业），新业主无法使用该房屋入学名额	—

资料来源：北京中原三级市场研究部。

以两所小学的入学政策为例（表13-2），可以看出，在北京由于学区房产项目所处区域与入学制度相关联，导致学区房更加被家长们所追捧，更显学区房项目的稀缺。

13.2 学区房市场供不应求

据北京市政协常委会上通报的《促进首都人口与资源环境协调发展调研报告》披露，北京市人口增长仍在“加速”，北京市实际常住人口截至2009年底已达1972万人，其中居住半年以上的流动人口726万人。

同时有调研显示，在京接受义务教育的外来务工人员随迁子女已由2000年的9万人增长到2009年的41.8万人，占学生总数的40%，其中66.9%在公办中小学就读。由此推算，全市仅接受义务教育的学生就近105万。

面对大量的学生，北京的学校却非常有限。从北京市教育委员会的网站了解到，2009年度，北京市共有1160所小学和647所中学，小学招生102414人。而对于重点小学的数量，估计占比约为20%左右，这也就造成了重点学校供不应求的局面。

同时，北京学区房产项目所处区域与入学制度相关联，房产项目数量有限，就造成重点小学学区房需求量持续饱和，价格高居不下。

13.3 学区房的价格及区域优势

13.3.1 海淀区

- 万柳板块

万柳社区位于中关村科技园区中心区的西部，西临昆玉河，东部与中关村比邻而居，万柳区域教育氛围浓厚，有诸多知名学校，如中关村三小、万泉河小学等。

- 世纪城板块

世纪城板块紧临中关村，东到昆玉河，西到西四环北路，南到板井路，北到蓝靛厂路。世纪城地区居住环境优美，并且教育资源颇为丰厚，有著名的人民大学附属小学。

上述两大板块是海淀区较为集中的学区房板块。根据北京中原领先价格指数显示，海淀区均价为

26000元/m^2，而万柳和世纪城学区房板块均价均超过30000元/m^2。具体学区房与区域内非学区房相比的价格优势见表13–3：

北京市海淀区学区房与非学区房价格比较　　表13–3

学区房			非学区房		
楼盘名称	所在区域	均价（元/m^2）	楼盘名称	所在区域	均价（元/m^2）
光大水墨风景	万柳	44411	汇新家园	万柳	28773
世纪城	世纪城	35207	怡丽南园	世纪城	28385

数据来源：北京中原三级市场研究部。

13.3.2 东城区

位于东城区内的朝阳门区域北至东四十条、工体北路，南临建国门内大街，交通便捷，紧邻东二环，地铁2号线、5号线由此经过。此外，东城区具有北京多所知名学校，如北京二中、史家小学、府学小学、灯市口小学等，教育氛围浓厚。

东城区的朝内大街区域为主要学区房集中区域，该地段二手房均价达到30000元/m^2左右。而东城区整体均价为26000元/m^2左右。与同区域非学区房价格优势比较见表13–4：

北京市东城区学区房与非学区房价格比较　　表13–4

学区房			非学区房		
楼盘名称	所在区域	均价（元/m^2）	楼盘名称	所在区域	均价（元/m^2）
禾风相府	朝阳门内	37777	日坛晶华	朝阳门内	29695
朝内北小街	朝阳门内	42771	芳嘉园	朝阳门内	31573

数据来源：北京中原三级市场研究部。

13.3.3 西城区

位于北京西北部的西城区集中体现了北京作为全国政治中心和文化中心的特点，囊括了金融街和西直门等几大热门区域。西城区有丰富的教学资源，如黄城根小学、北京四中等。由于西城区本身面积较小，学校分布在不同的小区域，因此以西城区整体来分析西城区的学区房。北京中原领先指数显示，西城区区域均价为31000元/m^2。与非学区房价格优势比较见表13–5：

北京市西城区学区房与非学区房价格比较　　表13–5

学区房			非学区房		
楼盘名称	所在区域	均价（元/m^2）	楼盘名称	所在区域	均价（元/m^2）
冠英园	西城区	34898	长河湾	西城区	33206
阳光丽景	西城区	39016	富国里	西城区	34430

数据来源：北京中原三级市场研究部。

13.4 学区房价格稳定　抗跌性能佳

对于学区房市场而言，由于一直以来的需求都很旺盛，二手商品房的价格也比较稳定，虽然受到2010年4月楼市紧缩政策陆续出台的影响，京城楼市在成交量及价格方面均自5月开始持续回落，但学区房的价格波动幅度很小。

尤其是每年6～9月开学前的几个月中，学区房的需求量都表现为激增，学区房的价格也会上涨，由此也凸显了学区房的保值增值特性。

13.4.1 东城/西城学区房区域

东城区的朝阳门内区域学区房及西城区学区房的二手房价格均位于28000～34000元/m^2，远高于全市二手房均价22000～24000元/m^2。同时，从曲线走势可以看出，东城/西城学区房的价格走势基本与全市价格走势一致，在全市整体价格上涨的时期，区域价格涨幅要高于全市的；而在受到收紧政策影响，价格回落的时期，区域价格回落幅度远远小于全市价格的降幅。（图13-1）

图13-1　北京市东城/西城学区房价格走势（2010年1～7月）

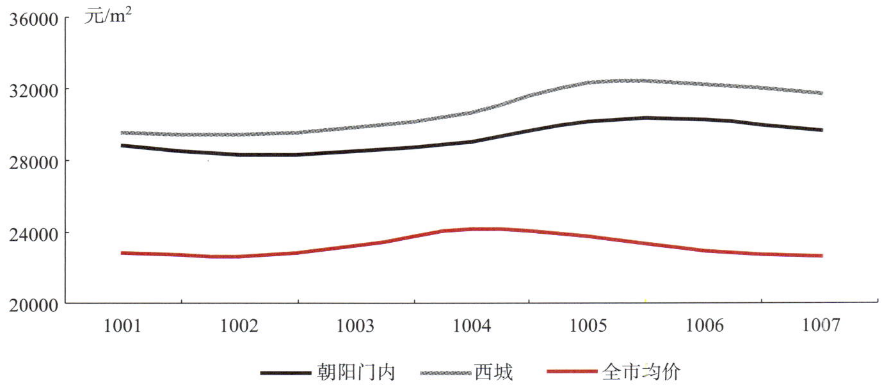

数据来源：北京中原三级市场研究部。

13.4.2 海淀区的世纪城/万柳学区房区域

重点学校云集的海淀区学区房价格要远高于全市及海淀区的价格，世纪城/万柳这两个典型的学区房价格均在30000～40000元/m^2，远高于全市均价的22000～24000元/m^{2}及海淀区的26000元/m^2。同时，从价格走势来看，随全市价格上涨期大幅上涨，随全市价格回落期小幅回落。因此，整体走势来看，区域二手房价格走势稳定，为学区房的保值增值奠定了必要的基础（图13-2）。

13.4.3 学区房具有保值增值的特性

从如上13.4.1和13.4.2可以明显看出，在有重点院校分布的区域，与学校入学制度挂钩或距离学校极近的学区楼盘，其受到买卖需求和租赁需求双重旺盛的影响，价格始终都高于同区域其他类型楼盘。

同时，在面对整体市场环境的变化方面，在利好形势下随市场价涨量升，在政策收紧，市场走势低迷的时期，学区房虽然整体趋势随市场量价齐降，但由于其有着固定的需求和保值增值的特性，价格回落幅度远远低于整体市场，可见学区房的市场稳定性及保值增值特性。

图13-2　北京市世纪城/万柳学区房价格走势（2010年1～7月）

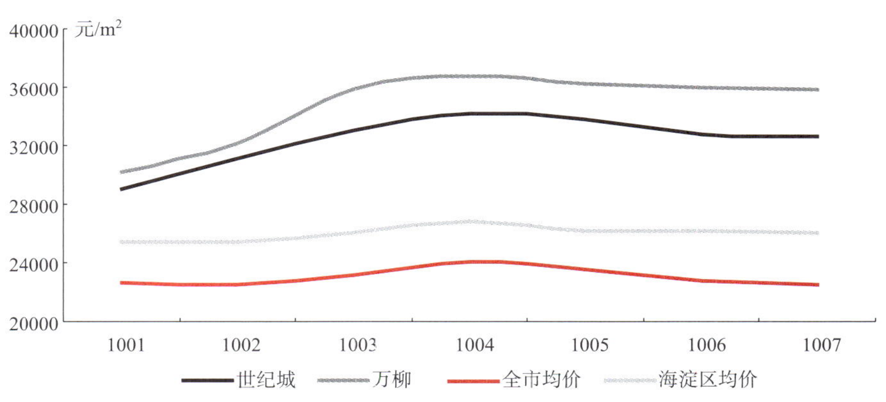

数据来源：北京中原三级市场研究部。

13.5 学区房的价值

由于学区房本身稀缺，且与学校的入学制度挂钩，奠定了其在房地产市场中独特的地位。学区房不仅拥有价格高于其他同类产品的特性，还具有保值增值的潜力。目标客户以自用为主，纯投资的情况较少。

学区房价格与学校知名度成正比。随着社会竞争的日益激烈，不少家长为能让孩子有一个良好的求学环境，会为其选择师资教育良好的学校。而目前“划片上学”的制度使得不少父母不得不选择购买有入学名额的学区房，而由于重点中小学更受家长的欢迎，这些中小学周边的学区房一直都表现为供不应求，学校越知名，需求越旺盛，也就促使知名学校周边房价较其他普通学校周边要高。

学区房刚性需求大，价格稳定，抗跌保值性强。从如上的分析中可以看出，学区房供应量较少，房源稀缺，而随出生人口的增加和外来人口的涌入，学区房需求量一直居高不下，尤其是名校资源，远远不能满足庞大的需求。因此受此供求关系影响，学区房价格比其他一般商品房价格要稳定，具有较高的抗跌保值性。通常来说，学区房房价较周边其他楼盘价格高2000～3000元/m^2。

学区房现象将会在市场上长期存在。受入学政策的长期影响，再加上社会竞争激烈使得家长对子女教育关注度日渐提高，追逐学区房的现象将会长期存在，而购房者之间的竞争也会更加激烈。在教育户籍制度改革及相关的制度出现变化前，此现象将会一直存在下去。

第14章　2010年天津工业地产市场研究

天津中原投资顾问部　彭响余

工业地产具有投资规模大、回报周期长的特点，一直以来，政府是工业地产开发的主导，民营企业参与的程度不高。但是，随着产业结构的升级、工业地产产品的多元化、市场需求的快速成长，工业地产越来越受到民营发展商的关注。

商务园区和科技园区是天津市工业地产的主要载体，以发展高科技产业及现代工业服务业为主的2.5产业为目标，集研发、商务、办公、生活居住、生产等功能于一体，彻底改变传统工业园的单一生产性职能，是现代工业地产项目的主要聚集地。

目前，由于劳动密集型产业向资金密集型、技术密集型产业升级，部分工业园区已经开始由传统单一的制造性园区向现代的综合性产业园区转变，园区的功能更趋多元化。围绕着园区的主导产业链建设，天津的各种性质的园中园得到快速发展，其中包括总部基地性质的商务园区、配套商业性质的商业园区、金融服务性质的产业服务园区、科研服务性质的科技园区、中小型企业聚集的工业楼宇园区等。园中园的发展也为民营发展商提供了更加广阔的舞台，成为工业地产的重要发展方向之一。

从国家政策来看，2009年年底至今，国家的一系列新政意在坚决抑制房价过快增长，调控的锋芒直指商品住宅市场，而且已成为今后长期调控的主旋律。商品住宅市场的调控必然导致一部分的投资资源转向其他地产领域，其中包括工业地产领域，目前，已经有融侨集团、万顺地产、海泰地产、复地、高银地产等众多知名地产发展商在工业园区内发展。我们可以预测，随着天津市高端产业的快速发展、市场需求的增加以及发展政策的支持，未来工业地产发展前景非常广阔。

14.1 天津工业地产发展的政策解读

到2010年上半年，关于工业地产及产业发展的新政策不多，总结起来，支持发展、规范市场是目前政策的主要方向，对于工业园区的园中园项目的开发来说具有一定的积极作用。具体体现在以下几个方面：

14.1.1 关于工业土地集约化利用的政策

根据2008年2月国土资源部新修订《工业项目建设用地控制指标》政策以及2008年3月《国务院关于促进节约集约用地的通知》国发〔2008〕3号政策，规定各地区的工业项目用地的容积率、建筑密度、投资强度、行政性用地的比例最低控制标准，工业用地的容积率由以限高标准转变为限低标准，鼓励建设多层厂房，根据政策，天津市工业用地出让一般容积率控制在不低于0.7的标准，建设高层楼宇化厂房有了政策支持，对于发展楼宇化工业园区提供了依托。

14.1.2 关于工业土地出让制度的政策

2009年8月12日，国土资源部监察部发布了《关于进一步落实工业用地出让制度》的通知。

首先，可以看到工业土地将严格执行招标拍卖挂牌制度，工业土地的出让更加透明化；

其次，通知中强调要支持中小企业发展，在土地出让计划中要安排一定比例的土地用于中小企业开发利用，特别是建设多层标准厂房，对于中小型企业工业园中园项目的开发政府明确提出了支持态度；

再次，为充分了解工业用地需求，合理安排出让进度和出让规模，大力推进工业用地预申请制度，相当于香港的沟地政策，可以明确工业土地的供给，稳定工业用地的价格水平；

最后，严格规定了工业用地的其他用途，规定分期建设的工业项目，不得改变土地用途，不得兴建职工住房。改变土地用途用于商业、旅游、娱乐、商品住宅等经营性用途的，一律收回土地使用权重新招标拍卖挂牌出让。

14.1.3 关于产业扶持政策

根据2009年5月份《天津市现代服务业布局规划》的政策，明确金融、现代物流、商贸流通、文化及创意等八大产业为天津市现代服务业重点发展对象，对其进行税收、土地、工商等多方面的扶持，根据此规划，未来10年天津市的现代服务产业、高科技产业将得到快速发展，对于建设现代化的科技产业园区项目来说，金融、现代物流、文化创意、高科技等产业是其优质的客群，对客群的扶持为项目的建设提供市场需求依据。

另外，根据2009年5月份国土资源部《调整工业用地出让最低价标准》的通知，对各省（区、市）确定的优先发展产业且用地集约的工业项目，在确定土地出让底价时可按不低于所在地土地等别相对应《标准》的70%执行，此通知进一步明确了对重点发展产业的土地扶持政策。

14.2 天津工业园区产业用地市场情况

14.2.1 天津的工业用地供需及价格变化情况

从2007年第三季度以来，天津市的工业用地呈现出供需两旺的情况。年度需求量以20%左右的速度增长，季度需求量保持在8000～10000亩之间。从工业用地的价格趋势上看，天津的工业土地价格呈现出平稳的态势，保持在20～25万元/亩之间。另外，分区域看，天津市工业土地平均价格水平最高的区域为塘沽、西青、两区以及保税区、天津港地区、高新区，基本均价保持在30万元/亩以上的水平；其次为东丽、北辰、津南、汉沽、开发区、空港区域，价格基本保持在20万～30万元/亩之间；其他区域比如静海、大港、宁河、蓟县、武清、宝坻等区域，价格基本保持在20万元/亩以下，其中最低的为宁河县，均价在11万元/亩左右。

图14-1 天津市历年工业土地供需及价格变化情况（2007～2010年）

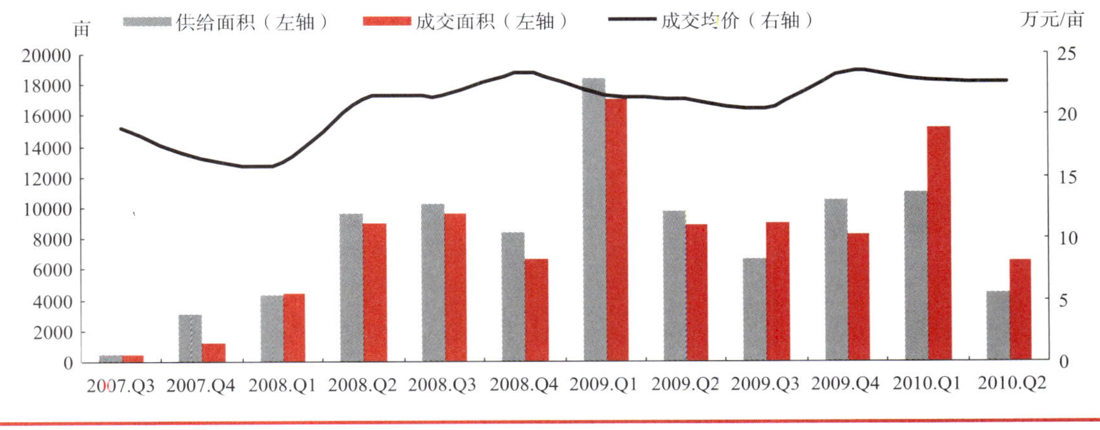

数据来源：天津中原数据库。

14.2.2 工业园区配套用地的供需及价格变化情况

工业园区配套用地一般是为园区产业发展服务的商业用地、研发用地及综合用地，我们从空港及高新区的配套用地成交情况看，自2009年高新区渤龙湖总部经济区启动到2010年的空港物流区上升为空港经济区，高新区及空港区域的配套用地成交活跃，量和价相对2007、2008年都有很大幅度的增长。在园区配套用地的拿地发展商当中，不乏融侨集团、万科、复地、万顺、高银地产等本地及外地知名发展商，说明大家对于工业园区的配套服务园中园项目表现出较大的兴趣，积极参与工业地产的开发。

图 14-2　天津市空港及高新区工业园区配套用地供需及价格变化情况（2007～2010年）

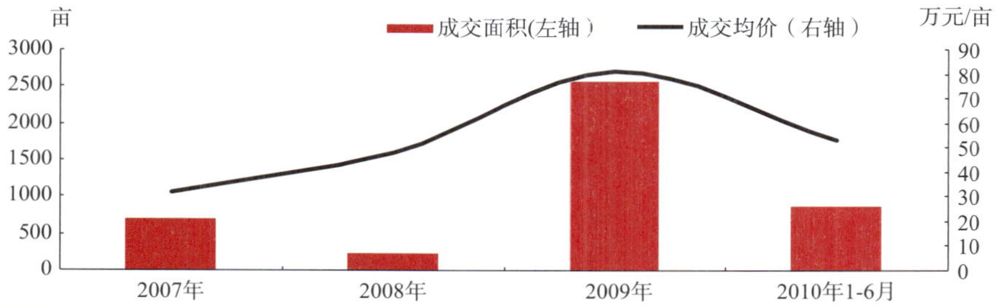

数据来源：天津中原数据库。

14.3 工业地产（商务园区）发展情况

14.3.1 天津市主要商务园区的分布

天津市的商务园区主要分布在天津市区的西部以及市区与滨海新区之间的走廊地带，目前发展较成熟的园区主要有高新区华苑产业园区、空港经济区、华明工业园等，存量项目以及在售项目也主要集中在这些区域。

图 14-3　天津市主要商务园区分布图（2010年）

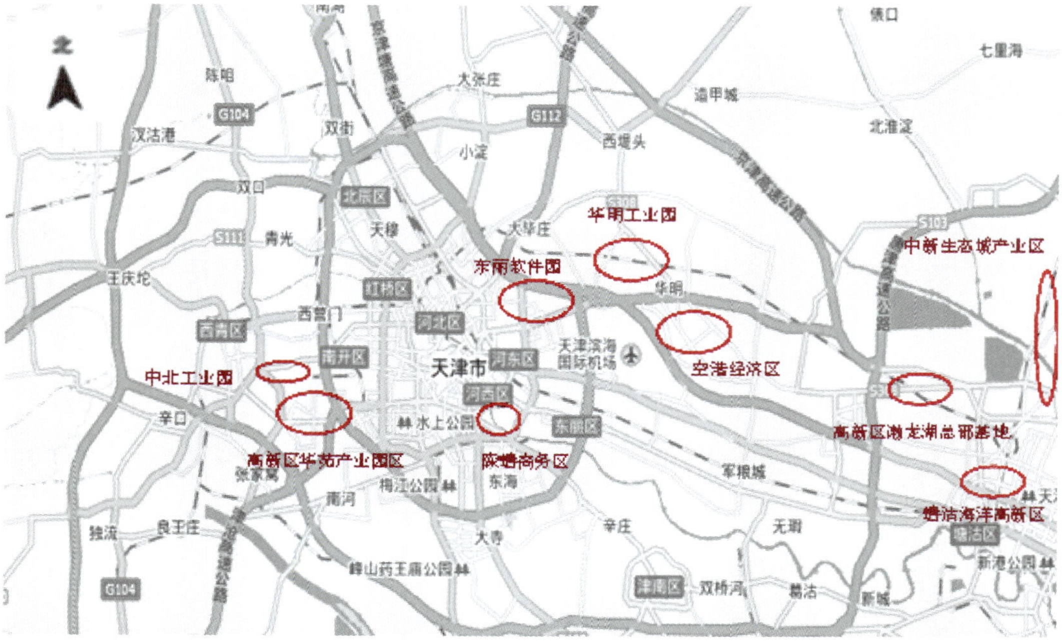

资料来源：天津中原数据库。

14.3.2 天津市主要商务园区整体发展情况

天津的商务园区未来规划建筑面积较大，总体市场供给量将超过900万m^2，其中，总部基地、科研楼、配套商业、配套公寓是其主要的产品形式，主体客群围绕着高科技、现代服务型企业。目前存量项目建筑面积约110万m^2，正在销售的项目总建筑面积约60万m^2，主要产品形式以科研楼、写字楼、商务独栋为主。总体来看，天津市的商务园区发展较快，总体供需水平稳定增长，但是，未来的规划量较大，未来的竞争比较激烈。

天津市主要的商务园区内存量项目列表（2010年） 表14–1

项目名称	所在园区	总体规划建筑面积（万m^2）	产品形式	入住率
鑫茂科技园1、2、3期	高新区华苑产业园区（环内）	60.0	多层厂房、写字楼	90%
海泰信息广场	高新区华苑产业园区（环内）	5.0	写字楼	80%
海泰工房时代1、2期	高新区华苑产业园区（环内）	8.0	多层厂房	60%
空港国际贸易中心	空港经济区	6.0	研发楼、写字楼	75%
空港金融中心	空港经济区	11.7	写字楼、商业	90%
天津凌奥创意产业园	西青产业园	12.0	多层厂房	85%
空港国际中心	空港经济区	6.7	写字楼、公寓	70%

数据来源：天津中原数据库。

天津市主要的商务园区内在售项目列表（2010年） 表14–2

项目名称	所在园区	总体规划建筑面积（万m^2）	产品形式	目前状况
海泰创新基地	高新区华苑产业园区（环外）	12.5	高科技研发楼、写字楼、独栋商务楼	正在销售
华鼎智地	高新区华苑产业园区（环外）	10.9	工业厂房、写字楼、商务独栋	正在销售
EOD总部港	华明工业园区	50.0	独栋、双拼商务楼、科研楼	正在销售
融和广场	空港经济区	26.0	研发楼，写字楼	正在销售
远洋商务港	空港经济区	6.0	写字楼、商业	正在销售

数据来源：天津中原数据库。

天津市主要的商务园区内未来规划项目列表（2010年） 表14–3

项目名称	所在园区	总体规划建筑面积（万m^2）	产品形式	目前状况
武清软体园	武清开发区	100	高科技研发楼、写字楼、总部基地、配套住宅	已开工
鑫茂工业新城	杨柳青工业园	60	工业厂房、写字楼、职工宿舍、商务独栋	约25万m^2现房销售
中北总部经济产业园	中北镇工业园	40	独栋、双拼商务楼	已开始销售
BPO软件外包服务基地	高新区华苑产业园区（环外）	60	高科技研发楼、商务独栋、写字楼	约28万m^2现房租赁
高银117项目	高新区华苑产业园区（环外）	100	写字楼、商业、高端住宅	已开工
渤龙湖总部基地	高新区渤龙湖经济区	190	总部基地、商务独栋、商业	已开工
天宝商务园区	空港经济区	100	高科技研发楼、商业、写字楼	已开工
天津动漫园	中新生态城	77	高科技研发楼、商业	一期30万m^2已开工

续表

项目名称	所在园区	总体规划建筑面积（万 m^2）	产品形式	目前状况
泰达服务外包基地	天津经济技术开发区	152	研发楼、公寓、商业配套	已开工
天津BDA国际企业大道	塘沽海洋高新区	60	总部基地、科研楼、写字楼	一期已完工6万 m^2

数据来源：天津中原数据库。

天津市的商务园区年度供应量和需求量保持稳定增长趋势，其市场消化率保持较高水平，已开盘的商务园区项目平均销售率约80%左右。

图 14-4　天津市主要商务园区供需情况（2006～2009年）

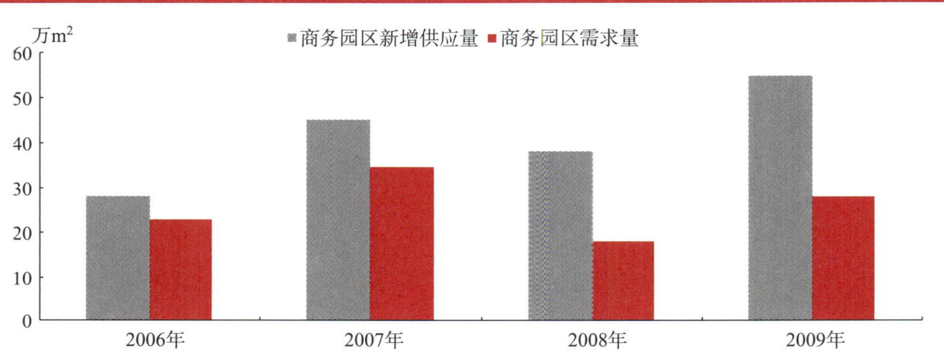

数据来源：天津中原数据库。

14.3.3 工业地产的销售价格变化情况

天津市的工业地产的项目物业销售价格和租赁价格增长较快，销售价格年平均增幅达到12%左右，租赁价格年平均增幅约10%左右，随着经济的发展，产业结构的调整，未来需求的增加，工业地产的项目物业租赁价格及销售价格将保持稳定增长趋势。

图 14-5　天津市工业型物业销售价格变化情况（2002～2010年）

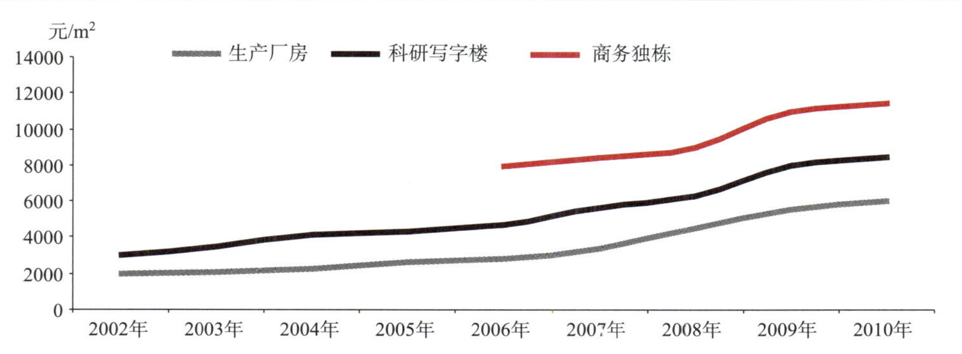

数据来源：天津中原数据库。

图 14-6 天津市工业型物业租赁价格变化情况（2003～2010 年）

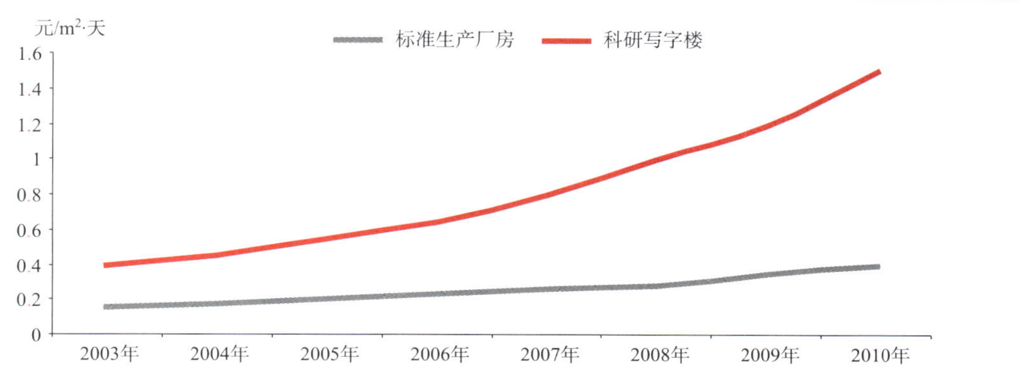

数据来源：天津中原数据库。

14.3.4 商务园区入住客户情况分析

商务园区的入住企业与园区的产业结构紧密相关，如华苑区域的软件、电子类企业占较大比例、空港区域的与物流相关的金融、物流类企业占较大比例。科技研发型企业是商务园区竞争的优质客户，大部分的商务园区以打造科技研发型办公物业为定位，目前，资本密集型企业、商务总部型企业入住商务园区的数量有限。商务园区的客群来源具有很强的地缘性，并且具有行业聚集偏好。

14.4 天津工业地产发展展望

14.4.1 产业经济结构分析

近几年来，天津的产业结构得到进一步的优化，工业经济发展迅速，技术密集型、资金密集型产业的快速发展与聚集，为天津市的工业地产发展提供了良好的基础。

技术密集型产业的发展状况对于工业地产具有非常深刻的影响。高科技产业是工业地产未来的主要客群之一，产业发展水平直接决定了当地工业地产的发展层次。近几年来，天津获得了大批的国家重点项目投资，航空、航天、电子、信息、生物医药等技术密集型产业发展迅猛，为天津工业地产发展提供了坚实的基础以及更广阔的空间。

图 14-7 重点城市高新科技产业产值对比（2009 年）

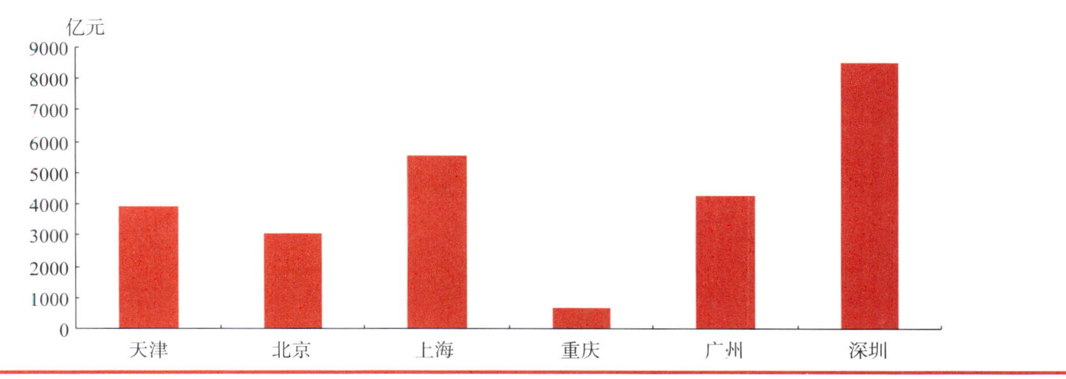

数据来源：天津中原数据库，中国统计年鉴。

图 14–8　天津市高新技术产业产值变化情况（2003～2009 年）

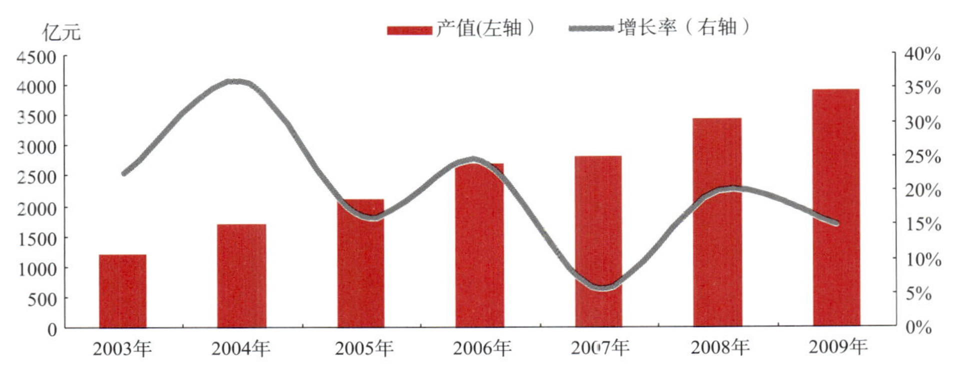

数据来源：天津中原数据库，天津市统计年鉴。

14.4.2 天津工业地产发展的未来展望

天津的工业地产未来具有很大的发展潜力，首先表现在发展的经济基础比较好，未来滨海新区的开发建设，大量资金密集型（如石油、石化、大飞机制造）、技术密集型（电子、信息、生物医药、航天、航空）产业的投资建设，必将带来大量相关联产业及企业的进入，为工业地产带来大量的客群。其次，从工业地产的物业形态来说，目前天津市的工业地产物业形态已经由工业厂房、工业生产用房形态过渡到高层研发用房，现代化商务办公楼、生态独栋商务别墅等更高端的物业形态，对项目的环境、建筑产品、项目功能等标准要求更高。再次，从开发主体上来看，越来越多的专业地产发展商开始投资工业地产，并且有进一步增加的趋势，工业地产的发展潜力开始显现。最后，从政府的角度考虑，发展工业地产可以吸引投资、涵养税源、增加就业，更好地促进当地经济的发展，因此，发展工业地产比较容易获得政府的相关政策优惠及政策扶持。

第15章　天津环城四区土地市场发展研究

天津中原投资顾问部　郭小娟

天津环城四区包括西青、津南、东丽及北辰。随着天津房地产市场的迅速发展，交通便利、配套相对完善、距离中心城区最近的环城区域，逐渐占据楼市成交的主体地位。

目前天津环城四区房地产市场主要呈现以下特点，即中心城区外流人口、外地蓝印户口需求、投资需求以及本区域城市化形成的需求等共同推高了环城四区商品房市场的成交量，房地产市场的迅速发展加快了区域各项生活配套设施的完善、推动了城市化进程。关注环城四区的购房者对交通的便利程度敏感性最强，受地铁规划的拉动效应最大。而目前，配套欠缺依然是环城四区某些板块发展的主要瓶颈，各种规划的实施情况直接影响了区域的发展速度。环城四区土地资源相对丰富，整理成本低，具备大规模拿地的条件。因此也产生了集中开发的板块，如：津南咸水沽、东丽湖等，在产生规模效应的同时也促成了激烈的竞争。

继2007年10月昆明星耀获取津南（挂）2007-12号地块，创下天津总价地王纪录后，2010年4月，富力地产70.5亿获取津南（挂）2010-11地块，再次刷新地王记录，环城四区土地市场成为关注焦点。目前，众多发展商持续关注该区域土地市场，本章将从供需及土地性质的角度展开细致分析。

15.1 环城四区土地市场发展概况

西青区房地产市场发展迅速，商品住宅成交价格、成交量均位居环城四区的首位，2010年1月至7月份成交均价已经达到了万元以上，成交量占环城四区总成交量的40%。而该区新增土地面积相对较小，土地供应主要以居住性质用地为主。

津南区也是目前环城地区商品房成交的主要来源，目前区域均价约8200元/m²。该区土地成交以大体量地块为主，平均单宗土地面积在30万m²左右。土地性质以综合性质用地为主。

东丽商品房市场现有供应量较小，但是由于部分项目位于外环以内，区域成交均价较高。潜在供应量巨大，该区土地成交量位居环城四区之首，占环城四区土地成交总量的47%，各性质用地成交量相对均衡。

北辰区房地产市场发展相对滞后，供应不足，成交均价也处于较低水平。土地成交量处于环城四区最低水平，仅占总量的2%，因此未来的市场供应也相对有限。

图15-1　天津市环城四区土地供需对比（2007～2010年1～7月）

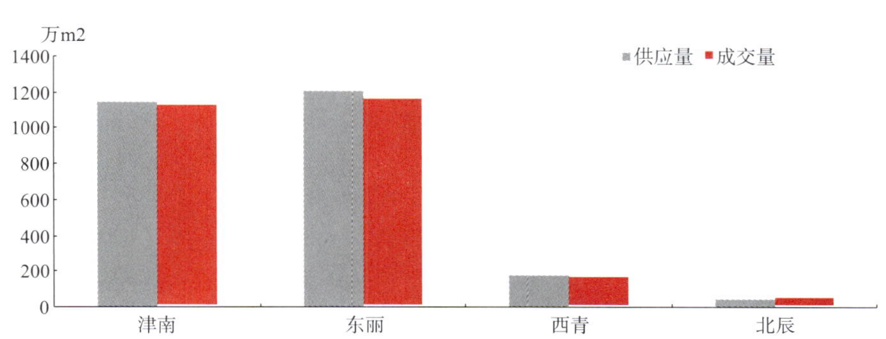

数据来源：天津中原数据库。

图15–2　天津市环城四区土地成交性质占比（2007～2010年1～7月）

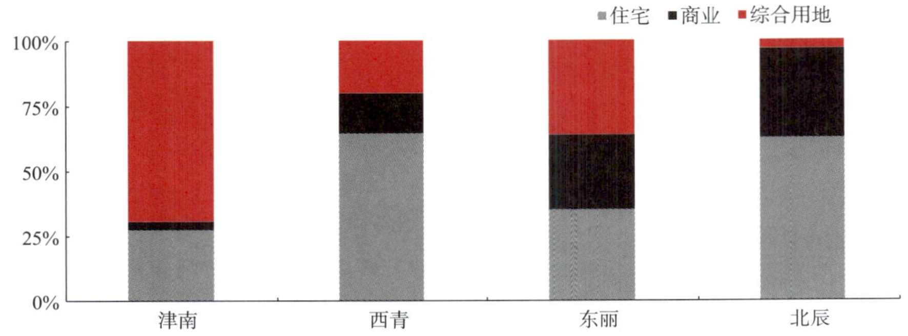

数据来源：天津中原数据库。

图15–3　天津市西青区土地供需对比（2007～2010年1～7月）

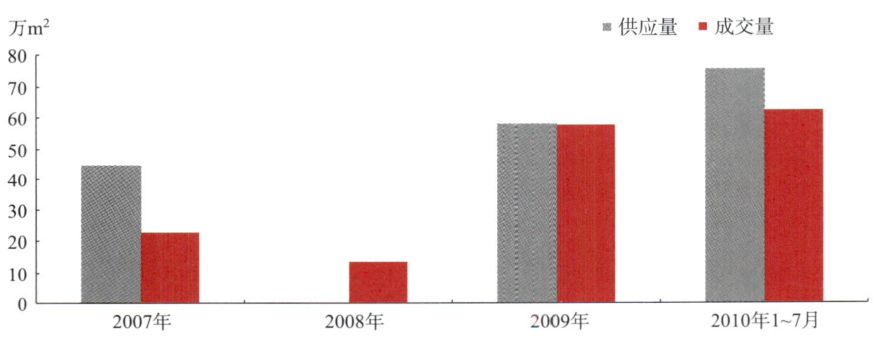

数据来源：天津中原数据库。

15.2 各区域土地市场研究

15.2.1 西青区土地市场分析

西青区区域面积570.8平方千米，常住人口31万。由于西青区距离南开、红桥和河西较近，南开、红桥区的拆迁外扩使得西青部分板块已逐渐成为第一居所，带动了西青区整体房地产市场的发展，成交量一直居环城四区之首，成交价格不断攀升。

2007年至2010年7月，西青区共出让经营性用地20幅，土地面积178万m^2；成交经营性用地18幅，155万m^2，规划建筑面积227万m^2。成交土地性质以居住及含居住的综合性质用地为主，占总成交量的85%。未来土地供应将主要来源于各镇原有村庄的拆迁整理的土地，各镇政府可根据发展商要求提供相应土地以供选择。

图15–4　天津市西青区土地成交性质占比（2007～2010年1～7月）

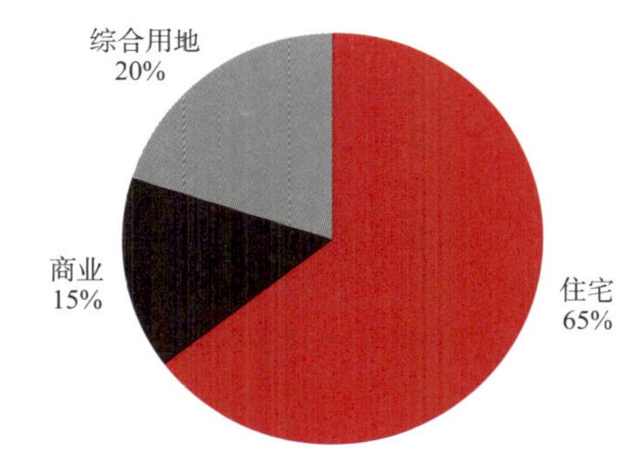

数据来源：天津中原数据库。

15.2.2 津南区土地市场分析

津南区区域面积387.84平方千米，常住人口45万。早期梅江地区的向南延伸带动了一路之隔的津南双港地产市场的发展，近年来，天津规划重心向南发展，知名发展商陆续进驻八里台等板块，吸引了大量投资者的关注，成为房地产的热点发展区域。由于津南区有多个大盘开发的支撑，进入2009年商品住宅市场量价齐升，其客群主要来源于当地居民、中心城区及外地的落户需求、投资者等；目前众多知名发展商已陆续进入双港、咸水沽和八里台板块。该区目前产品类型丰富，且各项目的去化速度均较快。

2007年至2010年7月，津南区共出让土地47宗，土地面积1146万m^2，以大宗地块为主；共成交经营性用地41宗，1116万m^2，规划建筑面积1659万m^2，新建商品住宅市场潜在供应量巨大；未来土地供应将主要来源于小城镇建设中村庄的拆迁，目前部分村庄的拆迁正在进行中。

图15-5 天津市津南区土地成交性质占比（2007～2010年1～7月）

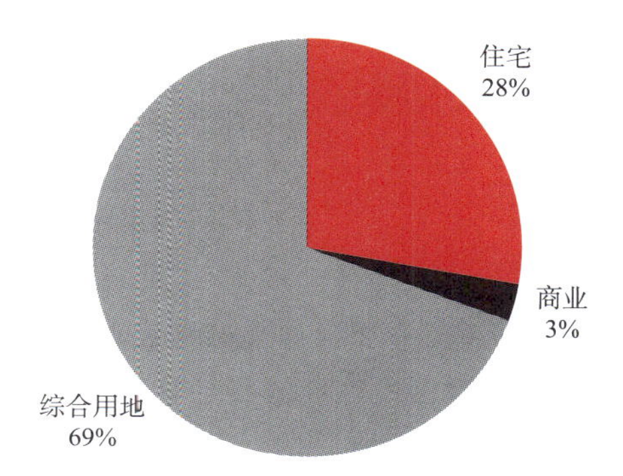

数据来源：天津中原数据库。

图15-6 天津市津南区土地供需对比（2007～2010年1～7月）

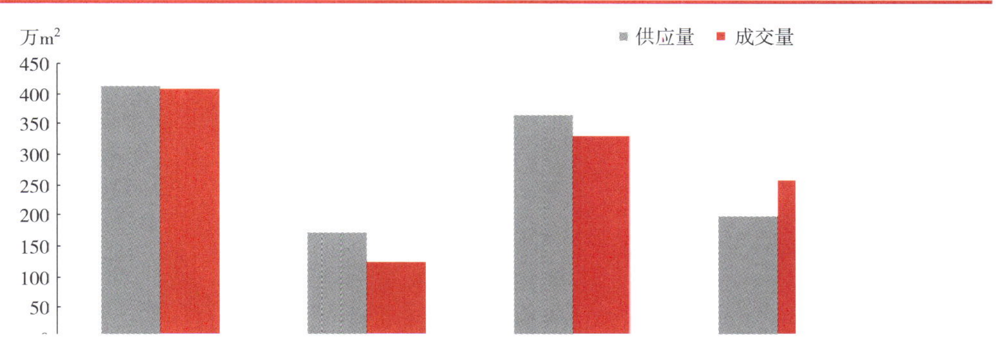

数据来源：天津中原数据库。

15.2.3 东丽区土地市场分析

东丽区区域面积477平方千米，常住人口32万。是天津市产业最集中的区县之一。受产业园区布局影响，东丽区房地产结构板块化趋势明显，主要板块的发展特征显著。如，受产业发展带动的临空产业区、滨海高新区板块；受旅游度假带动的东丽湖板块；受城市外扩带动的环内金钟街、卫国道、张贵庄板块；受交通发展带动的津滨大道沿线、轻轨沿线等。

2007年至2010年7月，东丽区共出让土地98宗，土地面积1203万m^2，土地出让量逐年增长，城市建设处于稳定发展期；未来土地供应将主要来源于新市镇建设中的拆迁，新增住宅用地将多数带有还迁房规划。2007年以来，

图15-7 天津市东丽区土地成交性质占比（2007～2010年1～7月）

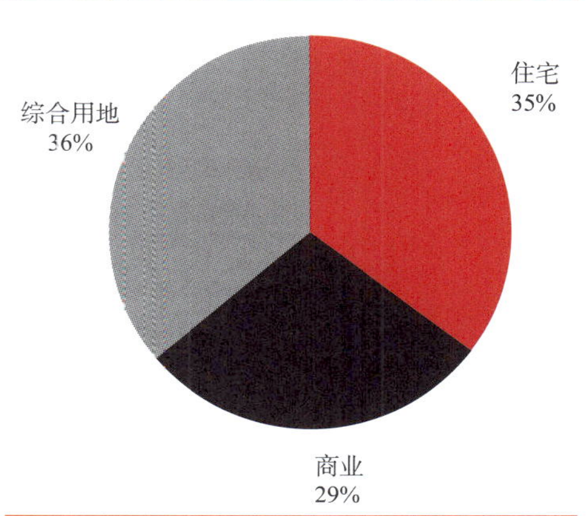

数据来源：天津中原数据库。

东丽区共成交经营性用地103宗，1157万m^2，规划建筑面积1735万m^2，商品房市场潜在供应量较大。

图15-8　天津市东丽区土地供需对比（2007～2010年1～7月）

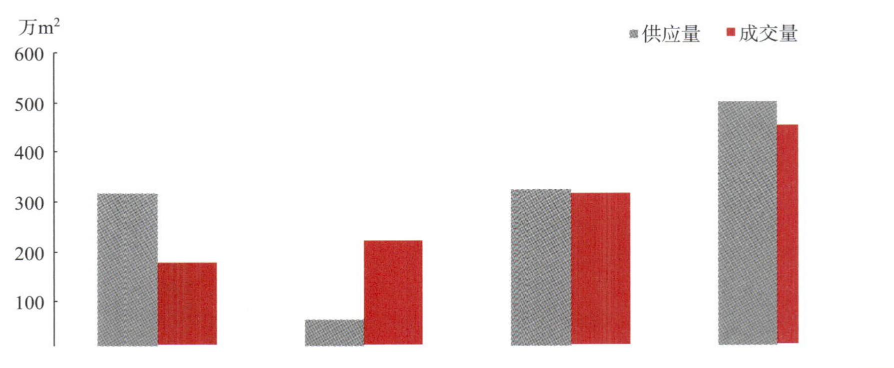

数据来源：天津中原数据库。

15.2.4 北辰区土地市场分析

北辰区下辖3街、9镇，户籍总人口32万人。京津公路沿线是该区域房地产市场发展的核心。产品主要以中高端的普通住宅为主，低密度产品供应匮乏。由于天津市房地产市场的发展格局南部优于北部，因此北辰土地市场在近几年发展相对滞后，加之土地整理速度较慢，很难有大体量土地出让，近几年土地供应量在环城四区中处于较低水平。该区商品房市场在近两年一直处于去库存状态，至2010年，其二手房市场成交量已经高于新建商品住宅市场，明显供不应求，市场需求受到抑制。

2007年至2010年7月，北辰区仅出让经营性土地9宗，土地面积44万m^2。其中，共成交经营性用地8宗，40万m^2，成交土地中住宅性质用地占比最大，达63%。此外综合性质用地也以住宅为主。成交土地规划建筑面积70万m^2，其中住宅约46万m^2。虽然从招拍挂途径进入市场的土地非常有限，但是北辰区的土地资源相当丰富，存在大量老旧居住区、集体性质的宅基地、原有工业企业用地待整理，未来潜在的土地供应量较大。

图15-9　天津市北辰区土地成交性质占比（2007～2010年1～7月）

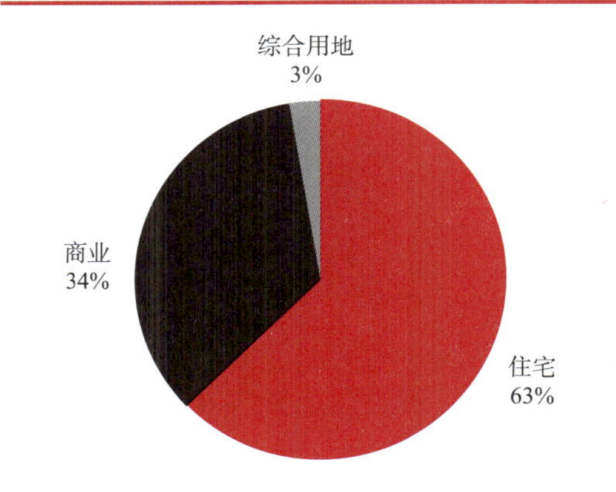

数据来源：天津中原数据库。

图15-10　天津市北辰区土地供需对比（2007～2010年1～7月）

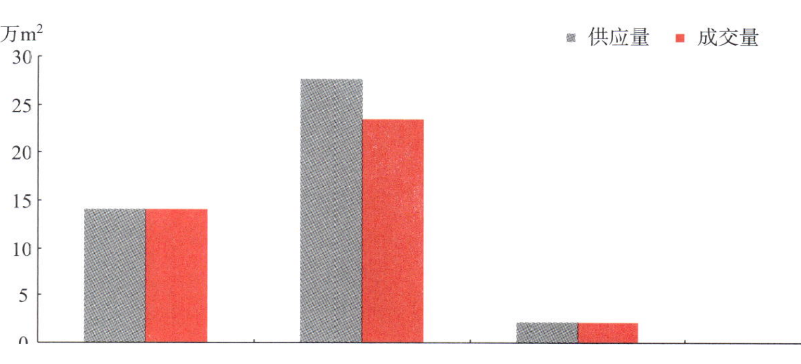

数据来源：天津中原数据库。

15.3 知名发展商拿地情况

环城地区土地供应充足，平均地价涨幅低于房价涨幅。同时，该区域在天津房地产市场发展格局中的地位不断凸显，因此众多知名发展商相继进驻。借地价相对较低的优势，获取大规模土地，满足其企业持续发展的需要。其中比较典型的区域为津南区，目前已进驻的企业有：富力、星耀、中信、京基、碧桂园、海尔等，集中在八里台和咸水沽板块。

天津市典型发展商环城地区拿地情况列表（2007～2010年1～7月）　　表15-1

地　块	区域	占地面积（万m²）	容积率	成交价格（万元）	溢价率	发展商	拿地时间
津东丽昆（挂）2009-082	东丽	24.74	2.4	204000	34.7%	保利（天津）房地产开发有限公司	2009-8-14
津丽张2004-049 B4\B5	东丽	16.59	1.7	97900	0.5%	北京金隅嘉业房地产开发有限公司	2010-3-22
津丽（挂）2010-6\7\8\9\10\11\12\13\14\15\16\17\18\19	东丽	204.60	1.1	365539	0.0%	天津华侨城实业有限公司	2010-7-1
津丽（挂）2010-20\21\22\23\24\25	东丽	51.18	1.4	193940	0.3%	华润置地（天津）有限公司	2010-7-21
津东丽成（挂）2006-061	东丽	11.71	2.0	48000	108.7%	汉拿（天津）房地产开发有限公司	2007-2-15
津丽华明（挂）2007-120	东丽	35.13	0.8	98090	0.0%	北京住总房地产开发有限责任公司	2007-9-30
津南（挂）2010-11	津南	128.92	2.3	705000	20.6%	北京富力城房地产开发有限公司	2010-4-28
津南（挂）2009-20\21\22\23	津南	59.02	1.5	85730	0.0%	青岛海尔房地产开发投资有限公司	2010-1-15
津南（挂）2009-11	津南	247.69	1.0	360020	0.0%	中信信托有限责任公司	2009-11-2
津南（挂）2008-06	津南	62.44	1.5	76330	0.0%	增城市碧桂园物业发展有限公司	2008-9-9

续表

地　块	区域	占地面积（万㎡）	容积率	成交价格（万元）	溢价率	发展商	拿地时间
津南（挂）2007-12号	津南	273.33	1.1	629000	383.8%	昆明星耀体育运动城有限公司	2007-10-19
津西青涞（挂）2009-085	西青	10.27	2.4	47510	0.0%	天津松江集团有限公司	2009-8-3
津西青保（挂）2007-211	西青	13.16	1.4	94600	20.7%	天津中信地产投资有限公司	2008-2-4
津北辰榆（挂）2007-069	北辰	14.16	1.6	39890	38.6%	上海景瑞地产（集团）股份有限公司	2007-7-20

数据来源：天津中原数据库。

15.4 环城四区土地市场发展趋势

环城四区区域面积较大，除重点开发的板块比较成熟外，其余大部分处于新城镇建设中，还存在大量的毛地。在天津政府城市重心向南发展的带动下，津南、西青两区将持续快速发展，重点房地产板块有八里台、咸水沽、中北镇、大寺。而东丽区地理位置优越，连接中心城区和滨海新区，吸纳两区外流人口，近期有不少大型房企进驻。北辰区受益于京津一体化和外环东扩规划，预计会有大规模用地出让，京津公路作为北辰区交通主干道，沿线土地值得关注。

总而言之，环城四区土地市场发展潜力较大，可获取经济指标良好的住宅用地或住宅比例较大的综合性质用地。对于开发商而言，可考虑获取大体量地块以满足企业长期发展的需要。

第16章　天津精装修公寓产品研究

天津中原投资顾问部　孙洁

16.1 天津精装修公寓市场概述

精装修公寓最早伴随写字楼出现，为了方便外籍人士办公、居住而衍生。由于建设周期短，销售速度快，便于资金回笼，近年来精装修公寓受到了开发商的青睐。而精装修公寓的户型小、地理位置优越也给其带来了许多客户。

天津快速近年发展，中心城区土地供应量逐渐减小，土地价值增值明显。核心地区以“小户型、精装修、低总价”为特点的精装修公寓，由于地理位置优越，设施配套齐全，而且部分具有商住两用性质，因此不仅吸引了自住及投资客群，还吸引了部分商务、办公类客群。

天津的快速发展也吸引了大量的外来人口。一方面，外资的大量涌入，使得外企的高级管理人员和技术人员需要在天津工作较长时间，为其提供方便的住所；另一方面，精装修公寓给年轻购房群和投资客带来了方便，省去了装修的时间、人力等消耗，适合现代人快节奏，便捷的生活方式。

16.1.1 天津精装修公寓供应情况

天津目前精装修公寓主要分为三类：居住型公寓、混合型公寓、酒店式公寓。这三种公寓在用地性质、产权年限、特点等方面存在差异。

天津市精装修公寓供应分类　　表16–1

公寓类型	用地性质	产权类型	产权年限	特　点	价　格	购置客群
居住型公寓	一般为住宅用地	公寓	70年	户型面积小；精装修交房标准，拎包即可入住；配套设施完善；物业管理提供高于普通住宅的额外优质服务	销售价格一般高于区域整体水平	主要为自住型客户
混合型公寓	一般为综合性用地（商住）或商业用地	商务公寓	50年或40年	一般处于城市核心地段及商务中心区；既可居住又可办公；具备写字楼功能，在部分城市可注册公司	价格相对写字楼较低	投资型客户、商务办公类客户
酒店式公寓	一般为商业用地	公寓或商务公寓	40年	面积较小，主力户型主要在90m^{2}以下，装修档次较高；大多位于城市核心繁华地带、商圈周边，交通方便；按照星级酒店的设施标准进行设计，体现档次与舒适性	价格一般比较高	主要为投资型客户、商务办公类客户

资料来源：天津中原投资顾问部。

天津精装修公寓市场供应主要以一室户型为主，面积集中在70m^{2}以下。一方面，公寓产品的供给对象主要针对高端客群，白领人士，为自住型需求及投资型需求客户，改善型需求的客户很少购置公寓产品，另一方面，公寓产品多位于市区核心位置，土地价值高，因此供应产品户型较小。

图16-1 天津市精装修公寓产品市场供应户型（2010年上半年）

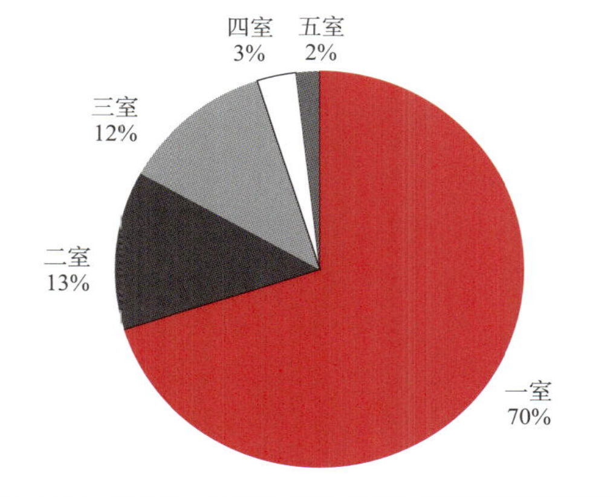

数据来源：天津中原投资顾问部。

图16-2 天津市精装修公寓产品市场供应面积（2010年上半年）

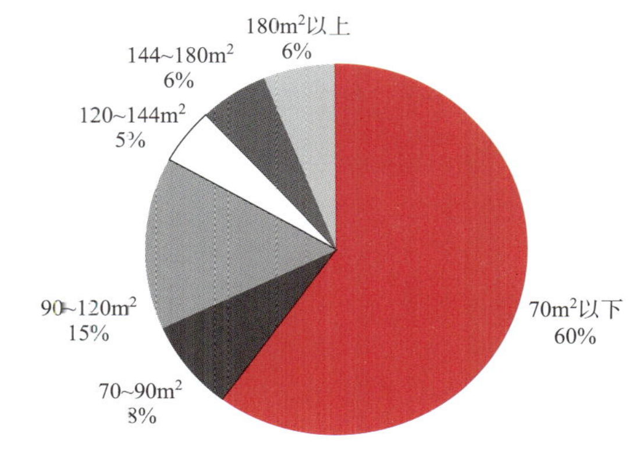

数据来源：天津中原投资顾问部。

16.1.2 天津精装修公寓销售概况

天津精装修公寓的单价主要在12000～16000元/m²，总价集中在50～100万。与天津其他同档次项目相比，由于包含装修费用，精装修公寓的单价通常较高，虽然价格偏高，但市场接受程度高，消化能力较强。天津市场上公寓由于面积小，因此总价较低，吸引了一些投资客以及年轻的购房客群。

图16-3 天津市精装修公寓产品市场成交均价（2010年上半年）

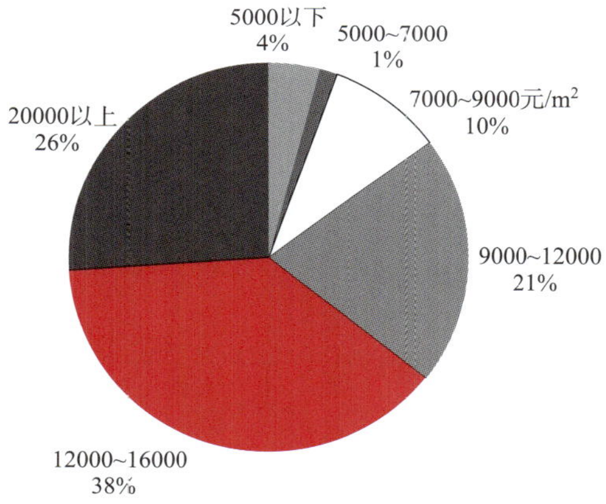

5000以下
4%
5000~7000
1%
7000~9000元/m²
10%
9000~12000
21%
12000~16000
38%
20000以上
26%

注：单位为元/㎡。

数据来源：天津中原投资顾问部。

图16-4 天津市精装修公寓产品市场成交总价（2010年上半年）

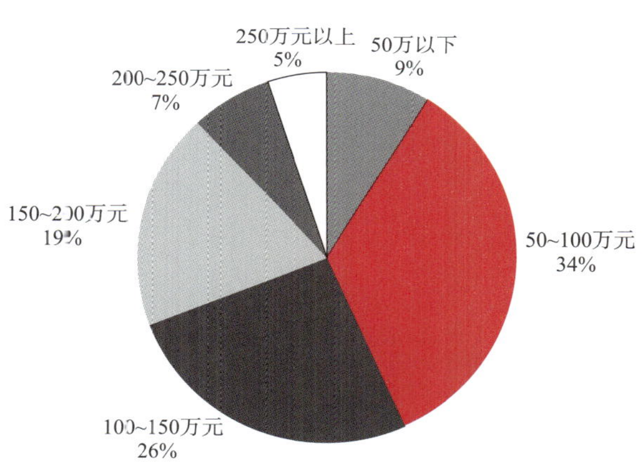

数据来源：天津中原投资顾问部。

天津市精装修公寓典型在售项目销售概况（2009年1～7月） 表16–2

项目名称	项目类型	开盘时间	开盘价格（元/m^2）	销售价格（元/m^2）	去化速度（套/月）
瑞景名郡	混合型公寓	2009年11月	25000	27000	66
环球金融中心	居住型公寓	2009年6月	21200	30000	138
喜年广场	混合型公寓	2009年5月	9400	13000	41
中央公馆	酒店式公寓	2009年10月	19000	24000	7
东北角艺术公寓	混合型公寓	2009年12月	17000	19800	140
仁恒海河广场	居住型公寓	2010年6月	16000	26000	4
塞纳公馆	混合型公寓	2009年11月	14000	17000	8
纽约公寓	酒店式公寓	2009年12月	9500	11000	39
君临天下	混合型公寓	2009年7月	13000	17000	147
旷世国际	混合型公寓	2010年4月	16500	16500	142
滨海华贸中心	混合型公寓	2010年4月	12500	12500	110
时代大厦	酒店式公寓	2008年9月	11000	13000	24

数据来源：天津中原投资顾问部。

精装修公寓销售速度快，市场认可度高。过去公寓的形式较为单一，通常为酒店式管理，与酒店混合，且门槛较高，近年来公寓形式越来越多样化，除了酒店式公寓，许多居住性质用地、混合性质用地也进行公寓产品开发，得到了一些客群的认可。

购置精装修公寓的客群主要为白领、精英人士，以及外籍在津工作人士。自住型客户的购置原因主要是由于工作较忙，装修耗费时间、人力，精装修公寓可以省却装修成本。而投资型客户的购置原因主要是由于精装修公寓可直接入住，购买既因为看中项目升值潜力，有些产品也由于购买门槛低，地理位置优越，可作为学区房购置。

天津市精装修公寓的档次各有差异，集中在和平区和河西区的高档公寓，往往也是身份尊贵的象征，周边成熟的设施配套，便利的交通条件等因素使得该区域成为高端客户集中区。

16.2 精装修公寓装修标准分析

16.2.1 装修配置

精装修配置根据具体配置内容可以分为全装修型以及硬装修型。

全装修型：开发商提供全套装修，业主只需要携带个人衣物和必须生活物品即可入住。此类装修多见于酒店式公寓或部分豪宅公寓。目前天津能够提供这样精装修标准的有环球金融中心、中央公馆，该类公寓的装修价格也比较高。

硬装修型：开发商在交付时提供主要装修，如地面、墙面、顶棚、开关插座等，同时厨卫提供全装修（含橱柜、灶具、油烟机、坐便器、台盆等）

全装修型精装修的公寓，可采取酒店式管理，还可以采取包租式服务：开发商与业主签订合同，采取返租的方式定期向业主返还定额。包租式服务无论从开发商角度还是业主角度，风险较大，因此业内多采取硬装修方式。

装修档次不同的精装修公寓在厨房设备、卫浴空间、起居室及卧室等私密空间的装修配置上差别不大，但是在安防设备以及家电、家具配置上差别较大。装修档次高的公寓通常配备档次较高的家电，品牌较好。

市场上的精装修配备标准多统一，并没有真正的菜单式装修，在标准统一的背景下，一些开发商也采取了一些设计，充分利用公寓空间，增加公寓居住舒适度，提高空间利用率，完善公寓收纳功能。

天津市精装修公寓厨房设备装修配置及交工标准　表16–3

厨房设备	喜年广场	瑞湾国际汇馆	中央公馆	环球金融中心
地面	高档地砖	高档瓷砖	瑞二KRONOSWISS（或同等品牌）复合地板	地面：实木复合地板
墙面	高档内墙涂料	“多乐士”、“立邦”或同等品牌乳胶漆	高档瓷砖及不锈钢装饰	开放式厨房墙面为石材
顶棚	高档石膏板吊顶	面层为“多乐士”、“立邦”或同等品牌乳胶漆	石膏板	顶棚：部分乳胶漆；部分轻钢龙骨石膏板吊顶，乳胶漆
橱柜	整体成品橱柜配抽油烟机	品牌橱柜（配“弗兰卡”水槽及龙头）	品牌橱柜	橱柜：汉森或科宝博洛尼或其他同档次品牌
厨具	国产品牌灶具、抽油烟机	“西门子”微波炉及冰箱；“华伦帝”抽油烟机及电磁灶	“西门子”微波炉，抽油烟机及电磁灶	西门子或伊莱克斯或法格或其他同档次品牌灶具、抽油烟机、冰箱、微波炉、洗衣机，国产品牌净水器

资料来源：天津中原投资顾问部。

天津市精装修公寓卫浴空间装修配置及交工标准　表16–4

卫浴空间	喜年广场	瑞湾国际汇馆	中央公馆	环球金融中心
地面	高档地砖	多层实木地板及高档瓷砖	高档瓷砖	诺贝尔或其他同档次品牌瓷砖
墙面	高档墙砖	天然石材及高档瓷砖	高档瓷砖	石材
顶棚	高档铝扣板吊顶	高档防水乳胶漆	铝塑板	防水石膏吊顶，刷防水乳胶漆
淋浴间	钢化玻璃淋浴屏，摩恩或同档次品牌花洒	“TOTO”品牌浴缸	意大利CAE（或同等品牌）花洒	独立淋浴间，花洒为汉斯格雅或当代或高仪或其他同档次品牌
洁具	乐家、美标或同档次品牌卫生洁具	“TOTO”品牌坐便、洗手盆	德国Duravit（或同等品牌）坐便器、洗手盆	杜拉维特或劳芬或唯宝或凯勒马或其他同档次品牌坐便，洗手盆
台面及浴室柜	铺贴高档人造石，高档成品浴室柜，配浴室镜柜	台面为大理石或人造石	台面为大理石或人造石	每个卫生间1组浴室柜，台面为大理石或人造石
五金件	摩恩或同档次品牌龙头	“高仪”品牌浴缸及洗手盆龙头；“TOTO”品牌淋浴花洒	德国Grohe（或同等品牌）金属镀铬（金桐芯）龙头	汉斯格雅或当代或高仪或其他同档次品牌洗手盆龙头

资料来源：天津中原投资顾问部。

天津市精装修公寓卧室及起居室装修配置及交工标准 表 16-5

卧室及起居室	喜年广场	瑞湾国际汇馆	中央公馆	环球金融中心
地面	高档强化复合地板	多层实木地板；成品踢脚线	实木地板	瑞典“柏丽”、“德高”、德国爱格中端品牌实木复合地板
墙面	高档内墙涂料	“多乐士”、“立邦”或同等品牌乳胶漆	“多乐士”、“立邦”或同等品牌乳胶漆	“多乐士”、“立邦”中高端产品石膏线刷乳胶漆
顶棚	高档乳胶漆	面层为“多乐士”、“立邦”或同等品牌乳胶漆	面层为“多乐士”、“立邦”或同等品牌乳胶漆	“多乐士”、“立邦”中高端产品石膏线刷乳胶漆

资料来源：天津中原投资顾问部。

天津市精装修公寓安保设施装修配置及交工标准 表 16-6

安防设施	喜年广场	瑞湾国际汇馆	中央公馆	环球金融中心
可视对讲	每户均安装高档对讲机	罗格朗品牌可视对讲系统（带安防）	可视对讲系统，对来访者采取影像储存系统	霍尼韦尔、三星中端产品彩色液晶可视对讲系统
紧急救援系统	—	紧急呼叫按钮	入户门与卫生间配有紧急求助按钮，并直接与控制室连接	在每户公寓的客厅、主卧室设置紧急救助按钮，信息会传递到物业部门，物业管理人员可以立即采取救援措施
报警系统	—	烟感火灾报警系统	公共区域水域、烟感和喷淋系统，6、7层及顶层设有窗磁	可燃气体探测器，包括煤气、门磁、窗磁、烟感等多种传感报警
其他安防设置	—	—	周边及物业内设置电子监控设备，配备电子巡更系统	设周界安防和报警系统、电子巡更
	—	—	—	2～4层、顶层设被动红外探测器
	—	—	—	视线室内机与大堂门口机、园区入口与物业保安管理中心的通话功能

资料来源：天津中原投资顾问部。

天津市精装修公寓其他配置装修配置及交工标准 表 16-7

其它配置	喜年广场	瑞湾国际汇馆	中央公馆	环球金融中心
家电配备	（海尔或同档次品牌）电热水器	“西门子”（或同等品牌）热水器	“西门子”（或同等品牌）热水器	“西门子”（或同等品牌）热水器
家具	—	床、衣柜、橱柜、组合家具	床、衣柜、书架、橱柜、组合家具	科宝博洛尼、索菲亚中高端品牌或同档次整体衣橱
	—	—	“西门子”（或同等品牌）液晶电视	德国西门子、美国通用或同档次垃圾处理器、双开门冰箱、烤箱、洗碗机、净水过滤器、松下或同档次品牌浴霸、排风扇

资料来源：天津中原投资顾问部。

16.2.2 装修价格

公寓的精装修报价通常与实际装修价格相差较大，一般公寓精装修实际价格通常在700～1000元/m^2，但我们对天津精装修公寓的调研中，全装修报价在3000～4000元/m^2，硬装修报价约在1000～2000元/m^2。

装修价格较高的公寓通常售价也高，一方面是由于装修价格较高的公寓产品通常定位较高，从而销售价格也比较高；另一方面，位于核心地区的高档公寓，尤其是豪宅产品，通常销售价格也比较高。

图16-5 天津市典型精装修公寓装修价格与销售价格对比

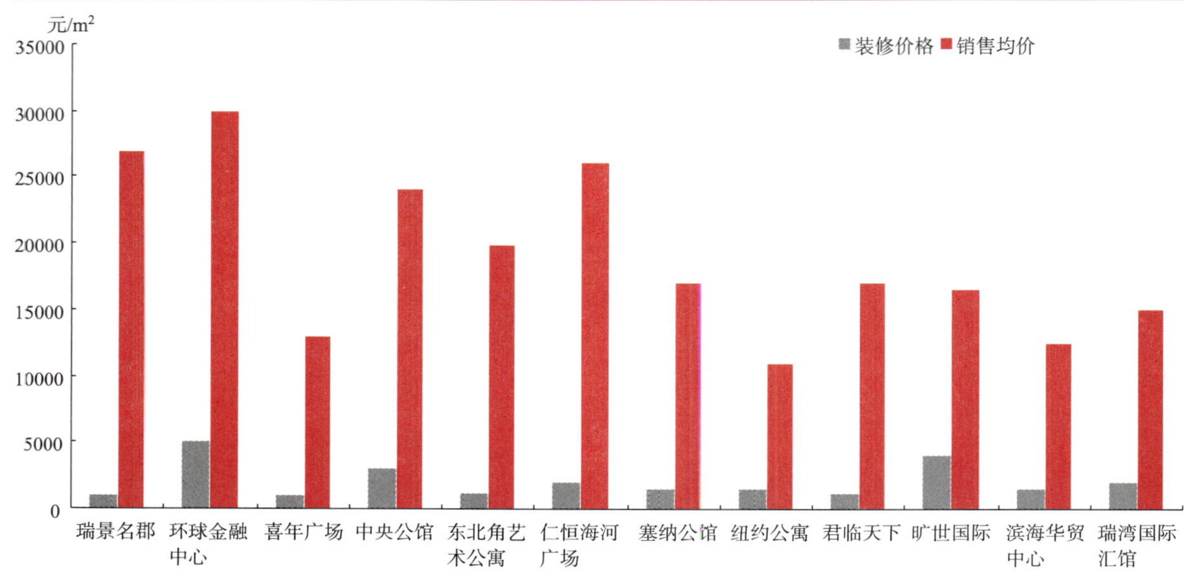

数据来源：天津中原投资顾问部。

16.3 精装修公寓装修风格分析

16.3.1 精装修风格分类

公寓内部的装修风格不仅受到市场因素的影响，有的时候也与项目的整体定位、面向的客群有关系。不同的客群，项目的定位决定了公寓的整体定位，而各种精装修风格的装修成本也不一样，从而影响了精装修风格的选择。

常见的精装修风格主要有中式、古典欧式、现代欧式、简约、后现代等风格。

中式风格：中式的精装修注重传统文化，并将传统元素与现代装修相结合。客厅采取红木沙发、太师椅等装饰，家具多以雕刻、镂空为装饰方式，色调传统并多为深色。

古典欧式：古典欧式风格以欧式传统为基础，华丽而典雅。古典欧式风格的客厅以壁炉、壁画、沙发椅等为装修元素，家具富有奢华感，色调以白色为主。

现代欧式：现代欧式以追求时尚、个性、简约为特点，装修现代感较强。客厅及卧室以简约的装修方式为主，但家具以及家电配置低调而极具档次。

简约风格：简约风格的装修功能性比较强，整体装饰简单大方。家具的使用比较简洁、大方，整体让人觉得温暖而惬意。

后现代风格：后现代装修风格主张兼容并蓄，凡能够满足现代生活需求的都予以采用。后现代风格的空间组合复杂，采取多元的方式来分隔空间。

16.3.2 简约装修风格为主

根据统计，天津的公寓市场，精装修风格主要有现代欧式、古典欧式以及简约这三种主要风格，其中又以简约风格为主。这主要是因为简约风格适合现代人，特别是精装修公寓主要客群单身居住者快捷的生活方式，且给人以温馨舒适感；另外这种装修线条简单，便于施工，成本较低，所以简约风格精装修受到了开发商和用户的青睐。

天津市精装修公寓主要风格比较　　表16–8

装修风格	现代欧式	古典欧式	简约
典型项目	环球金融中心	塞纳公馆	喜年广场
厨房系统	地面实木复合地板，墙面石材，西门子或伊莱克斯或法格或其他同档次品牌抽油烟机、洗衣机、微波炉，国产品牌净水器	抽油烟机：马狮龙，电磁炉：美的或同等品牌，橱柜：定制无品牌（欧式风格），五金器具：不锈钢制品（一般品牌）	地面：高档地砖，墙面：高档内墙涂料，顶棚：高档石膏板吊顶，橱柜：整体成品橱柜配抽油烟机，电磁炉（美的、格兰仕或同档次品牌）
卫浴系统	地面为瓷砖，诺贝尔或其他同档次品牌，墙面为石材，独立淋浴间，花洒为汉斯格雅或当代或高仪或其他同档次品牌，杜拉维特或劳芬或唯宝或凯勒马或其他同档次品牌坐便器、龙头、洗手盆	地面：防滑瓷砖，墙面：瓷砖，屋顶：设排风装置，马桶：蒙娜丽莎，龙头、花洒：科勒，淋浴屏：钢化玻璃（一般品牌）	高档地砖，高档墙砖，顶棚：高档铝扣板吊顶，洗手台：铺贴高档人造石，高档成品浴室柜，配浴室镜柜，洁具：品牌卫生洁具（乐家、美标或同档次品牌），淋浴间：钢化玻璃淋浴屏，其他：龙头、花洒（摩恩或同档次品牌）；排气扇及防雾筒灯，电热水器（海尔或同档次品牌）
卧室	地面为实木复合地板，墙面为壁纸，顶棚：部分乳胶漆；部分轻钢龙骨石膏板吊顶，乳胶漆	复合地板，电器开关：梅兰日兰，墙面为乳胶漆，吊顶：石膏艺术吊顶（欧式风格）	墙面：高档内墙涂料，地面：高档强化复合地板

资料来源：天津中原投资顾问部。

16.4 精装修公寓装修创新探讨及总结

16.4.1 公寓精装修创新探讨

公寓户型通常较小，因此开发商采取了各种方法如增加面积，来吸引客户购买。近年来，市面上逐渐增多的LOFT公寓就是其中一种方法。目前天津在售的LOFT公寓有喜年广场、瑞景名郡，这类公寓通常层高在4.9～5.3m之间，在户内做出隔层，均价低于两层的价格，也就是开发商所说的“买一层送一层”。但是这类公寓居住可能会有压抑感，隔层缺乏安全性，因此需要慎重考虑。

还有一些开发商采取“偷面积”的做法，如空调机位变入户阳台，赠送入户式花园等等，购房者应注意开发商此举是否符合当地有关规定，避免此举成为促销噱头，维护自身正当权益。

公寓通常为小户型，开发商需要合理利用有效空间来吸引客户。根据调研，天津精装修公寓产品如中央公馆在这方面做得比较出色。中央公馆的某户型建筑面积为41m^2，得房率在73%，实际套内面积只有30m^{2}左右。开发商将厨房和卫生间的门运用推拉门，沙发运用组合沙发，电视运用可转动式固定在衣柜上，节省了空间，而且居住时不会觉得很拥挤。

16.4.2 精装修公寓产品研究总结

精装修公寓产品近年来受到青睐，装修公寓通常面积小、单价高、总价低、装修档次配置差异较大。未来时间内，天津的精装修公寓产品仍将有大量供应，外资公司越来越多进入天津市场，将给公寓带来一定客群；市中心区域的高房价，高密度将促使越来越多公寓产品出现，并且有的项目将以综合体的一部分开发出现。

从开发商角度来说，精装修公寓开发成本较低，减小风险，去化速度快，便于资金回笼。但在产品开发中，应该充分考虑市场的供求关系，注意产品的饱和。另外精装修公寓产品通常比较单一，模式化，应该考虑进行创新，设计出符合市场规律，且居住方便、舒适的产品。

从客户角度说，精装修公寓省去了装修的人力、物力成本，适合现代人快节奏的生活。但是，在购买时，也应分清利弊，比如通常公寓的土地年限较短，装修的交工标准在交房时应注意验收，精装修的具体内容要注意在合同中签订等等。

第17章　天津创意地产研究

天津中原投资顾问部　彭响余

创意地产，一种根植于创意产业的创新型商业地产开发模式，经过近几年来的迅猛发展，已成为房地产行业中的重要组成部分。2009年，创意地产已经正式纳入了CIHAF中国住交会的八大主题板块之一，这标志着创意地产已经由理论概念状态转化成实际项目形态。在创意地产风靡全国各地的同时，天津的创意地产也迎来了难得的发展机遇。相对上海、北京等一线地区来说，天津的创意地产起步较晚，自2006年正式出现创意地产的概念以来，经过4年的快速发展，天津的创意地产已初步形成规模。

17.1 创意地产概述

17.1.1 创意产业及创意地产定义

说到创意产业，我们不能不提英国，英国是世界上最早对创意产业进行诠释并且成功地将其植入地产开发理念当中的国家。1998年，英国的创意产业专责工作小组在《英国创意产业路径文件》中首次对创意产业定义："源自个人创意、技巧及才华，通过知识产权的开发和运用，具有创造财富和就业潜力的行业。"根据这个定义，英国将广告、建筑、艺术和文物交易、工艺品、设计、时装设计、电影、互动休闲软件、音乐、表演艺术、出版、软件、电视广播等13个行业确认为创意产业。由于各个国家和地区的经济发展水平以及文化的不同，对创意产业的内涵以及外延界定存在一定的差异，发达国家倾向于文化产业，精神层面上的内涵界定，而发展中国家却更倾向于为精神消费服务的物质产品的研发与创造。虽然在创意产业的理解以及输出产品形式的侧重点上存在差异，但是，创意产业的核心内涵无外乎两部分，一是通过脑力劳动，对思想文化的创新、创造，二是附加在这种文化创新、创造上的高附加值经济产品。

说到创意地产，目前，地产界对创意地产的主流定义是：创意地产是将创意产业植入地产项目开发的地产发展模式，其核心是一种新型商业地产运作，可以从两个层面上进行理解，第一是开发层面上，创意地产为创意产业提供适合其经营、发展的场所；第二是运营管理层面上，创意地产项目围绕着创意产业的发展和需求，为创意产业的健康发展提供一系列的管理服务。创意地产项目的主要客户群是从事创意产业的企业或者个体，创意产业的发展状况决定了创意地产发展模式以及发展方向。

17.1.2 创意地产的开发模式

创意地产的开发是紧紧围绕创意产业的需求来进行的，因此，研究创意地产的开发模式必须先研究创意产业发展的需求。

创意产业源自于物质生活富足的人们对于精神层面上的更高级的需求，以其高附加值，低物质消耗，几乎为零的生态负担的特点而得到各地政府的大力倡导和支持。与传统产业相比，创意产业的发展有其更加独特的方面，第一，创意产业的发展更注重人才的培养，人才是创意产业最重要的生产要素；第二，创意产业发展需要更广阔、更自由的思想交流空间，因此，现代信息科技技术是创意产业发展的重要工具；第三，需要形成知识产权的界定及保护规则以及可以产生经济收益的场所；第四，创意产业的主体的规模普遍较小，对经营的成本敏感性较高。

结合创意产业的发展特征，目前创意地产的开发模式主要有以下三种：

第一，依托高校的培训资源，与高校合作，共同开发创意产业园区。这种模式主要是针对解决创意产业的人才培训的层面上考虑，以人才的培养聚集为出发点，形成创意产业的聚集发展，吸引创意产业的主体入驻园区。

第二，以旧厂房和旧仓库改造的发展模式。收购或者租赁旧厂房和旧仓库进行改造，在不改变原有建筑的主体风格的基础上，添加生动的、灵活的创新元素，比如建筑空间搭配、立面色彩、雕塑等，激发创造者的创意灵感，吸引创意产业的主体入驻。这种模式以租赁价格相对便宜，充满创意灵感的环境，周边配套齐全等优势受到广大创意产业经营者的欢迎，这也是目前创意地产开发采用最多的模式。

第三，新建创意地产项目的模式即由专业的创意地产发展商成片开发创意地产项目的模式。这种开发模式要求项目考虑创意产业的全面需求，配有创意产业的培训、研发、交流、交易等功能，以吸引大型的创意产业企业为目标，形成创意产业的集群，从而达到规模化发展。

17.2 天津创意地产现状分析

目前，天津市首批授牌的创意产业园区5个，已建成的创意产业园区达14个，总建筑面积达26万m^2。未来，天津市将规划有12个创意产业聚集区，总建筑面积可达200万m^2，未来动漫、网游、传媒、艺术、演出娱乐、影视音像、出版、工业和建筑设计、咨询策划、时尚设计等10个文化创意产业行业将得到重点发展。

天津市首批授牌创意产业园区列表 **表17-1**

园区名称	园区地址	建筑面积（m^2）
意库创意产业园	红桥区湘潭路11号	25000
辰赫创意产业园	河北区辰纬路1号	10058
北新文化创意产业园	河北区广电新闻中心	7000
6号院创意产业园	和平区台儿庄路6号	10700
凌奥创意产业园	南开区凌宾路延长线	120000

资料来源：天津中原数据库。

17.2.1 天津创意地产项目分布状况

从地理位置上看来，由于天津的创意地产的开发大部分是上面说的第二种模式，因此，天津市废旧厂房的资源分布情况决定着这些创意地产项目的分布状况。从目前已建成的14个项目分布来看，位于内环的项目1个，位于内环和中环之间的7个，位于中环和外环之间的4个，外环之外的2个。

图17-1 天津市创意地产项目分布状况（2010年）

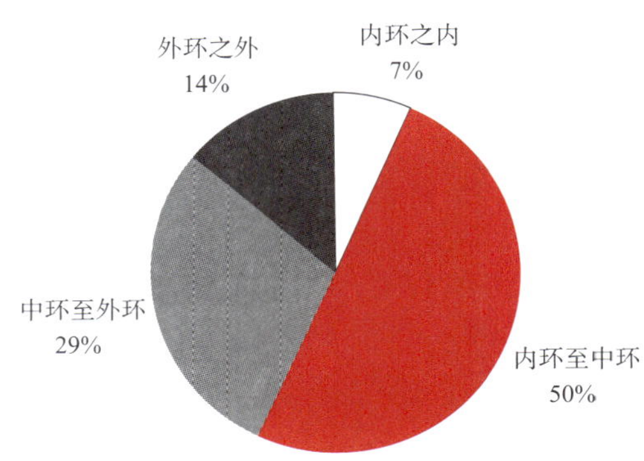

数据来源：天津中原数据库。

天津市已建成代表性创意地产物业一览表　　表17-2

创意产业园	地　址	简　介
6号院	台儿庄路6号	前身为英国怡和洋行的仓库，始建于1921年，由五座独栋四层小楼组成。2000年初，首位艺术家入驻6号院。2006年，园区初具规模。2007年，6号院改造升级，先后引进了画廊、艺术家工作室、设计公司、动漫公司等企业，成为天津首家高端文化创意产业园
辰赫创意园	辰纬路1号	天津首家传媒产业园，由天津内燃机磁电机厂的五座老厂房改建而成。以互联网产业带动的新媒体产业为主，从事研发设计和文化创意的专业化园区
北新文化创意园	河北新闻中心	园区为一栋地上5层，地下1层的楼宇，依托河北区电视广播产业。着重发展影视广告制作、动漫制作加工、平面设计培训、大学生创意基地
意库	湘潭路11号	由1950年代到1990年代具有天津工业文明特点和风格的14栋老建筑改造组成，发展建筑设计、园林园艺设计、工艺美术设计、咨询策划、文化传媒、时尚消费等城市空间创意设计产业
凌奥产业园	凌宾路延长线	由25栋厂房及3栋综合楼组成，是以动漫、影视、演艺、软件、建筑设计、时尚设计、广告传媒、会展、出版印刷、摄影绘画、教育与培训等创意产业为主要业态的创意产业集群
3625创意工场	水产街28号	原华津制药厂厂区，由天津美术学院与华津制药厂合作改造，依托天津美术学院的人才培养优势，打造美术、动漫、电子网络等创意产业的聚集区
艺华轮创意工场	南口路22号	通过天津自行车行业协会和天津机车车辆厂的合作，利用老工业厂房打造而成，发展工业设计、三维设计、广告、展览、展示工作室及广告设计产业
桥园创意园	桥园公园	由7栋双层商务别墅围合而成，结合桥园公园的湿地美景，拓展以大学生创业为核心，集媒体、服装设计、娱乐为一体的创意产业园
中汇创意公社	律纬路31号	利用中山路中汇大厦的空间资源，发展广告设计、会展、工业设计等产业

资料来源：天津中原数据库。

17.2.2 物业交房状态

在天津市区内建成的创意产业园中，园区内的环境大多建设得比较好，整洁的绿化、创意雕塑、新颖的外立面、道路、公共休闲场所等基本具备。出租的物业交房状态绝大部分为毛坯或近似毛坯的大空间状况，企业进驻后可根据自己的需要自行改造和装修，充分展现不同类型创意企业的个性。

17.2.3 市场需求状况

■ 天津创意产业园租金水平

天津创意产业园的租金大致保持在1.1～1.8元/（m^2·天），只有少数新建的创意产业园的租金达到3元/（m^2·天）。与周边的商务楼宇租金相比，基本上比中低端写字楼低20%左右，比高端写字楼低50%左右，具有相当的吸引力　但大部分的创意产业园区的租金都有涨价计划，每年最少涨0.1元/（m^2·天）。

■ 天津创意产业园出租情况

从天津的创意产业园出租情况来看，目前的园区出租率都很高，平均保持在85%以上。这与天津市的创意产业蓬勃发展有直接的关系，截至2009年4月，天津市注册的创意产业企业达1.1万家，从业人员23万，固定资产达1100亿元，在未来，天津市政府还将大力鼓励和促进创意产业的发展，预计，在未来的很长一段时间内，天津的创意产业还将保持快速发展，创意地产的前景被业界普遍看好。

天津市部分创意产业园区租金及出租情况表　　表 17-3

园区名称	建筑面积（m^2）	租金（元／m^2·天）	物业费（元/m^2·月）	出租率
6号院	10700	1.5～1.8	租金含物业费	100%
辰赫创意园	10058	1.2	2.0	95%
北新文化创意园	7000	1.5	租金含物业费	95%
意库	2500	1.4～1.8	1.2	90%
凌奥产业园	120000	1.2～1.5	1.5～2.0	85%
3625创意工场	30000	1.1～1.4	2.0	90%
艺华轮创意工场	3000	1.2	2.0	75%
桥园创意园	9400	3	租金含物业费	50%
中汇创意公社	12000	1.6	租金含物业费	85%
陈塘创业园	11250	1.1～1.2	租金含物业费	80%
太阳树创意园	20000	1.2	1.4	75%

资料来源：天津中原数据库。

17.2.4 入驻企业分析

目前，入驻创意产业园区的企业可谓五花八门，有与创意产业相关的企业，也存在与创意产业毫无关联的企业。总体来看，天津首批授牌的5家创意产业园区的入驻企业大部分还是与创意产业相关的，基本上是围绕着创意产业的发展进行招商布局的。但是，其他的大多数园区入驻企业则比较杂乱，没有一个准确的产业定位。从天津市创意产业园区的抽样调查统计情况看，其入驻企业中“直接创意生产”的工作室、公司、企业比如画室、动漫公司、影视制作企业等占企业总数的45%，“创意产品贸易”类企业比如拍卖公司、中介公司、会展公司等占16%，“创意产业服务”类企业比如财务公司、贷款公司、培训类企业占28%，“其他商业”类企业比如餐厅、咖啡厅、健身馆、酒店等占11%。

图17-2　天津市创意地产入驻企业状况（2010年）

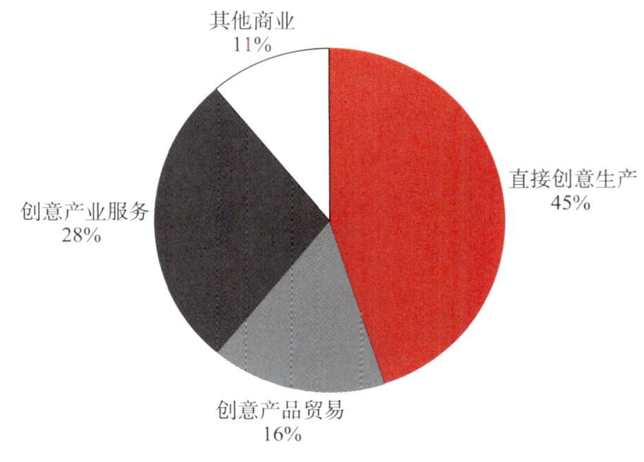

数据来源：天津中原数据库。

从企业的规模上看，天津创意产业园区入驻企业的注册资金大部分集中在50～100万元之间；其次是10～50万元之间；10万元以下的较少，基本上为大学生创业型企业；100万元以上的有较大规模的企业最少。

从入驻企业的分析来看，天津市创意产业还有待进一步的发展，创意产业型企业规模较小，未能形成同行业的规模化发展格局，具有自主知识产权的品牌较少，还处于一种粗放型的发展阶段。对于扶植创意产业、服务创意产业的专业创意产业园区来说机会与挑战并存，但是可以肯定的是，只有专注服务型、运营型的园区才会有更多的发展机会。

17.3 天津创意地产未来发展展望

17.3.1 天津创意地产存在的问题分析

天津创意地产的发展时间比较短，但总体发展状况比较好。近来，有创意地产规划的项目越来越多，规模也越来与大。但是，发展过程中也存在一些问题，需要引起业界的重视，否则，将会严重制约创意地产的发展。

■ 入驻创意产业园的业态较乱

创意地产项目具有租金相对比较便宜，建筑适应性比较强的优势，不仅对创意产业企业有吸引力，对其他行业的企业也具有不小的吸引力。目前，有些创意产业园区为了追求经济效益，追求出租率，对入驻的行业不加限制，导致园区内业态比较杂乱。同时，其他业态的入驻势必造成创意园区的供求矛盾，拉高租金水平，使真正的创意产业负担加重。

目前天津市的创意地产正处于初级经验积累状态，存在这种状态在所难免，但是，在未来的发展当中，希望业界能重视这个问题，使创意地产真正为创意产业发展服务。

■ 大多数园区运营管理的力度不够

大多数创意产业园区还只是简单地将园区的经营看成是租旧房改造再出租，赚取其中的差价的形式。这种观念很明显不适应现代创意产业园区的发展。创意产业园区要得到长足的发展并且壮大，精心的运营管理是必不可少的，这是一种商业地产的模式。创意产业企业就像是园区播的种子，只有通过精心的护理、管理，促进其快速成长，只有创意产业发展壮大了，对创意产业园区的物业需求才会源源不断。

■ 滥用创意产业园区的概念

自从市场上出现创意地产的概念以来，天津市出现了一些所谓的创意地产项目，只是借着创意地产的概念促进项目的销售。如果这些项目不是以创意产业的需求为中心，那就失去了创意地产的意义，必将为市场所淘汰，最终将毫无特色，靠更换名称以及不断玩概念来生存下去。

17.3.2 天津创意地产发展环境分析

从需求层面上看，天津在发展创意产业方面具有一定的优势，在历史文化积淀、人才培养、创意产业基础、消费市场、投资资金、政府支持态度等方面的优势都很突出，优秀的发展条件必将促进产业的快速发展。另外，随着天津市区的写字楼租金价格的不断上涨，创意产业更喜欢选择租金相对低廉但环境也不错的创意产业园区。

从供给层面上看，天津市拥有许多废旧闲置的厂房，其中部分具有一定的历史保留价值，这些闲置厂房的建筑结构和厂区布局是改造和建设创意产业园区的优良资源。另外，这些厂房一般处在天津市区内，周围的生活、商务配套比较完善，交通条件良好，对创意产业从业人员来说工作比较方便，对政府来说可以更好地保留及利用这些历史建筑。

从政府规划层面上看，天津市十一五规划明确提出了要大力发展现代服务业，而创意产业、创意地产正是其中之一，政府的态度为创意地产发展指明了前进的道路。

从创意产业园区的建设层面上看，创意地产一般通过租用废旧厂房进行改造来实现，其建设周期较短，并且，其投资额度相比其他地产开发动辄几个亿的资金额度来说要小得多，因此，创意地产的开发受到很多中小型房地产企业的关注。

17.3.3 天津创意地产发展的未来展望

综合考虑天津市创意地产市场发展状况及发展环境，天津市的创意地产发展空间比较大，市场前景被业界看好。近几年来创意地产项目规划量将超过200万m^2，是目前存量的9倍多，投资创意地产的热情比较高。另外，从未来规划的创意地产项目来看，大型综合性的创意产业园项目是市场的主流，这些产业园集创意产业的生产、交易、人才培训、商务、信息交流、知识产权保护等功能于一体，是传统创意地产开发模式的全面提升，项目的建设品质越来越高，开发理念越来越先进。

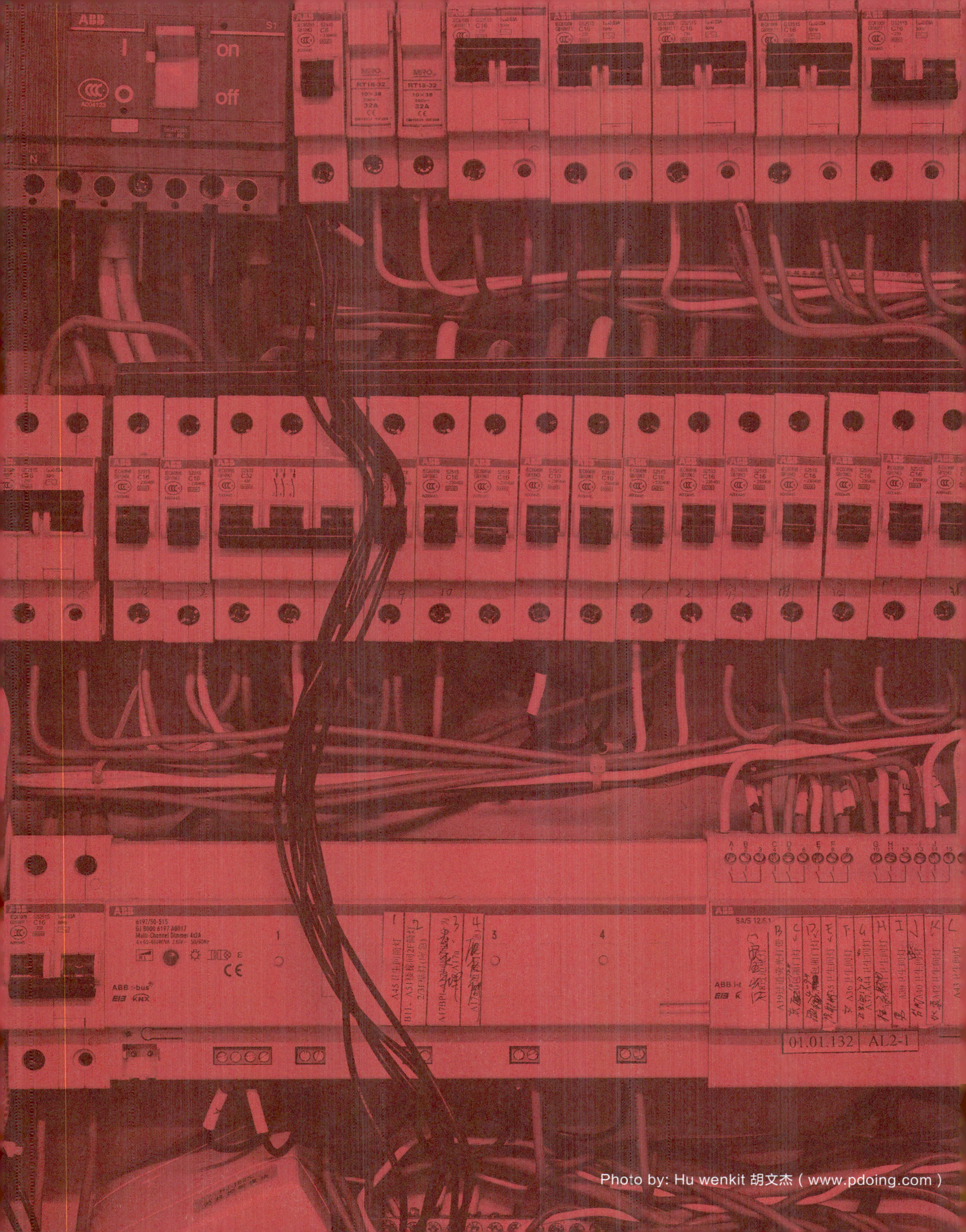

Photo by: Hu wenkit 胡文杰 (www.pdoing.com)

Data
数据

京 津 | JINGJIN

北京地产数据

天津地产数据

第18章　北京地产数据

18.1 北京房地产投资环境

北京市历年房地产市场主要指标表（2009～2010年上半年）　　表18–1

指 标	2009年	2010年上半年
GDP（亿元）	11865.9	6372.6
GDP增长率（%）	10.10	12.00
固定资产投资额（亿元）	4858.40	2156.20
房地产投资额(亿元)	2337.71	1251.56
住宅投资额(亿元)	906.62	558.34
写字楼投资额(亿元)	166.72	158.05
商铺投资额(亿元)	200.74	121.39
商品房施工面积(万m^2)	9719.08	7807.33
住宅施工面积(万m^2)	5551.88	4526.84
写字楼施工面积(万m^2)	1132.19	935.48
商铺施工面积(万m^2)	1323.38	1008.61
商品房新开工面积(万m^2)	2246.60	1112.64
住宅新开工面积(万m^2)	1380.28	780.81
写字楼新开工面积(万m^2)	255.96	76.03
商铺新开工面积(万m^2)	228.45	95.03
商品房竣工面积(万m^2)	2678.55	782.38
住宅竣工面积(万m^2)	1613.23	461.5
写字楼竣工面积(万m^2)	316.59	90.40
商铺竣工面积(万m^2)	322.45	113.57
商品房销售额(亿元)	3259.66	1313.99
住宅销售额(亿元)	2486.77	930.12
写字楼销售额(亿元)	431.14	208.74
商铺销售额(亿元)	299.86	150.24
商品房销售面积(万m^2)	2362.25	679.84
住宅销售面积(万m^2)	1880.45	485.39
写字楼销售面积(万m^2)	255.77	97.08
商铺销售面积(万m^2)	157.07	65.03

数据来源：北京市统计局。

北京市主要房地产政策一览表（2009～2010年）　　表18–2

政策名称	颁布日期	实施日期	发布单位	对房地产市场的影响
1. 土地市场政策				
《关于调整工业用地出让最低价标准实施政策的通知》	2009–05–11	2009–05–11	国土资源部	有利于刺激企业投资，特别是新建项目的投资
北京促进房地产市场平稳健康发展的实施意见	2010–02–23	2010–02–23	北京住建委、北京发改委、财政局、国土资源局、规划委等	增加政策性住房用地 土地出让价款首次缴纳比例不得低于全部土地出让价款的50%，并严格按出让合同约定的时限要求支付剩余出让价款

续表

政策名称	颁布日期	实施日期	发布单位	对房地产市场的影响
关于加强房地产用地供应和监管有关问题的通知	2010-03-10	2010-03-10	国土部	确保保障性住房、棚户改造和自住性中小套型商品房建房用地，确保上述用地不低于住房建设用地供应总量的70% 土地出让最低价不得低于出让地块所在地级别基准地价的70%，竞买保证金不得低于出让最低价的20% 严格土地出让合同管理、建立房地产用地开竣工申报制度
2. 房地产金融政策				
《关于进一步加强信贷结构调整促进国民经济平稳较快发展的指导意见》	2009-03-18	2009-03-18	中国人民银行、银监会	有利于房地产企业多方面扩宽融资渠道。表明政府支持资信条件较好的房地产企业发行企业债券和开展房地产投资信托基金试点的态度
《关于金融促进首都经济发展的意见》	2009-03-21	2009-03-21	北京市政府	开辟了新的融资方式，拓宽房地产融资渠道，有助于缓解房地产业融资难状况以及维护金融、经济稳定。但短期对于缓解房地产企业资金压力效果可能尚不明显
《关于调整固定资产投资项目资本金比例的通知》	2009-05-25	2009-05-25	国务院	有利于调动房地产商的开发积极性，同时降低了房地产企业的准入门槛。表明了国家鼓励保障性住房和普通商品住宅的开发投资的态度
《准备上调人民币存款准备金率》	2010-01-12	2010-01-18	中国人民银行	存款准备金率上调，势必引入部分富余资金流向银行，增强银行的储备资金，而暂缓让大量资金再次流入楼市
《投资性房地产评估指导意见（试行）》	2010-01-20	2010-07-01	财政部	对投资性房地产的评估对象和评估方法进行明确，还要求对评估过程进行披露
扩大首套自住型住房等消费信贷	2010-01-21	2010-01-21	银监会	2010年将新增信贷7.5万亿，银行业将合理控制信贷增量，做到有保有控，继续扩大首套自住型住房等消费信贷
上调存款类金融机构人民币存款准备金率0.5个百分点	2010-02-12	2010-02-25	中国人民银行	这是2010年以来的第二次上调，调整后的存款准备金率将达到16.5%
3. 房地产市场管理相关政策				
关于贯彻国办发［2008］131号文件精神促进本市房地产市场健康发展的实施意见	2009-01-22	2009-01-22	市建委、发改委、财政局、国土局、规划委、地税局	加大普通商品住房和政策性住房建设力度。进一步鼓励支持自住型和改善型住房消费。促进北京房地产市场稳定健康发展，进一步提升市场活跃程度
国务院办公厅关于促进房地产市场平稳健康发展的通知国十一条	2010-01-07	2010-01-07	国务院办公厅	合理引导住房消费抑制投资投机性购房需求。第二套（含）以上住房的家庭（包括借款人、配偶及未成年子女），贷款首付款比例不得低于40%
78家央企退出房地产领域	2010-03-18	2010-03-18	国资委	除16家以房地产为主业的中央企业外，78户不以房地产为主业央企退出房地产领域，使得房地产市场能够进一步健康有序的发展
《关于进一步加强房地产市场监管完善商品住房预售制度有关问题的通知》	2010-04-13	2010-04-13	住建部	要求各地切实负起责任，加大查处力度，强化房地产市场监管

续表

政策名称	颁布日期	实施日期	发布单位	对房地产市场的影响
关于坚决遏制部分城市房价过快上涨的通知	2010-04-17	2010-04-17	国务院	对购买首套自住房且套型面积在90m^{2}以上的家庭(含借款人、配偶及未成年子女，下同)，首付比例不得低于30%；对购买二套住房家庭，首付比例不得低于50%，利率不得低于基准利率1.1倍；对购买第三套及以上住房的，首付比例和贷款利率应大幅度提高。房价过高地区，商业银行可暂停发放购买第三套及以上住房贷款。对不能提供一年以上当地纳税证明或社保缴纳证明的非本地居民暂停发放住房贷款
京十二条	2010-04-30	2010-04-30	北京市政府	暂停发放第三套及以上住房和不能提供1年以上本市纳税证明或社会保险缴纳证明的非本市居民购房的贷款。统一购房家庭只能新购买一套商品住房
《国务院关于鼓励和引导民间投资健康发展的若干意见》	2010-05-07	2010-05-07	国务院	鼓励和引导民间资本进入政策性住房建设领域
北京禁售酒店式公寓	2010-05-20	2010-05-31	住建委、市发改委、市规划委、市领土局	禁止商改住可以进一步规范住宅市场
4. 房地产税收政策				
《北京市地方税务局关于个人非住房出租税收管理工作的通知》	2009-02-12	2008-12-01	市地税局	减少个人非住房出租者税负支出，也更便于纳税人纳税
《房地产开发经营业务企业所得税处理办法》	2009-03-06	2008-01-01	国家税务总局	规范从事房地产开发经营业务企业的纳税行为。使房地产业的税收征纳实务更加规范
《关于2009年深化经济体制改革工作意见》	2009-05-19	2009-05-19	发展与改革委员会	物业税的开征将对房地产市场有着深远影响。开征物业税，将制约投资和投机需求。但有利于减少房屋空置率、提高城市可持续性发展
《关于土地增值税清算有关问题的通知》	2010-05-19	2010-05-19	国税总局	明确土地增值税清算时收入确认、房地产开发费用扣除等有关的问题
5. 工程建设相关政策				
《关于组织开展全国建设工程质量监督执法检查的通知》	2009-04-16	2009-04-16	住房和城乡建设部办公厅	此次检查重点是各类保障性住房、工程实体质量情况等方面
6. 二手房市场相关政策				
《关于开办二手房个人住房组合贷款业务有关问题的通知》	2009-04-20	2009-04-27	北京住房公积金管理中心	有利于缓解二手房购房者的资金压力
7. 保障住房相关政策				
《关于购买政策性住房职工提取住房公积金支付首付款有关问题的通知》	2009-03-31	2009-03-31	北京住房公积金管理中心	有利于解决小部分政策性住房购买家庭首付筹集困难
《关于切实落实保障性安居工程用地的通知》	2009-05-13	2009-05-13	国土资源部	增加保障性住房工程用地的政策支持，进一步杜绝小部分地方政府与开发商在获取保障性住房用地后，擅自进行商品房建设等商业开发的行为
关于加强廉租住房管理有关问题的通知	2010-04-23	2010-04-23	住建部、民政部、财政部	加强廉租住房管理，确保廉租住房公平配租和有效使用
《关于加快发展公共租赁住房的指导意见》	2010-06-08	2010-06-08	住建部、发改委、财政部等七部委	旨在解决城市中等偏低收入家庭住房困难
《关于做好住房保障规划编制的通知》	2010-06-18	2010-06-18	住建部、国土部等六部门	部署2010-2012年保障性住房建设规划和“十二五”住房保障规划编制工作

资料来源：北京中原投资顾问部整理。

18.2 北京土地市场

北京市历年土地出让主要指标表（2009～2010年上半年） 表18-3

	土地公告情况			土地成交情况			
	宗数	占地面积（万m^2）	建筑面积（万m^2）	宗数	占地面积（万m^2）	建筑面积（万m^2）	土地出让金额（亿元）
2009年	247	1575	3072	241	1429	2807	933
2010年上半年	130	819	1525	113	756	1195	625

数据来源：北京中原投资顾问部。

图18-1 北京市最值得关注的20大地块区位分布图（2009～2010年上半年）

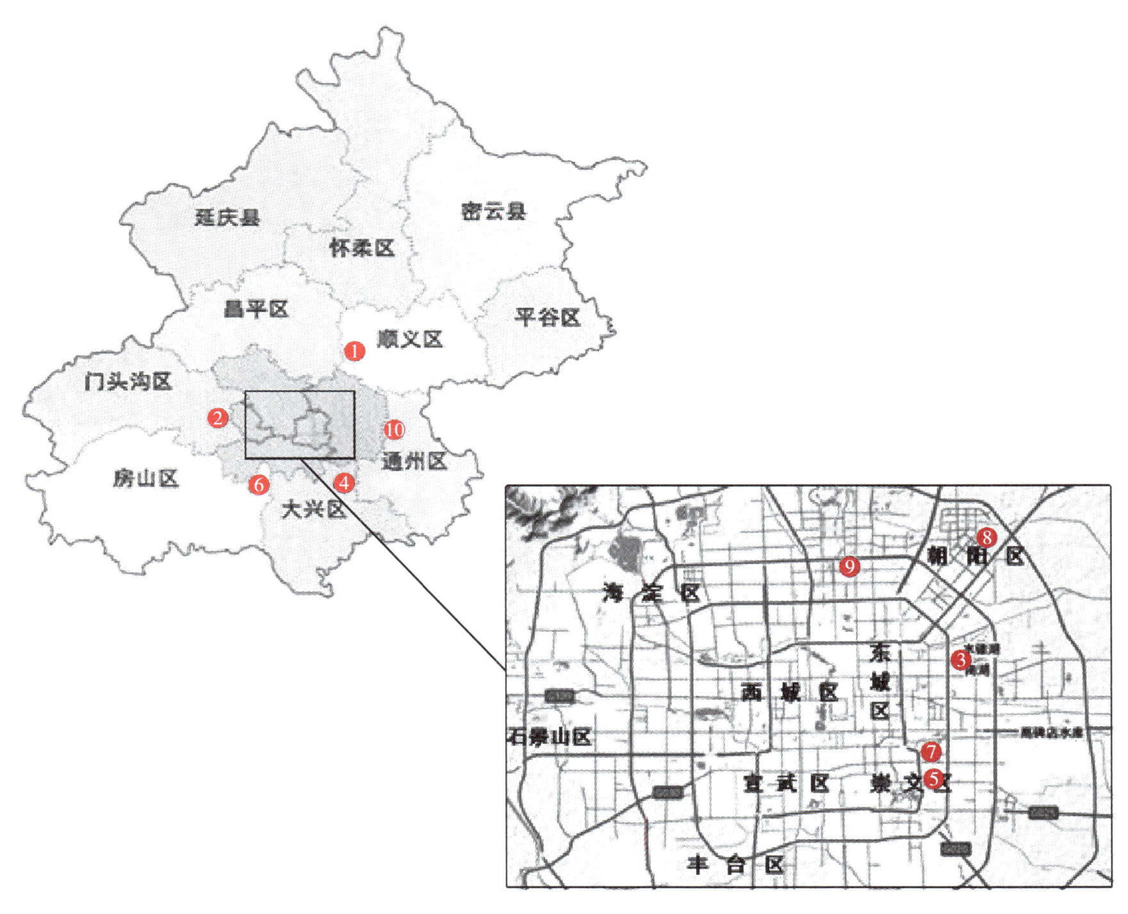

1. 顺义后沙峪天竺开发区22号住宅用地
2. 门头沟区新城城子地区21-218居住项目用地
3. 朝阳区东风乡高井村居住混合共建用地
4. 亦庄新城III-1街区F地块
5. 广渠门15号地
6. 房山区长阳镇(长阳镇起步区5号地)居住、商业项目
7. 北京市朝阳区广渠门外10号地
8. 朝阳区望京B29项目用地
9. 奥林匹克公园南区奥体文化商务园区（一期）4号地
10. 北京市通州区新华大街商业金融、办公项目

	地块名称	关注点	关注信息
2009年			
1	顺义后沙峪天竺开发区22号住宅用地	被政府收回的总价地王	2009年11月20日被大龙地产以50.5亿元夺得，但由于拖欠土地款，2010年2月土地被回收，而且对于大龙公司已经交纳的2亿元竞买保证金不予退还
2	门头沟区新城城子地区21-218居住项目用地	溢价率最高的居住用地	溢价率：599%
3	朝阳区东风乡高井村居住混合共建用地	楼面地价最高的居住用地	23506元/m^2
4	亦庄新城III-1街区F地块	占地面积最大的居住用地	54.11万/m^2
5	广渠门15号地	总价和楼面地价双重宅地地王	总价：40.60亿元，楼面价14494元/m^2
6	房山区长阳镇(长阳镇起步区5号地)居住、商业项目	房山区总价地王	总价：29.30亿元
7	北京市朝阳区广渠门外10号地	2009年北京首个总价地王	总价：10.22亿元
8	朝阳区望京B29项目用地	总价最高和出让面积最大的商办用地	总价：40亿元，出让面积：11.54万元/m^2
9	奥林匹克公园南区奥体文化商务园区（一期）4号地	楼面地价最高的商办用地	楼面价：19288元/m^2
10	北京市通州区新华大街商业金融、办公项目	溢价率最高的商办用地	溢价率：292.21%

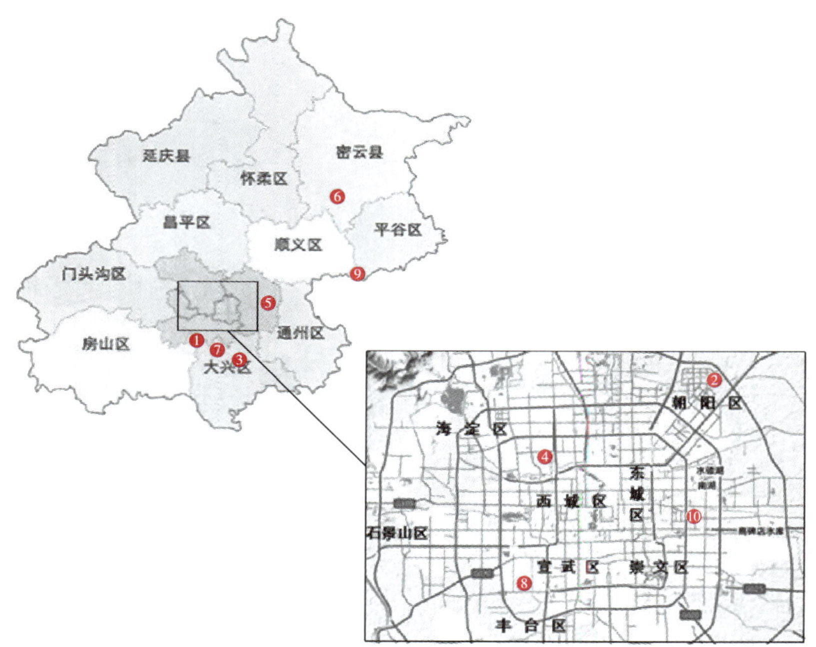

1. 丰台区六圈A居住项目用地
2. 朝阳区崔各庄乡大望京村环境整治土地储备项目1号地
3. 大兴区亦庄住宅及商业项目用地
4. 海淀区东升乡居住、商业项目用地
5. 朝阳区常营大型居住区三期土地一级开发项目A-001—A-005地块
6. 北京市密云县密云镇城后街北侧居住项目用地
7. 北京市大兴区西红门商业综合区四期项目用地
8. 海淀区北蜂窝商业金融项目
9. 北京市平谷区马坊工业园区E05-02、03商业及机动车停车场库项目
10. 北京市朝阳区东三环北京商务中心区(CBD)核心区NE19-1a地块

	地块名称	关注点	关注信息
2010年			
1	丰台区六圈A居住项目用地	总价最高的居住用地	总价：59.70亿元
2	朝阳区崔各庄乡大望京村环境整治土地储备项目1号地	楼面地价最高的居住用地	楼面价：24066元/m^2
3	大兴区亦庄住宅及商业项目用地	春节后总价新地王	总价：52.4亿元
4	海淀区东升乡居住、商业项目用地	北京楼面价新地王	地块以17.6亿元的价格成交，折合楼面价16836元/m^2，但该地块除去还建酒店（不低于3.5亿）的成本和面积（3万m^2）后，折合楼面地价为28308元/m^2，一举成为北京市楼面价新地王
5	朝阳区常营大型居住区三期土地一级开发项目A-001—A-005地块	建筑面积最大的居住用地	建筑面积：46.29万m^2
6	北京市密云县密云镇城后街北侧居住项目用地	溢价率最高的居住用地	溢价率：288.03%
7	北京市大兴区西红门商业综合区四期项目用地	总价最高的商办用地	总价：16亿元
8	海淀区北蜂窝商业金融项目	楼面地价最高的商办用地	楼面价：14067元/m^2
9	北京市平谷区马坊工业园区E05-02、03商业及机动车停车场库项目	溢价率最高的商办用地	溢价率：650.52%
10	北京市朝阳区东三环北京商务中心区(CBD)核心区NEI9-Ia地块	暂停出让后分拆再上市地块	2010年2月22日中服地块入市，因其被视为CBD最后一个黄金地块备受瞩目，并有望成为北京新地王。但此后由于北京市国土资源局规定暂停热点地区高价地的交易以稳定土地市场，而被暂停交易。2010年9月中旬中服地块将被分拆为四块再上市交易

资料来源：北京中原投资顾问部。

北京市最值得关注的10大成交地块（2009年） **表18-4**

被政府收回的总价地王							
开发商	地块名称	公告号	土地面积（万m^2）	用地性质	成交总价（亿元）	楼面地价（元/m^2）	溢价率（%）
北京市大龙房地产开发有限公司	顺义后沙峪天竺开发区22号住宅用地	京土整储拍（顺）[2009]112号	52.67	居住用地	50.50	29859	258.16
地块点评	顺义后沙峪天竺开发区22号住宅用地以50.5亿元的成交价成为2009年总价地王。但是，由于大龙地产拖欠土地款，土地被回收。这成为当年最受关注的土地回收案。说明国家在宏观调控政策方面的政策已经落到实地，楼市已经从源头开始收紧。顺义区位于北京东部发展带上，属于政策重点发展的对象，地王的产生更是带动了周边项目甚至是顺义区域的整体涨价。在2009年11月大龙地产拍得地王后，周边楼盘房价迅速上涨，如丽宫花园、东方太阳城等项目的提价幅度甚至接近12%。当时顺义的独栋别墅挂牌均价已经达到了38000元/m^2，环比11月上半月上涨了9.5%。而叠拼等别墅也由19500元/m^2上涨到了21800元/m^2左右，上涨幅度达到12.5%						

续表

溢价率最高的居住用地							
开发商	地块名称	公告号	土地面积（万 m^2）	用地性质	成交总价（亿元）	楼面地价（元/m^2）	溢价率（%）
北京天台山房地产开发有限公司	门头沟区新城城子地区21–218居住项目用地	京土整储挂（门）[2009]129号	4.37	居住用地	8.02	9314	599.00
地块点评	门头沟区新城城子地区21–218居住项目用地以总价8.02亿元被北京天台山房地产开发有限公司摘得，溢价率高达599%，为2009年最高。门头沟区是北京市对西部发展带上的重点区域，目前存量房规模较小，且新房供应也较少，预计该区域新房市场将呈现供不应求状况，新房价格也将继续上涨。目前在售的项目仅有华润京西山地和熙旺中心伴山御景，后者均价已达到12800元/m^2						

楼面地价最高的居住用地							
开发商	地块名称	公告号	土地面积（万 m^2）	用地性质	成交总价（亿元）	楼面地价（元/m^2）	溢价率（%）
保利（北京）房地产开发有限公司	朝阳区东风乡高井村居住混合共建用地	京土整储挂（朝）[2009]118号	4.79	居住用地	30.40	23506	313.55
地块点评	朝阳区东风乡高井村居住混合公建用地以总价30.4亿元，楼面价23506元/m^2的高价成交，成为了继顺义后沙峪天竺开发区22号住宅用地之后的又一块楼面单价地王。该地块是距离传媒走廊最近的一块居住用地，它的高价成交得益于CBD东扩的概念，该区域内土地房价集体涨价，而随着区域土地资源的枯竭，稀缺地段的房产价值将会进一步凸显。地段的不可复制性将推动区域高端楼盘价格进一步走高						

占地面积最大的居住用地							
开发商	地块名称	公告号	土地面积（万 m^2）	用地性质	成交总价（亿元）	楼面地价（元/m^2）	溢价率（%）
北京远东新地置业有限公司	亦庄新城III–1街区F地块	京土整储挂（兴）[2009]109号	54.11	居住用地	48.30	18014	467.43
地块点评	亦庄新城III–1街区F地块位于东南五环外，毗邻京津塘高速，属于亦庄三羊居住区的一部分，根据规划，该街区以居住和配套设施为主，因此受到市场高度关注，最终，经过169轮竞价，远洋地产以48.3亿夺得亦庄新城III–1街区F地块，该地块也成为年度成交面积最大的地块，并一度刷新了溢价率的最高纪录。而在南五环外高达18000元/m^2的楼面地价，也把五环沿线的地价推上制高点						

由“限价房用地”变身“商品房用地”的宅地地王							
开发商	地块名称	公告号	土地面积（万 m^2）	用地性质	成交总价（亿元）	楼面地价（元/m^2）	溢价率（%）
中化方兴投资管理（北京）有限公司	朝阳区广渠路15号居住用地	京土整储挂（朝）[2009]061号	15.59	居住用地	40.60	14494	146.51
地块点评	2006年国庆前后，广渠路15号地首次进入人们的视野，并被认为将是第一批入市的两限房用地。此后，15号地计划2007年第二季度入市，但未遂人愿。同年年末15号地终于入市，并由“限价房用地”变身“商品房用地”，但在多方关注中，15号地最终流标。此后，广渠门15号，在2009年6月30日下午，终于再度披上了光环，包括万科、保利地产、SOHO中国、远洋地产在内的11家房企齐聚于北京市国土资源局二层交易大厅，参加了该宗地块的最后竞价。经过97轮的激烈角逐，广渠路15号地最终以40.6亿元的价格被“黑马”中化方兴投资管理（北京）有限公司收入囊中，溢价率高达146.51%。在扣除1.5万 m^2的廉租房后，楼面地价达到15313.7元/m^2。这一有着央企背景的公司，成为当时北京楼市成交总价和楼面单价的双重“地王”						

续表

房山区总价地王							
开发商	地块名称	公告号	土地面积（万m^2）	用地性质	成交总价（亿元）	楼面地价（元/m^2）	溢价率（%）
北京中粮万科假日风景房地产开发有限公司	房山区长阳镇(长阳镇起步区5号地)居住、商业项目	京土整储挂（房）[2009]091号	33.81	居住用地	29.30	5726	114.79
地块点评	继22亿拿下房山区长阳镇1号地后，2009年9月28日北京中粮万科假日风景房地产开发有限公司经过55轮报价以29.3亿元拿下房山长阳镇起步区5号地，刷新了房山区总价地王的记录。溢价率高达115%，规划建筑面积为51万m^2，折合楼面地价5726元/m^2						

2009年北京首个总价地王							
开发商	地块名称	公告号	土地面积（万m^2）	用地性质	成交总价（亿元）	楼面地价（元/m^2）	溢价率（%）
北京富力城房地产开发有限公司	北京市朝阳区广渠门外10号地	京土整储挂（朝）[2009]	4.25	居住用地	10.22	14097	241.52
地块点评	2009年5月21日，北京富力地产以10.22亿元的总价将朝阳区广渠门10号地收入囊中，成为当时北京的新地王。楼面价达到14000元/m^2，而当时周围的二手房也普遍没有超过20000元/m^2。虽说拿地价格较高，但广渠门外10号地是近两年来北京出让的首宗三环内住宅用地，而且富力城周边的酒店、会所、商业乃至学校等配套设施很完善，只要严格控制成本，盈利是没问题的						

总价最高和出让面积最大的商办用地							
开发商	地块名称	公告号	土地面积（万m^2）	用地性质	成交总价（亿元）	楼面地价（元/m^2）	溢价率（%）
北京新幕世纪投资管理有限公司与星润实业有限公司联合体	朝阳区望京B29项目用地	京土整储挂（朝）[2009]084号	11.54	商业金融	40.00	10197	164.31
地块点评	北京朝阳区望京B29项目用地共有4家公司参竞拍，即北京华润、北京城建、北京城开、soho中国。经过6次网上竞价，两百多次现场激烈竞争举牌，最终SOHO中国以40亿元的价格拿下该地块。成为2009年商办用地的总价地王，同时，也是出让面积最大的商办用地以及望京第一高楼的规划用地，规划限高200m						

楼面地价最高的商办用地							
开发商	地块名称	公告号	土地面积（万m^2）	用地性质	成交总价（亿元）	楼面地价（元/m^2）	溢价率（%）
中建国际建设有限公司和北京保利兴房地产开发有限公司联合体	奥林匹克公园南区奥体文化商务园区（一期）4号地	京土整储挂（朝）[2009]107号	2.29	商业金融	14.7	19288	175.54
地块点评	奥林匹克公园南区奥体文化商务园区（一期）3号地、4号地、5号地均位于朝阳区亚运村，建筑使用性质为商业金融，以“八通一平”形式供地。远洋，世博宏业，中建国际，苏宁，山水锦华，华润，保利，金融街，龙湖，中国建筑，通瑞万华等多家知名开发商参与了举牌竞拍环节。最终三宗地均被中建国际建设有限公司和北京保利兴房地产开发有限公司联合体竞得。其中4号地以总价14.7亿元，折合楼面价19288元/m^2，成为2009年商办用地的单价地王						

续表

溢价率最高的商办用地							
开发商	地块名称	公告号	土地面积（万m^2）	用地性质	成交总价（亿元）	楼面地价（元/m^2）	溢价率（%）
北京绿城投资有限公司	北京市通州区新华大街商业金融、办公项目	京土整储挂（通）[2009]090号	3.97	办公、商业，兼容使用性质居住	12.42	6961	292.21
地块点评	2009年9月11日，北京绿城经过179轮的激烈竞价，以12.42亿元拿下通州区新华大街商业金融、办公项目。与3.1667亿元的起始价相比，溢价率为292%。成为2009年北京溢价率最高的土地，折合楼面价6961元/m^2。据了解，该地块用地性质为办公、商业，兼容使用性质居住，总建筑面积不超过17.84万m^2，公建面积约12.49万m^2，居住面积不大于30%，约5.35万m^2						

资料来源：北京中原投资顾问部。

北京市最值得关注的10大地块（2010年上半年） 表18-5

总价最高的居住用地							
开发商	地块名称	公告号	土地面积（万m^2）	用地性质	成交总价（亿元）	楼面地价（元/m^2）	溢价率（%）
中海地产集团有限公司	丰台区六圈A居住项目用地	京土整储挂（丰）[2009]135号	28.39	居住用地	59.70	17153	194.81
地块点评	丰台区六圈A居住项目用地经过187轮竞价由中海地产集团有限公司以59.7亿元竞得，楼面地价达到17153元/m^2，成为北京新总价地王。该地块靠近世界公园及未来即将开通的地铁9号线，区域在售项目万年花城当时的售价为23000元/m^2左右，二手房的价格为17000～18000元/m^2左右。因此，预计该项目的最终售价可能超过30000元/m^2，甚至会超过35000元/m^2，成为新的价格坐标						
楼面地价最高的居住用地							
开发商	地块名称	公告号	土地面积（万m^2）	用地性质	成交总价（亿元）	楼面地价（元/m^2）	溢价率（%）
北京远豪置业有限公司	朝阳区崔各庄乡大望京村环境整治土地储备项目1号地	京土整储挂（朝）[2010]011号	20.63	居住用地	40.80	24066	172.00
地块点评	2010年3月15日，朝阳区崔各庄乡大望京村环境整治土地储备项目1号地以40.8亿元的价格被北京远豪置业有限公司夺得，楼面单价24066元，成为北京新的单价地王						
春节后总价新地王							
开发商	地块名称	公告号	土地面积（万m^2）	用地性质	成交总价（亿元）	楼面地价（元/m^2）	溢价率（%）
北京中信新城房地产有限公司	大兴区亦庄住宅及商业项目用地	京土整储挂（兴）[2010]012号	33.02	住宅及商业	52.40	13396	103.5
地块点评	大兴区亦庄住宅及商业项目用地经过64轮竞价，以总价52.4亿元，楼面价13400元/m^2被北京中信城房地产有限公司夺得，该地块刷新了春节后北京总价地王记录。亦庄经济技术开发区位于北京城市总体规划东部发展带上，也是北京唯一的国家级经济开发区						

续表

楼面地价最高的综合用地							
开发商	地块名称	公告号	土地面积（万m²）	用地性质	成交总价（亿元）	楼面地价（元/m²）	溢价率（%）
北京世博宏业房地产开发有限公司	海淀区东升乡居住、商业项目用	京土整储挂（海）[2010]019号	4.45	居住、商业 金融用地	17.60	16836	193.33
地块点评	海淀区东升乡居住、商业项目用地以17.6亿元的价格成交，折合楼面价16836元/m²，但该地块除去还建酒店（不低于3.5亿）的成本和面积（3万m²）后，折合楼面地价为28308元/m²，一举打破了当天上午由大望京村1号地创下的27529元/m²的楼面地价纪录。也是3月15日内产生的第三块地王。海淀区域内交通极为便捷，社区内环境优美，周边商业繁华，学校、医疗以及休闲娱乐设施一应俱全，并且教育资源颇为丰厚，普通二手房均价已经达到了25000元/m²，中高档二手商品房均价为30000元/m²。地王的出现将会使区域内的房源更加抢手						

建筑面积最大的居住用地							
开发商	地块名称	公告号	土地面积（万m²）	用地性质	成交总价（亿元）	楼面地价（元/m²）	溢价率（%）
北京通瑞万华置业有限公司	朝阳区常营大型居住区三期土地一级开发项目A-001—A-005地块	京土整储招（朝）[2010]001号	17.57	居住用地	45.4	9807	167.06
地块点评	2010年2月24日北京通瑞万华置业有限公司以总价454000万元，楼面价9807元/m²的价格竞得朝阳区常营大型居住区三期土地一级开发项目A-001—A-005地块的国有土地使用权。该地块用地性质为公建混合住宅用地，规划建筑面积达462928.5m²，是2010年北京出让的规划建筑面积最大的地块						

溢价率最高的居住用地							
开发商	地块名称	公告号	土地面积（万m²）	用地性质	成交总价（亿元）	楼面地价（元/m²）	溢价率（%）
北京慧友房地产开发有限责任公司	北京市密云县密云镇城后街北侧居住项目用地	京土整储挂（密）[2010]006号	1.39	居住及居住配套	1.05	4183	288.03
地块点评	2010年2月24日，北京市密云县密云镇城后街北侧居住项目用地经过22轮竞价，最终由北京慧友房地产开发有限责任公司以10500万元竞得，折合楼面价约4183元/m²。该地块位于北京市密云县密云镇城后街北侧，以“三通一平”的开发程度挂牌出让，面积1.39万m²，竞拍起始价2706万元，溢价率高达288.03%，一举成为2010年北京溢价率最高的居住用地						

总价最高的商办用地							
开发商	地块名称	公告号	土地面积（万m²）	用地性质	成交总价（亿元）	楼面地价（元/m²）	溢价率（%）
北京兴创置地投资有限公司	北京市大兴区西红门商业综合区四期项目用地	京土整储挂（兴）[2010]014号	21.25	商业金融	16	7124	180.13
地块点评	3月8日下午，经过80轮的激烈竞拍，北京兴创置地投资有限公司以8.35亿元夺下大兴区西红门商业综合区三期项目用地。随后北京兴创置地投资有限公司再次斩获一幅地块，即北京市大兴区西红门商业综合区四期项目用地，占地21.25万m²，总规划建筑面积22.46万m²，成交总价为16亿元，成为2010年北京商办用地的总价“地王”						

续表

楼面地价最高的商办用地							
开发商	地块名称	公告号	土地面积（万 m^2）	用地性质	成交总价（亿元）	楼面地价（元/m^2）	溢价率（%）
北京住总正华开发建设集团有限公司和北京正华永兴房地产开发有限公司联合体	海淀区北蜂窝商业金融项目	京土整储挂（海）[2010]023号	0.69	商业金融	2.11	14067	17.90
地块点评	2010年3月17日海淀区北蜂窝商业金融项目只经过1轮竞价就由北京住总正华开发建设集团有限公司和北京正华永兴房地产开发有限公司联合体以总价2.11亿元，楼面价14067元/m^2竞得，并成为2010年北京商办用地的单价“地王”						

溢价率最高的商办用地							
开发商	地块名称	公告号	土地面积（万 m^2）	用地性质	成交总价（亿元）	楼面地价（元/m^2）	溢价率（%）
北京嘉厚房地产开发有限公司	北京市平谷区马坊工业园区E05-02、03商业及机动车停车场库项目	京土整储挂（平）【2010】037号	3.79	商业、机动车停车场库	1.45	2576	650.52
地块点评	2010年4月15日，北京市平谷区马坊工业园区E05-02、03商业及机动车停车场库项目用地以总价1.45亿元，楼面价2576元/m^2的价格被北京嘉厚房地产开发有限公司竞得。该地块占地3.79万 m^2，竞拍起始价0.19万元，溢价率高达650.52%，成为2010年北京溢价率最高的商办用地						

暂停出让后分拆再上市地块							
开发商	地块名称	公告号	土地面积（万 m^2）	用地性质	成交总价（亿元）	楼面地价（元/m^2）	溢价率（%）
—	北京市朝阳区东三环北京商务中心区(CBD)核心区NEI9-la地块	京土整储挂(朝)[2010]010号	6.17	商业金融用地	—	—	—
地块点评	2010年2月22日中服地块入市，因其被视为CBD最后一个黄金地块备受瞩目，底价达50亿元，业内人士认为该地块一旦成交，必缔造北京新地王。但此后由于北京市国土资源局规定暂停热点地区高价地的交易以稳定土地市场，而被暂停交易，成为北京首个被拿下的热点区域高价地。日前，北京市土地整理储备中心公布《CBD核心区12宗土地规划方案及国有建设用地使用权出让招标答疑备忘录》，明确将于9月中旬，对CBD核心区的12宗地块进行招标出让。据了解，此次推出的12宗地块为商业金融地块，鼓励产业类型为综合体，但各地块分别提出了鼓励的产业类型。此前因故搁浅的“中服地块”也在其中。 这块被称为“中服地块”的土地此次被分拆为四块出让，业内人士认为总价将超过60亿甚至100亿元，有望夺得2010年“地王”称号，然而在挂牌首日却遭遇无人出价的冷清局面。业内人士普遍认为这是由于竞买条件过于苛刻以及调控政策让开发商举棋不定造成的						

资料来源：北京中原投资顾问部。

18.3 北京住宅市场

北京市历年商品住宅市场主要指标表（2009～2010年上半年） 表18-6

	商品住宅市场			二手住宅市场	
	批准预售面积（万 m^2）	预售登记面积（万 m^2）	销售额（亿元）	销售面积（万 m^2）	销售金额（亿元）
2009年	942.09	1880.40	2626.30	1853.38	1133.86
2010年上半年	413.18	485.30	963.75	1049.76	843.54

数据来源：北京中原投资顾问部。

北京市商品住宅供需情况表（2009年） 表18-7

区域	新增供应	销售情况			
	新增面积（万m^2）	销售套数（套）	销售面积（万m^2）	销售金额（亿元）	成交均价（元/m^2）
全市	939.37	155715	1839.78	2626.30	14275
中心区	68.85	11619	120.17	261.47	21758
次中心区	408.03	72128	895.17	1588.58	17746
城市边缘区	462.49	71968	824.44	776.25	9416

数据来源：北京中原投资顾问部。

北京市商品住宅批准预售面积季度走势（2009～2010年） 万m^2 表18-8

区域	2009年第一季度	2009年第二季度	2009年第三季度	2009年第四季度	2010年第一季度	2010年第二季度
全市	129.68	283.72	251.80	274.14	190.88	222.29
中心区	19.24	13.73	15.89	19.98	10.54	0.00
次中心区	57.54	133.68	63.18	153.63	75.47	61.04
城市边缘区	52.90	136.32	172.74	100.53	104.88	161.27

数据来源：北京中原投资顾问部。

北京市商品住宅销售量价季度走势（2009～2010年） 表18-9

区域	2009年第一季度	2009年第二季度	2009年第三季度	2009年第四季度	2010年第一季度	2010年第二季度
成交价格（元/m^2）						
全市	11409	13159	14472	17204	19447	20917
中心区	15593	19196	26282	25003	28122	29698
次中心区	13241	15457	19603	22768	24924	29449
城市边缘区	6921	8777	9457	10931	12593	14817
成交面积（万m^2）						
全市	295.16	555.65	486.77	502.20	263.87	215.42
中心区	25.48	31.30	24.36	39.03	13.47	13.91
次中心区	174.62	300.68	200.17	219.69	129.70	75.68
城市边缘区	95.07	223.66	262.24	243.45	120.71	125.83

数据来源：北京中原投资顾问部。

北京市二手住宅成交量价季度走势（2009～2010年） 表18-10

区域	2009年第一季度	2009年第二季度	2009年第三季度	2009年第四季度	2010年第一季度	2010年第二季度
成交价格（元/m^2）						
全市	5500	5541	5683	7188	8260	7798
中心区	8136	8602	8454	10104	11794	12719
次中心区	6780	6824	6870	8677	9873	9820
城市边缘区	3233	3293	3429	4712	5476	5197
成交面积（万m^2）						
全市	188.53	473.68	587.99	603.17	539.75	510.02
中心区	15.57	32.33	43.49	44.24	38.38	35.77
次中心区	87.4	235.38	315.37	316.47	217.88	228.69
城市边缘区	75.78	192.84	223.1	242.47	171.77	245.57

数据来源：北京中原投资顾问部。

图18-2　北京市最值得关注的15大住宅项目区位分布图（2009～2010年上半年）

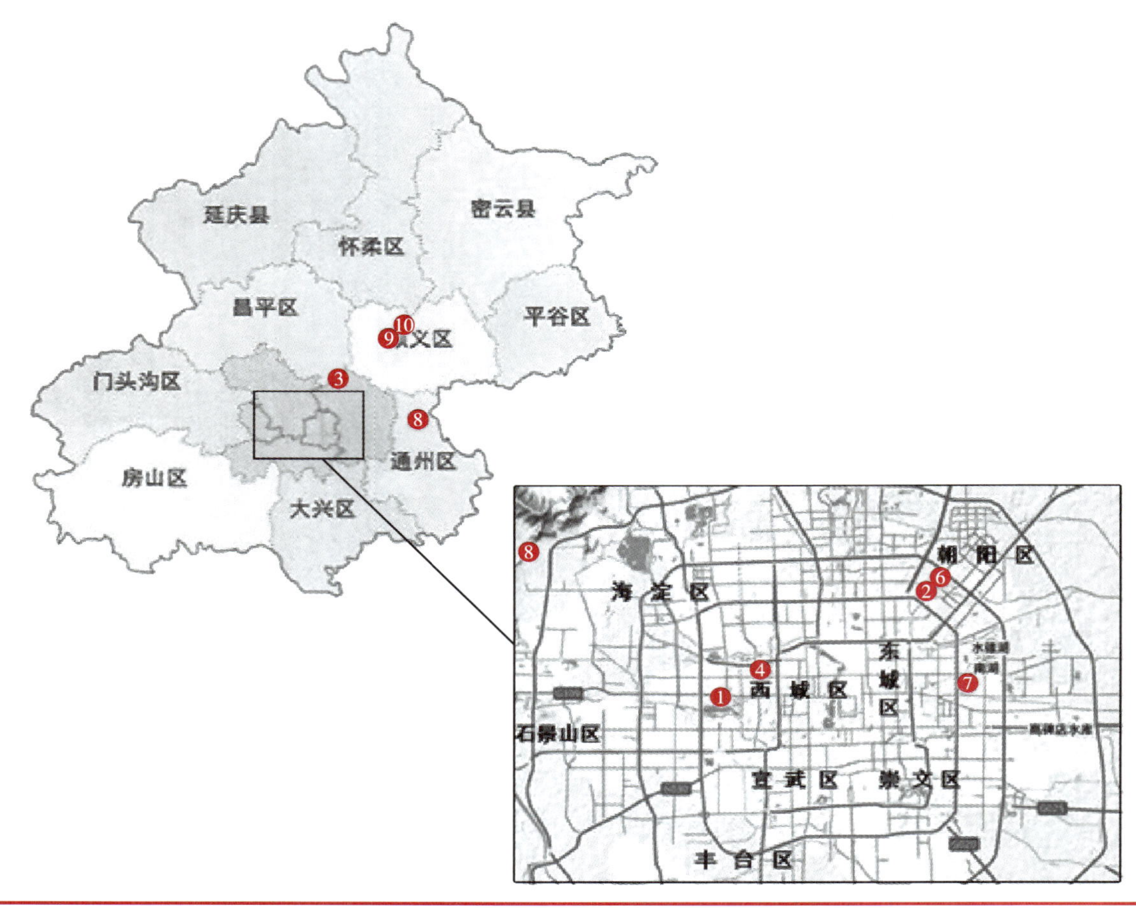

① 钓鱼台七号院　② 太阳公元　③ 北京华贸城　④ 金贸中心　⑤ 香悦四季
⑥ 太阳星城三期　⑦ 首创禧瑞都　⑧ 御香山　⑨ 珠江拉维小镇　⑩ 龙湖·香醍溪岸

	项目名称	关注点	关注信息
2009年			
1	钓鱼台七号院	2009年普通住宅单价最高	65000元/m²
2	太阳公元	2009年最具升值潜力项目	“太阳公元”毗邻亚奥、燕莎、东直门三大商圈，地理位置及其优越。同时，项目紧邻太阳宫公园、太阳宫体育公园以及太阳宫花园，自然景观丰富，生态环境良好。同时，引入重点中小学，为业主子女提供就学机会，升值潜力巨大
3	北京华贸城	2009年最热销项目	创造三天售罄千余套住宅销售奇迹
4	金贸中心	2009年热点投资项目	该项目由于地理位置优越、成交价格相对较低且多为小户型，因此受到投资客的青睐
5	香悦四季	2009年最热销项目	在2009年一期开盘当天共成交房源230套，成交额逾3亿元
6	太阳星城三期	2009年最具升值潜力项目	“太阳星城三期”有着极其丰富的教育资源，最终将实现从托幼至高中，共138个班级的总体规模，解决附近60万居民子女就近上学的问题。此外，紧邻地铁10号线、13号线，并由三、四环路、京顺、京承、机场路等城市主干道围合，交通极为便捷。项目所在区域覆盖有158hm²自然绿地，接近于朝阳公园，整个区域的容积率不到3.0，升值潜力巨大

续表

	项目名称	关注点	关注信息
7	首创禧瑞都	2009年高端公寓单价最高	50000元/m^2
8	御香山	2009年别墅单价最高	53000元/m^2
9	珠江拉维小镇	2009年最热销项目	"珠江拉维小镇"自一期开盘以来，保持了市场上不多见的热销记录，几乎项目每期开盘都能实现"开盘即售罄"
10	龙湖·香醍溪岸	2009年最热销项目	项目2009年10月18日首次开盘，即以1分钟1栋的热销神话扬名北京别墅市场

1 金隅花石匠　2 新里西斯莱公馆　3 绿城北京诚园　4 中国铁建国际城　5 新华联运河湾

	项目名称	关注点	关注信息
2010年			
1	金隅花石匠	2010年最具升值潜力项目	项目位于北京市购房热点区域。南侧距离城铁1.2千米，东接东六环西辅路，并有924、938、938支等多条公交线路可直达项目，交通十分便捷
2	新里西斯莱公馆	2010年最热销项目	由于紧邻地铁大兴线，交通便利。同时又是区域内首个低价项目，因此，销售状况良好

续表

	项目名称	关注点	关注信息
3	绿城北京诚园	2010年新项目单价最高	单价：42000元/m²
4	中国铁建国际城	2010年最热销项目	项目创下了开盘仅两天，接待客户超过3000人，575套房子被热抢一空的优秀业绩
5	新华联运河湾	2010年最热销项目	项目以广泛采用圆弧、宽幅观景窗，做到户户通畅、窗窗有景的设计，成为了2010年的热销楼盘

资料来源：北京中原投资顾问部。

北京市最值得关注的10大住宅项目（2009年） 表18-11

钓鱼台七号院（2009年普通住宅单价最高）		
项目地址	海淀区玉渊潭公园北岸	
开发商	中赫置地投资控股有限公司	
占地面积（万m²）	1.6	
建筑面积（万m²）	4.3	
开盘时间	2009-07	
开盘均价（元/m²）	65000	
总套数/销售套数	106/71	
销售面积（万m²）	2.61	
销售金额（亿元）	19.72	
项目点评	“钓鱼台七号院”位于玉渊潭公园以北，介于西三环与西二环之间，项目东部紧邻钓鱼台国宾馆，西部有亚洲最大的樱花园，南部与玉渊潭湖面仅有80余米的距离。因项目有良好的生态环境、绝佳的地理位置和钓鱼台悠久的文化传统底蕴，使其成为了北京市最贵住宅。项目主力户型约为350、410、470m²左右三居和四居。目前项目还有20套在售房源，均价为100000元/m²，与开盘时相比涨幅超过50%	
首创禧瑞都（2009年高端公寓单价最高）		
项目地址	朝阳东三环CCTV北50m	
开发商	首创朝阳房地产发展有限公司	
占地面积（万m²）	4	
建筑面积（万m²）	18.6	
开盘时间	2009-06	
开盘均价（元/m²）	50000	
总套数/销售套数	558/288	
销售面积（万m²）	5.53	
销售金额（亿元）	21.21	
项目点评	“首创禧瑞都”是CBD核心区仅存的住宅项目，也是拥有最高端配套资源的项目，围合型纯居住社区，为业主创造了繁华地段中的私属领地。而且，随着CCTV的进驻，由“CCTV”、“环球金融中心”、“京广中心”、“北京国际中心”形成了与国贸并驾齐驱的新核心，客户在充分享有地块内部的私家景观资源同时，可以将周边的“CCTV”、‘国贸’等绝无仅有的城市繁华地带的景观资源收纳眼底。项目的户型面积约110～400m²，为客户提供了必要的空间保障。“首创禧瑞都”将会是继“银泰”、“御金台”之后，CBD核心区高端公寓项目中的巅峰钜作。目前项目销售均价63000元/m²。与开盘均价相比增幅达到26%	

说明：按申报立项划分普通住宅跟公寓。

续表

御香山（2009年别墅单价最高）		
项目地址	北京市海淀区香山路西小府甲23号	
开发商	北京东方晟威房地产开发有限公司	
占地面积（万m^2）	3.3	
建筑面积（万m^2）	3.5	
开盘时间	2009-10	
开盘均价（元/m^2）	53000	
总套数/销售套数	46/21	
销售面积（万m^2）	1.27	
销售金额（亿元）	5.59	
项目点评	“御香山”坐落于北京市海淀区四王府的御香山项目，处于玉泉山、香山、植物园等昔日皇家园林及历史名胜怀抱之中，西距香炉峰仅1000m，临近五环路及多条进京道路，且地块周边又有清华、北大、国际关系学院、中央党校等诸多著名学府，可谓集优美的山水景观、上佳的人文环境和便利的交通条件于一身。项目由46栋500～1500m^2独栋别墅组成，在售房源单价48000元/m^2起，均价60000元/m^2。总价最低2400万元/套，均价4000万元/套。与开盘相比，销售均价增幅为13%	

太阳公元（2009年最具升值潜力项目）		
项目地址	朝阳北三环向北800m	
开发商	北京东方信远房地产开发有限公司	
占地面积（万m^2）	50	
建筑面积（万m^2）	70	
开盘时间	2009-04	
开盘均价（元/m^2）	18000	
总套数/销售套数	1810/1638	
销售面积（万m^2）	20.91	
销售金额（亿元）	63.13	
项目点评	“太阳公元”地处朝阳区东北三环太阳宫板块，毗邻亚奥、燕莎、东直门三大商圈，区位优势突出。同时，项目紧邻37.4万m^2的太阳宫公园、29.7万m^2的太阳宫体育公园以及北侧自建的20万m^2的太阳宫花园，自然景观丰富，生态环境良好。另外，项目还将引入重点中小学，为业主子女提供就学机会。目前项目主打150～200m^2大三四居户型，销售均价45000元/m^2。与一期开盘价18000元/m^2相比，上涨幅度较大。由于环境优美、配套设施齐全等因素，前四期开盘均是开盘当天即宣布售罄。太阳公元项目的主要客户群体为自住及投资。主要竞争楼盘有“红玺台”	

太阳星城三期（2009年最具升值潜力项目）		
项目地址	朝阳三元桥东北角	
开发商	北京冠城新泰房地产开发有限公司	
占地面积（万m^2）	70	
建筑面积（万m^2）	150	
开盘时间	2009-10	
开盘均价（元/m^2）	28000	
总套数/销售套数	978/857	
销售面积（万m^2）	9.64	
销售金额（亿元）	29.69	

续表

太阳星城三期（2009年最具升值潜力项目）	
项目点评	“太阳星城三期”有着极其丰富的教育资源，人大附中朝阳分校即落户于此，预计于2011年开学，该校最终将实现从托幼至高中，包括国际班在内共138个班级的总体规模，解决附近60万居民子女就近上学的问题。此外，与地铁10号线、13号线站点的距离都在500m之内，由三、四环路、京顺、京承、机场路等城市主干道围合，交通极为便捷。项目所在区域覆盖有158hm^{2}自然绿地，接近于朝阳公园，整个区域的容积率不到3.0。因此，项目的主要客户为投资客或是看重项目周边教学资源及居住环境的自住购房者。项目目前主打90～110m^{2}两居、少量220m^{2}左右四居，均价40000元/m^2，与开盘均价相比增幅达到近43%

金贸中心（2009年热点投资项目）	
项目地址	西外大街德宝饭店对面
开发商	华正地产
占地面积（万m^2）	2.5
建筑面积（万m^2）	20
开盘时间	2009-10
开盘均价（元/m^2）	25000
总套数/销售套数	859/564
销售面积（万m^2）	4.24
销售金额（亿元）	12.14
项目点评	“金贸中心”位于北京市中心城区，紧邻西直门交通枢纽以及地铁西直门站，可换乘2号线、4号线、13号线及多条公交线路，交通十分便捷。该项目为商住两用楼，开盘时售价25000元/m^2，并以小户型为主，66～85m^{2}户型占到总销售套数的90%。因此，除少量购房者为周边居民外，项目主要的客户群体为投资客，这使得“金贸中心”成为了当年的热点投资项目，2009年10月一期开盘时销售额就超过了4亿元。目前项目销售均价为39800元/m^2。主要竞争性楼盘为“智地钻河公馆”

北京华贸城（2009年最热销项目）	
项目地址	朝阳北苑站北300m
开发商	北京国华置业有限公司
占地面积（万m^2）	40
建筑面积（万m^2）	55
开盘时间	2009-10
开盘均价（元/m^2）	13500
总套数/销售套数	2604/2409
销售面积（万m^2）	18.09
销售金额（亿元）	32.29
项目点评	创造三天售罄千余套住宅销售奇迹的“北京华贸城”位于朝阳区北苑站北，占地40万m^2，规划建筑面积55万m^2。项目拥有区域内稀缺的大型商业中心，由购物中心连接时尚商业街构成的华贸新天地，融汇了大型超市、时尚百货、亲子乐园、健身会馆、主题园林等。同时“华贸城二期”主推的单层销售面积为50～70m^{2}的70年产权loft，一直备受购房者的追捧，为追求时尚生活人士提供了创意十足的空间。另外，华贸城还推出87～210m^{2}的两居和四居，能够满足购房者的不同需求。目前项目售价27500元/m^2。主要竞争楼盘有“天润福熙大道”

续表

香悦四季（2009年最热销项目）		
项目地址	顺义新城白马路与顺安北路交界	
开发商	北京合景房地产开发有限公司	
占地面积（万m^2）	45	
建筑面积（万m^2）	60	
开盘时间	2009-08	
开盘均价（元/m^2）	10000	
总套数/销售套数	1491/865	
销售面积（万m^2）	10.09	
销售金额（亿元）	15.31	
项目点评	“香悦四季”位于顺义奥运水上公园畔，环境有优美，交通便捷。总建筑面积约60万m^2，涵纳洋房、别墅、主题商业街、酒店式公寓、翡翠会国际会所、幼儿园等多元建筑形态。在2009年一期开盘当天共成交房源230套，成交额逾3亿元。目前多种户型在售，主力户型包括95～114m^2二居，另有137、155m^2三居户型。销售均价为18000元/m^2，与一期开盘价相比，增幅达到80%。主要竞争性楼盘为“龙湖·香醍溪岸”	

珠江拉维小镇（2009年最热销项目）		
项目地址	通州永顺镇珠江国际城北侧	
开发商	北京珠江房地产开发有限公司	
占地面积（万m^2）	10	
建筑面积（万m^2）	21	
开盘时间	2009-09	
开盘均价（元/m^2）	8500	
总套数/销售套数	1665/1102	
销售面积（万m^2）	10.15	
销售金额（亿元）	12.12	
项目点评	“珠江拉维小镇”是北京珠江地产打造的一个高档精装修公寓。位于北京市通州区永顺镇，百里长安街东端，京杭大运河之首。项目西距东三环国贸21千米，北距首都国际机场20千米，东距六环路2千米，交通便利。项目占地近10万m^2，建筑面积约21万m^2，以板楼和板塔结合的建筑类型为主，户型有53～60m^2的一居、56～95m^2的二居和95～185m^2的三居。另有独特的双花园设计，以保证购房者的生活品质。目前项目的销售均价为22000元/m^2，与开盘相比，销售均价增幅高达158.82%。主要竞争项目为“K2清水湾”、“京贸国际城”	

龙湖·香醍溪岸（2009年最热销项目）		
项目地址	顺义水上运动场馆西侧	
开发商	北京龙湖置业有限公司	
占地面积（万m^2）	28	
建筑面积（万m^2）	33.6	
开盘时间	2009-10	
开盘均价（元/m^2）	15000	
总套数/销售套数	1139/442	
销售面积（万m^2）	8.86	
销售金额（亿元）	11.86	

续表

龙湖·香醍溪岸（2009年最热销项目）	
项目点评	“龙湖香醍溪岸”位于顺义新城核心马坡组团潮白河西岸，与2008水上运动场馆隔河相望，坐拥全北京最大平原森林公园——3660hm²的奥林匹克森林公园。龙湖香醍溪岸由391栋300～400m²的地中海风格别墅及少量花园洋房构成。区域内已经建成了5.5万m²的托斯卡纳庄园、双语幼儿园、小学、7800m²的会所等配套，并规划建设8.5万m²动步公园、规划配有卫生医疗、商业、服务等机构。项目依托奥运大道、机场高速、京承高速等城市主干道，以及规划中的M15、S6号轨道以及舒适的居住环境，备受城市中高收入家庭的追捧。项目2009年10月18日首次开盘，即以1分钟1栋的热销神话扬名北京别墅市场。目前项目的销售均价为18000元/m²，销售均价增幅为20%。主要竞争性楼盘为“香悦四季”

资料来源：北京中原投资顾问部。

北京市最值得关注的5大住宅项目（2010年上半年） 表18-12

绿城北京诚园（2010年新项目单价最高）		
项目地址	朝阳南沙滩东路3号	
开发商	北京亚奥房地产开发有限公司	
占地面积（万m²）	46.9	
建筑面积（万m²）	10	
开盘时间	2010-03	
开盘均价（元/m²）	42000	
总套数/销售套数	286/161	
销售面积（万m²）	2.96	
销售金额（亿元）	11.37	
项目点评	“北京诚园”位于国奥核心区，距离北京市标志建筑—鸟巢、水立方咫尺之遥，于建筑之上即可俯瞰鸟巢。由于考虑到项目地理位置的独特性，北京诚园致力于打造具有城市高端性、区域代表性、客群专属性的优质城市高端物业。项目周边区域内纵横12条城市主干道，交通便捷。主力户型为178m²的三居以及270～335m²的大四居。目前销售均价为44000元/m²，与开盘时相比，销售均价上涨了4.7%。主要竞争项目为“红衫国际公寓”	

金隅花石匠（2010年最具升值潜力项目）		
项目地址	通州土桥地铁站东1200m	
开发商	北京金隅嘉业房地产开发有限公司	
占地面积（万m²）	8.5	
建筑面积（万m²）	16.61	
开盘时间	2010-07	
开盘均价（元/m²）	16000	
总套数/销售套数	352/28	
销售面积（万m²）	0.25	
销售金额（亿元）	0.37	
项目点评	“金隅花石匠”位于北京市购房热点区域通州。项目南侧距离城铁1.2千米，东接东六环西辅路，并有924、938、938支等多条公交线路可直达项目，交通十分便捷。主力户型为90m²舒适两居和115m²舒适三居，并采用大面宽短进深的设计，方正合理，80%以上高使用率，且均为朝南户型，光照充足。项目开盘以来销售均价上涨1000元，主要客群为改善型或对区域有认同感的购房者。主要竞争项目为“万科东方”	

新里西斯莱公馆（2010年最热销项目）		
项目地址	大兴区金星西路与兴丰大街交汇处	
开发商	上海绿地集团	
占地面积（万m^2）	16.2	
建筑面积（万m^2）	45.8	
开盘时间	2010-05	
开盘均价（元/m^2）	18500	
总套数/销售套数	2034/1516	
销售面积（万m^2）	15.76	
销售金额（亿元）	29.15	
项目点评	“新里西斯莱公馆”地处北京重点发展的卫星城之一、大兴黄村。紧邻京开高速，位于地铁4号线上盖，又有937多条支线，均可直达市中心，交通便利。项目主力户型为82～100m^2的精装两居，并规划建设有大型购物中心、餐饮酒吧街、俱乐部等配套设施，定位为大型城市综合体。在目前强有力的楼市调控背景下，项目销售状况良好，当前销售均价19000元/m^2。主要竞争项目为“保利茉莉公馆”	

中国铁建国际城（2010年最热销项目）		
项目地址	朝阳区来广营乡清河村（1号地）1-6地块	
开发商	北京第六大洲房地产开发有限公司	
占地面积（万m^2）	19.5	
建筑面积（万m^2）	61	
开盘时间	2010-01	
开盘均价（元/m^2）	16800	
总套数/销售套数	1045/971	
销售面积（万m^2）	9.59	
销售金额（亿元）	17.68	
项目点评	“中国铁建国际城”位于朝阳区北五环国奥核心区。项目东部为望京国际生活居住区，西部近邻奥林匹克国家森林公园，南侧为北苑家园大型成熟社区。区域内有城铁、快速路、公共交通等公共交通，地理位置十分优越。主力户型为75m^2两居、115m^2三居。其创新型产品——三叠高厅，4.2m的挑高客厅，三错层的结构空间令使用者在高层公寓中即可享受别墅级的空间尺度。项目以其优质的品质，创下了开盘仅两天，接待客户超过3000人，575套房子被热抢一空的优秀业绩。目前项目售价20500元/m^2，与开盘时相比，增幅为22%。主要竞争项目为“北京城建·世华泊郡”	

续表

新华联运河湾（2010年最热销项目）		
项目地址	通州运河东岸奥体公园南侧	
开发商	北京新华联伟业房地产有限公司	
占地面积（万m^2）	10	
建筑面积（万m^2）	31	
开盘时间	2010-03	
开盘均价（元/m^2）	11000	
总套数/销售套数	1029/866	
销售面积（万m^2）	8.38	
销售金额（亿元）	11.31	
项目点评	“新华联运河湾”位于通州新城核心，是北京首个大运河东岸、紧邻运河水道的住宅项目。项目总占地10万m^2，总规模31万m^2，分为南北两区，由11～33层的高层、小高层组成。主力产品跨越87～188m^2，崇尚现代都市人“阳光生活”原则，板式建筑，南北通透，其中不乏明厨、双明卫等健康科学的户型设计。广泛采用圆弧、宽幅观景窗，做到户户通畅、窗窗有景。目前项目售价20000元/m^2，与开盘时相比，增幅为82%。主要竞争项目为“京贸国际城”、“K2清水湾”	

资料来源：北京中原投资顾问部。

18.4 北京写字楼商业市场

北京市写字楼销售价格季度走势（2009～2010年上半年） 元/m^2 表18-13

	2009年第一季度	2009年第二季度	2009年第三季度	2009年第四季度	2010年第一季度	2010年第二季度
售价	15576	13804	19004	18136	19492	24394

数据来源：北京中原投资顾问部。

北京市甲级写字楼租金季度走势（2009～2010年上半年） 元/（m^2·月） 表18-14

区　域	2009年第一季度	2009年第二季度	2009年第三季度	2009年第四季度	2010年第一季度	2010年第二季度
CBD商圈	242.69	246.96	218.60	241.35	241.70	246.86
燕莎商圈	208.99	183.64	180.66	194.04	168.63	175.79
建国门商圈	223.74	216.80	191.77	213.66	219.76	244.23
东二环商圈	178.92	171.56	178.91	193.28	178.28	181.91
金融街商圈	248.90	247.36	236.79	271.35	238.00	237.63
中关村商圈	171.65	162.54	160.29	163.54	175.61	190.31
亚奥商圈	163.39	139.64	139.63	142.04	143.80	152.17

数据来源：北京中原投资顾问部。

北京市甲级写字楼入住率季度走势（2009～2010年上半年） % 表18-15

区　域	2009年第一季度	2009年第二季度	2009年第三季度	2009年第四季度	2010年第一季度	2010年第二季度
CBD商圈	80.06	78.40	78.90	82.01	88.00	91.87
燕莎商圈	85.59	79.99	82.52	81.49	85.75	84.37
建国门商圈	83.90	75.52	80.01	80.30	85.93	85.35
东二环商圈	84.76	80.82	81.63	82.37	86.51	85.38
金融街商圈	70.62	70.25	81.09	94.72	96.60	96.03
中关村商圈	84.43	87.50	89.30	91.59	93.43	95.27
亚奥商圈	90.07	91.36	93.48	93.51	92.63	94.24

数据来源：北京中原投资顾问部。

北京市甲级写字楼市场未来供应项目（2010～2011年） 表18-16

项目名称	项目地址	开发商	预计竣工时间	占地面积（万m^2）	建筑面积（万m^2）	项目点评
金融街·西单广场	西城西单北大街110号	金融街控股股份有限公司	2011年	1.20	4.89	项目由中国商务地产旗舰，房地产上市公司10强金融街控股投资开发。距中南海不足1千米，是为金融街核心区，步行5分钟范围内可达多个星级酒店及大型商场
恒通商务园	朝阳酒仙桥路10号	北京英赫世纪科技发展有限公司	2010-10	27.00	4.88	“恒通商务园”是北京市朝阳区首个花园式的商务园区，园区条件优越，提供了宽敞与幽雅的写字楼、培训中心、研发中心以及中央空调和品牌电梯等先进设备并提供优质服务
昆泰嘉诚中心	朝阳望京中关村科技园电子城西区摩托罗拉大厦东侧	北京昆泰嘉城房地产开发有限公司	2011-10	2.45	3.78	“昆泰嘉诚中心”充分利用与五环路及北小河之间的绿地进行景观设计，突出整体风格，使整个项目能够拥有良好的环境及极高的品质
中国人保财险大厦	朝阳建国门外大街2号	中国人民财产保险股份有限公司	2010-05	3.13	7.39	“中国人保财险大厦”是北京首例配有双轿厢电梯系统的写字楼，同时设计有可更换单元式LOW-E幕墙系统，提供身份识别安全系统服务
中水电国际大厦	朝阳广渠东路三号	中国水利电力对外公司	2010-03	0.63	3.28	“中水电国际大厦”坐落于北京市朝阳区广渠东路3号，东四环大郊亭桥东800m，是集底商和标准写字间于一体的高档智能化写字楼
世贸工三	朝阳工体北门对面	世贸集团	2011-06	3.98	2.60	“世茂·工三”，是世茂集团动用30亿元巨资打造的市中心最高端地标综合体。其甲级精装写字楼继二号楼被整购后，于四月中旬压轴推出体量为2.6万m^2精装写字楼，现正接收国际总部企业咨询
鑫隆国际中心	朝阳朝阳路兴隆西街2号	北京阳光鑫隆集团	2011-03	2.00	4.67	“鑫隆国际中心”位于朝青板块，CBD的东扩使朝青板块极具商务潜力。同时“鑫隆国际中心”提供的稀缺现房写字间，使之统领了朝青商务典范
中莎广场	朝阳新源里16号	北京方恒置业股份有限公司	2010-10	1.60	1.36	“中莎广场”是一座现代化高档综合性建筑项目，围合部分有约7000m^2的透天中庭花园，由国际知名的园景设计师精心设计，垂直绿化与中庭建筑小品共同组成具有人性化的办公空间
金贸中心	西城西外大街德宝饭店对面	北京华正房地产开发公司	2011-09	2.46	2.40	“金贸中心”由国际知名景观设计所USPA提纲本案景观设计，以国际化的标准打造高品质生活，节能型高科技中央空调的运用，让建筑更领先时代
光耀东方广场	海淀羊坊店路18号	北京海天房地产开发有限公司	2010-12	3.30	9.90	“光耀东方广场”五星级写字楼在5A标准之上，凭借独享自持旗舰商业、精致公寓优质配套，第一太平戴维斯定制式贴身服务以及多元产业租客群体等重要质素筑就出五星级品质商务标杆。填补区域商业、商务空白，引领城市经济全面升级
金澳国际	海淀马甸桥西北角	北京海科房地产开发有限公司	2010-10	1.40	6.00	“金澳国际”利用项目特有的建筑高度，并通过与周围建筑物形成外观差异，来使自身成为马甸地标。不仅如此，项目在产品的配置及服务上也与区域形成差异，成为区域产品的升级标杆

资料来源：北京中原投资顾问部整理。

北京市大型集中商业未来供应项目（2010～2011年）　表18-17

项目名称	项目地址	开发商	预计竣工时间	占地面积（万m²）	建筑面积（万m²）	项目点评
金融街·西单广场	西城西单北大街110号	金融街控股股份有限公司	2011年	1.20	5.09	“金融街·西单广场”位于西单商业区，这是与北京王府井、前门齐名的北京三大传统商业中心之一
中堂	丰台西四环中路110号	北京京大昆仑房地产开发有限公司	2010-09	23.00	15.00	中堂集五星级酒店、公寓、居住、休闲、约15万m²的半环绕式综合商业群于一体
橡树湾LIVING MALL	海淀安宁庄东路	华润置地（北京）股份有限公司	2011年	4.60	12.00	“橡树湾Living Mall”是华润置地在北京打造的第一个大型都市综合体项目，集时尚购物、生活配套、餐饮、娱乐、文化、运动为一体，多功能、多主题

资料来源：北京中原投资顾问部整理。

图18-3　北京市最值得关注的10大写字楼项目区位分布图（2008～2010年上半年）

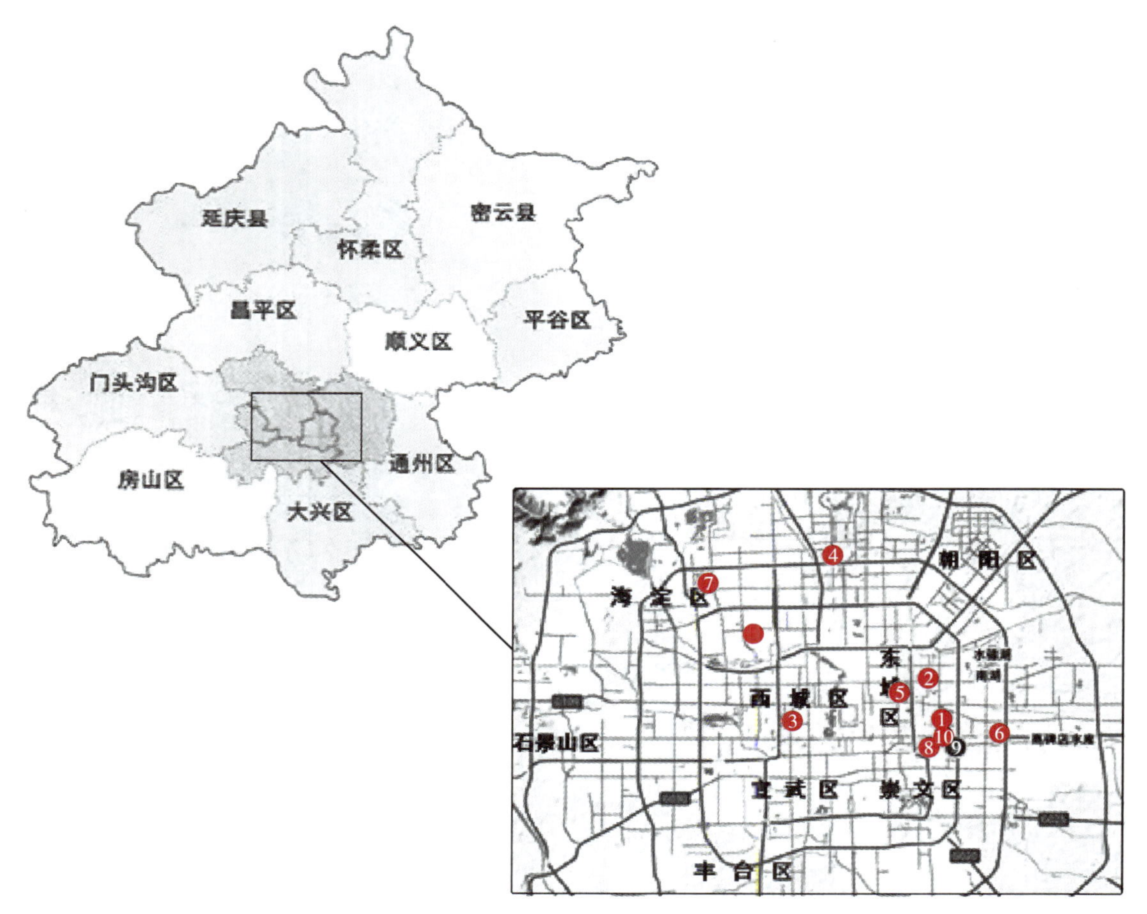

❶ 中国国际贸易中心三期　❷ 屯三里　❸ 泰康国际大厦　❹ 盘古大观　❺ 新保利大厦
❻ 华贸中心　❼ 中钢国际广场　❽ LG双子座　❾ 银泰中心　❿ 中国国际贸易中心二期

	项目名称	关注点	关注信息
1	中国国际贸易中心三期	最高楼	高330m，地上74层，地下4层
2	屯三里	2010年销售单价最高的综合体写字楼项目	单价：65100元/m²
3	泰康国际大厦	入住率最高写字楼	入住率：100%
4	盘古大观	高端写字楼	A座为国际标准的超5A级写字楼，楼高192m。地下5层，按世界银行海外结算中心标准设有2800m²专业金库，以满足跨国金融机构的业务要求
5	新保利大厦	高端写字楼	项目为高档甲级写字楼，还配套有精品店、高档餐饮、健身中心以及保利艺术博物馆等。"新保利大厦"独创目前北京最高的90m挑高摩天中庭，千余平方米无立柱大堂，尺度宽敞通透，从下至上高达90m的摩天中庭，堪称"北京第一中庭"
6	华贸中心	高端写字楼	内部集办公自动化、信息自动化、安防自动化、管理自动化、通讯自动化于一身，以打造领先一个世纪的产品为目标
7	中钢国际广场	高端写字楼	"中钢国际广场"高150米，是中关村地区目前已经规划的最高建筑。其在设计上追求高新技术的广泛应用，甚至包括在全国都属领先技术的地下管廊系统、超低温供冷系统、中水集中处理系统等
8	LG双子座	2008～2010年租金增幅最大写字楼	2008年租金：189元/(m²·月)，2010年租金：295元/(m²·月)，增幅达到56%
9	银泰中心	销售单价最高的纯写字楼项目	销售单价：62500元/m²
10	中国国际贸易中心二期	租金最高写字楼	租金：432元/(m²·月)

资料来源：北京中原投资顾问部。

图18-4　北京市最值得关注的10大商业项目区位分布图（2008～2010年上半年）

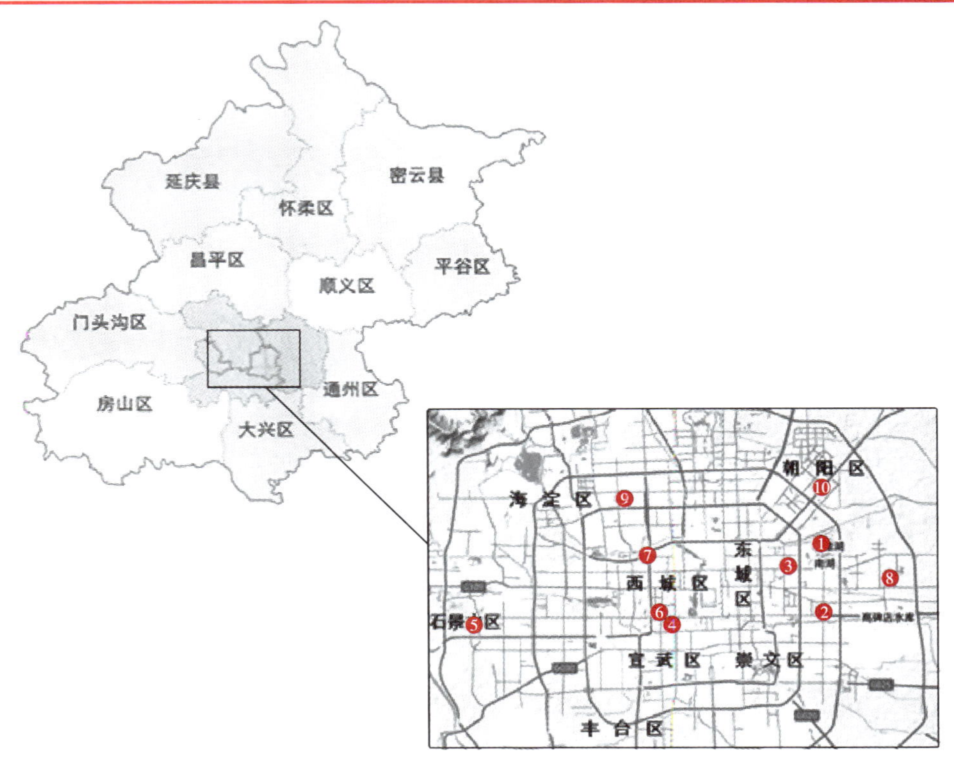

1 SOLANA蓝色港湾国际商区　2 华贸中心　3 三里屯Village　4 西单大悦城　5 石景山万达广场
6 金融街购物中心　7 西直门嘉茂　8 朝阳大悦城　9 大钟寺国际广场　10 望京国际商业中心

	项目名称	关注点	关注信息
1	SOLANA蓝色港湾国际商区	最具人气商业	项目涵盖了1000余个知名品牌，600多家零售名店，30多家餐饮美食，20多家临水酒吧，且三大使馆区环绕周边，写字楼及高档公寓林立，外籍人士众多，人口密集且极具消费能力
2	华贸中心	最具人气商业	“新光天地”采用的经营模式萃取了百货公司的商品多样化与购物中心的舒适体验，在入驻的938个品牌专柜中，国际进口品牌占61%，其中10家国际顶级品牌在此开设了中国首家旗舰店
3	三里屯Village	最具人气商业	“三里屯Village”有全球最大、面积达3160m^{2}的Adidas环球店、国际著名品牌Montblanc和Sephora全国最大专营店入驻
4	西单大悦城	最具人气商业	纯正的一站式、体验式休闲模式，将“西单大悦城”打造成北京最具人气的商业空间，真正的城市Shopping Mall
5	石景山万达广场	入住率最高商业	入住率：100%
6	金融街购物中心	最具人气商业	“金融街购物中心”以国际品牌为经营核心，以满足北京西部地区高端商业项目旺盛需求为目的，打造北京最高端的购物场所，汇聚了超过140家国际名品名店，包括LV、GUCCI这些国际奢侈品牌
7	西直门嘉茂	最具人气商业	“西直门嘉茂”最具人气商业现已入住的品牌有sephora、swatch、tissot、casio、aldo、staccato、欧时力等200余个时尚品牌。同时为了打造时尚约会地的概念，嘉茂还引进了必胜客、麦当劳、kfc、麻辣诱惑、一茶一坐等特色餐厅
8	朝阳大悦城	营业面积最大商业	营业面积：23万m^2
9	大钟寺国际广场	入住率最高商业	入住率：100%
10	望京国际商业中心	最具人气商业	“望京国际商业中心”规划了4000m^{2}的国美电器、近3万m^{2}的华堂商场、星美影院，还有餐饮类的4000m^{2}大连海鲜、麦当劳、肯德基、必胜客等。特别值得一提的是，包括华堂、星美、国美等大商家每在一地开业即带动了该地的商业氛围和人气

资料来源：北京中原投资顾问部。

北京市最值得关注的10大写字楼项目（2008～2010年上半年） 表18-18

银泰中心（销售单价最高的纯写字楼项目）	
项目地址	朝阳建国门外大街2号
开发商	北京银泰置业有限公司
占地面积（万m^2）	3.1
建筑面积（万m^2）	7.3
租金（元/（m^2·月））	300
管理费(元/（m^2·月）)	32
入住率(%)	90
售价（元/m^2）	62500
项目点评	北京“银泰中心”地处长安街和中央商务区(CBD)核心地带，国贸桥金十字区域，东临东三环，与地铁一号线及地铁十号线国贸站相连通。“银泰中心”由世界著名建筑师John C. Portman担纲设计，其优雅与和简捷的设计风格所体现的高贵、威严、大气，与新时代的北京非常吻合，是新世纪长安街的制高点和地标性建筑。“银泰中心”整体为35万m^{2}综合建筑，其中包括美国凯悦国际酒店管理集团投资并管理的超五星级酒店柏悦酒店、超豪华“柏悦公寓”和顶级酒店服务式公寓。高达186m的写字楼位于侧翼。目前项目租金300元/（m^2·月），售价62500元/m^2，入住率为90%。主要竞争项目为“国际大厦”

续表

中国国际贸易中心二期（租金最高写字楼）		
项目地址	朝阳区建国门外大街1号	
开发商	中国国际贸易中心股份有限公司	
占地面积（万 m^2）	12	
建筑面积（万 m^2）	12	
租金（元/（m^2·月））	432	
管理费(元/（m^2·月））	4.5	
入住率(%)	98	
售价（元/m^2）	—	
项目点评	“中国国际贸易中心”是目前中国规模最大的综合性高档商务服务企业之一，地处北京中央商务区的核心地段，占地12hm²，总建筑面积56万 m²，集办公、住宿、会议、展览、购物和娱乐等多功能于一体，是众多跨国公司和商社进驻北京的首选之地。项目二期办公建筑面积12万 m²。是目前报价最高的写字楼项目。目前项目租金432元/（m²·月），入住率为98%	

中国国际贸易中心三期（最高楼）		
项目地址	朝阳建国门外大街1号	
开发商	中国国际贸易中心股份有限公司	
占地面积（万 m^2）	12	
建筑面积（万 m^2）	12	
租金（元/（m^2·月））	400	
管理费(元/（m^2·月））	4.5	
入住率(%)	—	
售价（元/m^2）	—	
项目点评	“国贸三期”是目前北京最高建筑，高330m，地上74层，地下4层，集现代办公楼、豪华五星级酒店、高档宴会厅和精品商场于一体。并且，内部使用的高速电梯，上下行速度达到10m/s，为国内之最。作为北京的标志性建筑，其与“国贸一期”、“国贸二期”一起构成110万 m²的建筑群，是今日全球最大的国际贸易中心。全球财富500强中的多家企业均落定其间。“中国国际贸易中心三期”目前正处于招租阶段，将于2010年10月正式入住	

屯三里（2010年销售单价最高的综合体写字楼项目）		
项目地址	朝阳工体北路与春秀路交汇处	
开发商	北京京茂房地产开发有限公司	
占地面积（万 m^2）	2.2	
建筑面积（万 m^2）	15	
租金（元/（m^2·月））	—	
管理费(元/（m^2·月））	7.7	
入住率(%)	50	
售价（元/m^2）	65100	
项目点评	“屯三里”项目位于东二环朝阳区工体北路，紧邻工人体育场，与国际化及时尚氛围浓郁的三里屯酒吧街隔街相望，是集公寓、商业、写字楼为一体的高端城市综合体项目。由于CBD商圈内的写字楼项目大多只租不售，“屯三里”项目在一定程度上填补了这一空白。其写字楼部分售价为65100元/m²，是北京目前售价最高的写字楼。产品主要面向为高端商务人士、看重周边时尚氛围的前卫人群以及高端投资客。主要竞争项目为“世贸工三”、“三里屯soho”	

续表

泰康国际大厦（入住率最高写字楼）		
项目地址	金融街与武定候大街交汇口向东200m路南	
开发商	泰康人寿保险有限公司	
占地面积（万m²）	1.8	
建筑面积（万m²）	2	
租金（元/（m²·月））	260	
管理费(元/（m²·月））	30	
入住率(%)	100	
售价（元/m²）	—	
项目点评	"泰康国际大厦"位于金融街核心区，距保监会、证监会仅300m，是金融街十年发展打造的稀有纯租赁写字楼。项目采用平面短进深、无柱设计，标准层面积2300m²，方正实用。内部配有四管制VAV空调系统、专为金融客户量身定制的备用柴油发电机、24小时机房空调冷却水系统以及8部进口芬兰通力电梯。外部采用独特的"四合院"式庭院设计，围合内绿地、水景相互映衬。目前项目租金260元/（m²·月），出租率为100%。主要竞争项目为"金融街中心"	

盘古大观（高端写字楼）		
项目地址	朝阳北四环中路27号	
开发商	北京盘古氏投资有限公司	
占地面积（万m²）	3.9	
建筑面积（万m²）	10	
租金（元/（m²·月））	220	
管理费(元/（m²·月））	30	
入住率(%)	52	
售价（元/m²）	—	
项目点评	"盘古大观"由一幢超5A级写字楼、三幢国际公寓、一座盘古七星酒店以及全长411m的世界第一商业长廊——龙廊综合组成。其中A座为国际标准的超5A级写字楼，楼高192m。标准层建筑面积将近2800m²，标准办公层层高4.6m，大堂内空间挑高15m，打造殿堂级超高视觉空间。入驻其中的主要为金融、证券投资等领域的跨国大公司。地下5层，按世界银行海外结算中心标准设有2800m²专业金库，以满足跨国金融机构的业务要求。目前项目租金220元/（m²·月），入住率为52%	

新保利大厦（高端写字楼）		
项目地址	东城东四十条西南角	
开发商	北京新保利大厦房地产开发有限公司	
占地面积（万m²）	1.06	
建筑面积（万m²）	10.3	
租金（元/（m²·月））	270	
管理费(元/（m²·月））	30	
入住率(%)	92	
售价（元/m²）	—	
项目点评	"新保利大厦"是中国保利集团在北京地产的倾心力作，为高档甲级写字楼，还配套有精品店、高档餐饮、健身中心以及保利艺术博物馆等。"新保利大厦"独创目前北京最高的90m挑高摩天中庭，千余m²无立柱大堂，尺度宽敞通透，从下至上高达90m的摩天中庭，堪称"北京第一中庭"。目前项目租金300元/（m²·月）	

续表

华贸中心（高端写字楼）	
项目地址	朝阳区西大望路6号
开发商	北京国华置业有限公司
占地面积（万m^2）	16.6
建筑面积（万m^2）	20
租金（元/（m^2·月））	310
管理费（元/（m^2·月））	28
入住率(%)	96
售价（元/m^2）	—
项目点评	"华贸中心"写字楼毗邻东长安街，由三座高逾百米超5A智能型大厦组成。写字楼自西向东依次走高，一号楼28层，二号楼32层，三号楼36层。写字楼向北向西可见CBD街景、中央公园的绿色，向东南可见位于长安街南侧的通惠河及公园。内部集办公自动化、信息自动化、安防自动化、管理自动化、通讯自动化于一身，以打造领先一个世纪的产品为目标。同时，目标客户定位于大型国际机构和企业，旨在营造全球一体化的商务交流平台。目前项目租金310元/（m^2·月），入住率为96%。主要竞争项目为"中国人保财险大厦"

中钢国际广场（高端写字楼）		
项目地址	海淀大街8号	
开发商	北京科技园置地有限公司	
占地面积（万m^2）	1.76	
建筑面积（万m^2）	7	
租金（元/（m^2·月））	240	
管理费（元/（m^2·月））	30	
入住率(%)	98	
售价（元/m^2）	—	
项目点评	"中钢国际广场"高150m，是中关村地区目前已经规划的最高建筑，也是目前北京市中轴线以西规划中最高的建筑。其在设计上追求高新技术的广泛应用，甚至包括在全国都属领先技术的地下管廊系统、超低温供冷系统、中水集中处理系统等。另外，设计候梯时间小于30秒，中央空调系统采用世界先进的超低温送风和冰蓄冷技术，保证了舒适和节能。这些先进技术的应用，进一步保证了本项目的优越品质。目前项目租金240元/（m^2·月），入住率为98%。主要竞争项目为"丹棱大厦"	

续表

LG双子座（2008～2010年租金增幅最大写字楼）		
项目地址	朝阳东长安街建国门外大街乙十二号	
开发商	LG（北京）大厦发展有限公司	
占地面积（万m^2）	0.7	
建筑面积（万m^2）	7.5	
租金（元/（m^2·月））	275	
管理费(元/（m^2·月）)	31.45	
入住率(%)	97	
售价（元/m^2）	—	
项目点评	“双子座大厦”为甲级商用写字楼，坐落于北京市朝阳区建国门外大街，高度为140m。从6层到30层是高智能的商务写字楼。建筑立面以蓝绿色玻璃为主体，写字楼内部采用落地式玻璃窗设计，视野开阔，采光充分。大厦采用无柱设计，空间通透宽敞，利用率极高。另外，大厦采用世界先进的空调系统，灵活调控温度与通风，保证办公空间24小时拥有舒适宜人的温度与清风。先进的网络地板全面解决入住客户布线问题；IBS楼宇智能系统，为客户创造非同一般的办公环境与感受。目前项目租金275元/（m^2·月），入住率为97%。主要竞争项目为“SK大厦”	

资料来源：北京中原投资顾问部

北京市最值得关注的10大商业项目（2008～2010年上半年） 表18-19

SOLANA蓝色港湾国际商区（最具人气商业）		
项目地址	朝阳公园路6号，朝阳公园西北部	
开发商	北京蓝色港湾置业有限公司	
占地面积（万m^2）	13	
建筑面积（万m^2）	15	
租金（元/（m^2·天））	10～30	
售价（元/m^2）	—	
管理费(元/（m^2·月）)	品牌店：50；餐饮：56	
入住率(%)	95%	
开业时间	2008-05	
营业面积（万m^2）	15	
项目点评	“SOLANA蓝色港湾国际商区”地处北京国际化程度最高的朝阳区朝阳公园西北角，19栋2至3层的欧式建筑洋溢着浓郁的异域风情，按不同的功能划分为美瑞时尚百货、SOLANA MALL、活力城主题店、品牌街、亮马食街、亮码头酒吧街、中央广场等区域。涵盖了1000余个知名品牌，600多家零售名店，30多家餐饮美食，20多家临水酒吧以及传奇时代影城、全明星滑冰俱乐部、BHG精品超市等丰富的选择。另外，三大使馆区环绕周边，写字楼及高档公寓林立，外籍人士众多，人口密集且极具消费能力。随着地铁10号线以及地铁地铁14号线的陆续运营，将带动更多的客流来此消费	

续表

朝阳大悦城（营业面积最大商业）		
项目地址	朝阳北路青年路口交汇处	
开发商	中粮置业投资有限公司	
占地面积（万m^2）	8.4	
建筑面积（万m^2）	40	
租金（元/（m^2·天））	3~15	
售价（元/m^2）	—	
管理费（元/（m^2·月））	—	
入住率（%）	80	
开业时间	2010-06	
营业面积（万m^2）	23	
项目点评	"朝阳大悦城"位于北京城市东部朝青板块核心地段，规划总建筑面积超过40万m^2，其中大型购物中心23万m^2，地上11层，地下3层，集购物、餐饮、娱乐、文化、健身、休闲等六大主题于一体，规划引进主力店、次主力店、特色店等各类商户400余家。针对区域特点，项目定位"超级家庭生活娱乐购物中心"，以家庭为主题包装商业，在北京的商业地产项目中堪属第一。建成后以先进的消费概念，丰富的业态与经营品种融入人们的生活，极大缓解朝青板块商业严重不足的现状，满足区域百万消费人群的消费渴望，成为北京市场极具地标性与文化性的超大型、一站式休闲购物中心	

大钟寺国际广场（入住率最高商业）		
项目地址	海淀北三环联想桥附近	
开发商	北京中坤投资集团	
占地面积（万m^2）	14	
建筑面积（万m^2）	43	
租金（元/（m^2·天））	11-24	
售价（元/m^2）	—	
管理费（元/（m^2·月））	40	
入住率（%）	100	
开业时间	2007-12	
营业面积（万m^2）	21	
项目点评	"大钟寺国际广场"位于西直门、中关村、亚奥三大商圈的交汇点，总建筑面积43万m^2，主题商业区域建筑面积约21万m^2："大钟寺国际广场"定位为"第四代商业模式"，充分体现城市生活时尚休闲所倡导的以"体验、娱乐、休闲"为主导的核心思想。自推出以来，世界500强全球零售业巨头家乐福，香港五星级影院新华角川和北京王府井百货以及必胜客、肯德基、棒约翰、吉野家、亮视点等著名企业都已入住	

石景山万达广场（入住率最高商业）	
项目地址	石景山区北临石景山路，南接银河中街，东临鲁谷大街，西接银河大街
开发商	北京银河万达置业有限公司
占地面积（万m^2）	6.9
建筑面积（万m^2）	10
租金（元/（m^2·天））	10
售价（元/m^2）	—
管理费(元/（m^2·月）)	2.95
入住率(%)	100
开业时间	2009-06
营业面积（万m^2）	2.4
项目点评	北京"石景山万达广场"北临西长安街延长线——石景山路，距天安门16千米；东临鲁谷大街；西临银河东街；南临银河中街。总建筑面积近30万m^2，是万达集团继成功开发CBD核心区内北京万达广场后的西长安街又一力作，是集购物、娱乐、休闲、运动、文化、酒店、餐饮于一体的大型城市商业综合体。项目建成后不仅可以填补石景山本区域内的商业空白，而成为新的商业地标，还可以向周边区域辐射，成为石景山区乃至西部地区新的商业航母

华贸中心（最具人气商业）	
项目地址	朝阳长安街国贸桥以东900m处
开发商	北京国华置业有限公司
占地面积（万m^2）	35
建筑面积（万m^2）	100
租金（元/（m^2·天））	12.8
售价（元/m^2）	—
管理费(元/（m^2·月）)	66
入住率(%)	100
开业时间	2007-04
营业面积（万m^2）	11
项目点评	"华贸新光天地"是一座总建筑面积逾18万m^2的单体商业建筑，营业楼层从地下一层到地上六层，面积达11万m^2。"新光天地"采用的经营模式萃取了百货公司的商品多样化与购物中心的舒适体验，在入驻的938个品牌专柜中，国际进口品牌占61%，其中10家国际顶级品牌在此开设了中国首家旗舰店，78家世界知名品牌将首次在中国保持与世界同步上市

续表

三里屯Village（最具人气商业）		
项目地址	朝阳区工体北路与三里屯路交会处	
开发商	太古房地产开发有限公司	
占地面积（万m^2）	5.3	
建筑面积（万m^2）	17.2	
租金（元/（m^2·天））	北区租金价格95 ~ 100 南区平均租金价格70	
售价（元/m^2）	—	
管理费(元/（m^2·月）)	60	
入住率(%)	95%	
开业时间	2008-06	
营业面积（万m^2）	7.2	
项目点评	“三里屯Village”是太古地产首个在中国内地落成启用的零售项目，作为太古地产在大陆的旗舰零售项目，太古地产将把众多国际品牌的旗舰店和环球店带到三里屯，融合了时尚、美食、艺术、娱乐使其成为首都的国际时尚中心。既有充满活力的商业街区，也有以享受室内餐饮和娱乐的空间。“里屯Village”有全球最大、面积达3160m^2的Adidas环球店、国际著名品牌Montblanc 和 Sephora全国最大专营店入驻	

西单大悦城（最具人气商业）		
项目地址	西城西单北大街131号	
开发商	北京新奥西郡房地产开发有限公司	
占地面积（万m^2）	1.6	
建筑面积（万m^2）	11.5	
租金（元/（m^2·天））	20	
售价（元/m^2）	—	
管理费(元/（m^2·月）)	55	
入住率(%)	100	
开业时间	2008-02	
营业面积（万m^2）	5.75	
项目点评	“西单大悦城”是北京市重点工程项目，位于西单北大街商业区核心位置，为集时尚购物中心、服务式公寓、甲级写字楼为一体的大型都市综合体。11.5万m^2的“西单大悦城”由ZARA、Bestseller、Sephora等20余个知名品牌与“大悦城”签署了入驻协议。届时将会有350多个知名品牌进驻“大悦城”，其中30余个品牌是首次落户北京。纯正的一站式、体验式休闲模式，将“西单大悦城”打造成北京最具人气的商业空间，真正的城市Shopping Mall	

续表

金融街购物中心（最具人气商业）		
项目地址	西城金融街金城坊街2号	
开发商	金融街控股股份有限公司	
占地面积（万m^2）	3.3	
建筑面积（万m^2）	8.9	
租金（元/（m^2·天））	50	
售价（元/m^2）	—	
管理费(元/（m^2·月）)	65	
入住率(%)	100	
开业时间	2007-09	
营业面积（万m^2）	3.8	
项目点评	“金融街购物中心”力图打造全北京乃至全中国最高档次的奢华购物中心。在金融街中心广场中央，这座8.9万m^2的建筑，在美国SOM公司设计师的精心设计下，以宏伟的穹顶设计，将阳光与星辰和四季的变化带入日常的购物环境中，让消费者在购物的同时，体验前所未有的空间氛围。定位是以国际品牌为经营核心，以满足北京西部地区高端商业项目旺盛需求为目的，打造北京最高端的购物场所。“金融街购物中心”从地下一层到地上四层，汇聚了超过140家国际名品名店，包括LV、GUCCI这些国际奢侈品牌	

西直门嘉茂（最具人气商业）		
项目地址	西直门立交桥西北角	
开发商	北京金融街建设开发有限责任公司	
占地面积（万m^2）	—	
建筑面积（万m^2）	9.18	
租金（元/（m^2·天））	6-20	
售价（元/m^2）	—	
管理费(元/（m^2·月）)	45	
入住率(%)	85	
开业时间	2007-10	
营业面积（万m^2）	8.9	
项目点评	“嘉茂购物中心”占据着西直门商圈全新城市标志—西环广场的地下一层到六层，总体面积达到89000m^2。定位于满足中等收入消费者的需求。购物中心融合了大型百货超市、国际品牌专卖店、美容健身、休闲游乐、幼儿园地、中外快餐、美食广场特色餐饮和KTV，服务类型一应俱全。截止到2007年12月，“嘉茂购物中心·西直门”已经有190个租户，现已入住的品牌有sephora、swatch、tissot、casio、aldo、staccato、欧时力等200余个时尚品牌。同时为了打造时尚约会地的概念，“嘉茂”还引进了必胜客、麦当劳、kfc、麻辣诱惑、一茶一坐等特色餐厅	

续表

望京国际商业中心（最具人气商业）		
项目地址	望京新城望京B区	
开发商	北京正鹏房地产开发有限公司	
占地面积（万m^2）	2.6	
建筑面积（万m^2）	12.4	
租金（元/（m^2·天））	8	
售价（元/m^2）	—	
管理费(元/（m^2·月）)	28	
入住率(%)	—	
开业时间	2006-04	
营业面积（万m^2）	8.68	
项目点评	“望京国际商业中心”是集“商业、高级住宅、写字楼”三大物业形态于一身，融合了多种经济形态，有联系、有交融、有互动，同时又具有相对的分区、独立性的建筑综合体。这种物业综合性形态决定了“望京国际商业中心”是更高层次上的经济复合体。“望京国际商业中心”规划了4000m^2的国美电器、近3万m^2的华堂商场、星美影院，还有餐饮类的4000m^2大连海鲜、麦当劳、肯德基、必胜客等。特别值得一提的是，包括华堂、星美、国美等大商家每在一地开业即带动了该地的商业氛围和人气	

资料来源：北京中原投资顾问部。

第19章　天津地产数据

19.1 天津房地产投资环境

天津市历年房地产市场主要指标表（2009～2010年上半年）　　表19-1

指　标	2009年	2010年上半年
GDP（亿元）	7500.80	—
GDP增长率（%）	16.50	—
固定资产投资额（亿元）	5006.32	2938.89
房地产投资额(亿元)	735.18	413.07
住宅投资额(亿元)	494.86	233.45
写字楼投资额(亿元)	32.83	53.34
商铺投资额(亿元)	97.32	64.94
商品房施工面积(万m^2)	6052.16	4874.77
住宅施工面积(万m^2)	4517.83	3356.87
写字楼施工面积(万m^2)	348.46	327.46
商铺施工面积(万m^2)	682.35	746.74
商品房新开工面积(万m^2)	2555.50	908.74
住宅新开工面积(万m^2)	1904.46	481.32
写字楼新开工面积(万m^2)	179.63	136.95
商铺新开工面积(万m^2)	315.17	224.43
商品房竣工面积(万m^2)	1902.06	396.86
住宅竣工面积(万m^2)	1580.82	319.19
写字楼竣工面积(万m^2)	83.67	11.81
商铺竣工面积(万m^2)	115.85	32.30
商品房销售额(亿元)	1094.85	476.45
住宅销售额(亿元)	965.36	420.11
写字楼销售额(亿元)	32.90	15.92
商铺销售额(亿元)	54.49	35.85
商品房销售面积(万m^2)	1590.02	614.67
住宅销售面积(万m^2)	1461.47	562.90
写字楼销售面积(万m^2)	29.55	10.08
商铺销售面积(万m^2)	60.85	31.70

数据来源：天津市统计局。

天津市主要房地产政策一览表（2009～2010年）　　表19-2

政策名称	颁布日期	实施日期	发布单位	对房地产市场的影响
1. 房地产市场管理相关政策				
《关于促进我市房地产市场健康发展的若干意见》	2009-05-21	2009-06	天津市城乡建设和交通委员会、天津市财政局、天津市国土房管局、天津市规划局、中国人民银行天津分行、天津市银监局、天津市住房公积金管理中心	规范天津房地产市场秩序，对逐渐升温的房地产市场起到了有效的促进和规范作用，支持消费者理性购房

续表

政策名称	颁布日期	实施日期	发布单位	对房地产市场的影响
《关于在全市实施新建商品房预售资金监管制度的通知》	2009-12-11	2009-12-25	天津市国土资源和房屋管理局	实施新建商品房预售资金监管，加强政府对市场的控制力，规避一定的市场风险，有利于政府对开发企业进行更全面的资金监控和管理，保障人民群众购房中的切身利益。同时资金监管制度企业的资金运转提出要求，由此可能淘汰一批资金实力薄弱，融资渠道单一的中小开发企业
天津市内六区及塘沽蓝印户口购房款降低为80万	2009-02-04	2009-02-04	天津市公安局户政处	降低落户门槛，带动本地及外地购房热情，吸引外地人才落户天津，促使楼市成交量的快速回升
2. 房地产税收相关政策				
《财政部、国家税务总局关于个人住房转让营业税政策的通知》	2009年	2010-01	国务院、天津市财政局、天津市地方税务局	对个人住房转让的营业税差额征收，是为了加大二手房税收力度，从而减小了获利空间，遏制了炒房，此举旨在规范市场交易秩序，抑制投资型消费，调整结构
上调普通住宅标准上限为144m²	2010-02-24	2010-03-01	天津市地方税务局、天津市财政局、天津市国土资源和房屋管理局	这个调整符合目前市场成交环境与房价走势，标准上调使更多住宅纳入普通住宅范畴，享受税收优惠，此举降低了自住型购房客户的交易成本，增加了普通住宅的供给
3. 物业管理相关政策				
《天津市非住宅物业交存专项维修资金的意见》	2008-12-31	2009-01	天津市国土资源和房屋管理局	销售给两个以上业主的新建非住宅物业项目，应当统一交存共用部位、共用设施设备专项维修资金。此政策明确了专项维修基金的用途及所有，切实维护天津非住宅物业所有权人及使用人的合法权益
《天津市物业服务企业退出项目管理办法》	2009-09-28	2009-10-01	天津市人民政府	物业用房不计入公摊面积 不得买卖和抵押，有利于提高物业管理水平，促进房地产市场良性发展
4. 贷款相关政策				
《关于调整个人住房公积金(组合)贷款有关政策的通知》	2010-05-27	2010-05-31	天津市公积金管委会办公室	与“国十条”相统一，对三套住房申请公积金贷款给予了不予贷款的回复，抑制了部分投资型需求，对于购房有自住型以及改善型需求的客户进行适当政策倾斜，体现了政府调控房地产市场的决心
5. 保障性住房相关政策				
《关于限价商品住房申请审核有关问题的通知》	2010-05-26	2010-05-26	天津市国土资源和房屋管理局	体现政府对保障性住房的重视，规范了保障性住房申请资格和过程，改善了中低收入人群住房条件
《天津市滨海新区保障性住房建设与管理暂行规定》	2010-06	2010-06-23	滨海新区保障性住房建设与管理领导小组	规范滨海新区保障性住房建设，加大白领、蓝领公寓建设力度，满足各类外地来滨海新区就业人才住房需求
6. 城市发展相关政策				
《关于建立京津冀两市一省城乡规划协调机制框架协议》	2009-06	2009-06	北京、天津、河北三地规划建设部门	有利于北京、天津、河北三地城乡建设共同发展，有利发挥三方各自的地方特点，有利于环渤海经济合作与发展，对三地的城镇化建设具有重大意义，也稳固了天津在环渤海经济圈中的重要地位，提高环渤海经济地位

续表

政策名称	颁布日期	实施日期	发布单位	对房地产市场的影响
天津市中心城区“一主两副”规划设计方案（征求意见稿）	2009-06	—	天津市规划局	平衡天津各区发展，尤其促进天津城市北部发展，明确天津未来发展结构及方向，协调区域间作用
国务院通过《关于调整天津市部分行政区划的请示》	2009-11-09	2009-11-09	国务院、天津市人民政府	“三区合一”整合滨海新区资源，扩大区域规模，形成新的增长极带动环渤海区域发展；另一方面也推动滨海新区房市的快速发展，吸引众多投资客户

资料来源：天津中原投资顾问部。

19.2 天津土地市场

天津市历年土地出让主要指标表（2009～2010年上半年） **表 19-3**

	土地公告情况			土地成交情况			
	宗数	占地面积（万 m^2）	建筑面积（万 m^2）	宗数	占地面积（万 m^2）	建筑面积（万 m^2）	土地出让金额（亿元）
2009年	837	6358	7170	718	5601	6262	622
2010年上半年	407	3328	4319	369	2977	3772	551

数据来源：天津土地交易中心。

图 19-1　天津市最值得关注的 18 大地块区位分布图（2009～2010 年上半年）

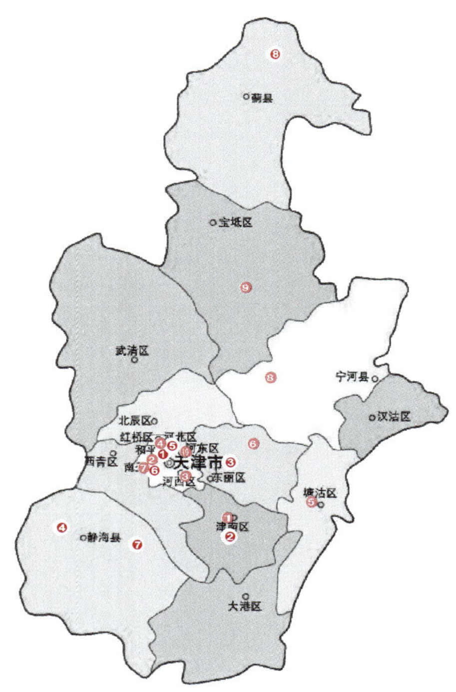

	2009年				2010年上半年		
	地块公告号	关注点	关注信息		地块公告号	关注点	关注信息
1	津南（挂）2009-11	占地面积最大、总价最高	占地面积：247.70万㎡总价：36亿元	1	津和滨（挂）2010-060	单价最高商业地块	楼面地价：76720元/㎡
2	津和荣（挂）2009-173	最核心地块	位于天津和平政治、经济、教育中心	2	津南（挂）2010-11	总价最高地块、土地面积最大	总价：70.50亿元 占地面积：28.90万㎡
3	津西乐（挂）2009-178	楼面地价最高的商业用地	楼面地价：13958元/㎡	3	津东丽俞（挂）2010-087	最多竞价次数的保障房用地	竞价112轮
4	津红光（挂）2009-136	红桥区最高楼面地价	楼面地价：5230元/㎡	4	津静（挂）2009-185	溢价率最高综合性质用地	溢价率：205%
5	津塘（挂）2009-19	塘沽最高楼面地价	楼面地价：5377元/㎡	5	津北金（挂）2010-099、2010-100、2010-101	中铁天津第一个项目	以40.32亿元竞得3块地，是中铁迈入环渤海区域的重要一步
6	津空加（挂）2009-21、22	万科首个限价房项目地块	万科首次获取两宗限价房用地	6	津南怀（挂）2010-029	单价最高的综合性质用地	楼面地价：10409元/㎡
7	津南红（挂）2009-109	楼面地价最高的居住用地	楼面地价：7252元/㎡	7	津静（挂）2009-92	中惠天津第一个低密度项目	容积率不大于1.2
8	津宁（挂）2009-02	溢价率最高商业地块	溢价率：481.5%	8	津蓟（挂）2010-007	溢价率最高的居住性质用地	溢价率：132. 5%
9	津宝（挂）2009-054	溢价率最高居住地块	溢价率：244.4%				
10	津东新（挂）2009-137	振业河东补偿地价地块	振业以低价获取该地块，是政府为其在2007年高价拍下的地王平衡地价				

资料来源：天津中原投资顾问部。

天津市最值得关注的10大成交地块（2009年） 表19-4

占地面积最大地块、总价最高地块							
开发商	地块名称及位置	公告号	土地面积（万m^2）	用地性质	成交总价（亿元）	楼面地价（元/m^2）	溢价率（%）
中信信托有限责任公司	津南区八里台镇天嘉湖北侧纬路南侧	津南（挂）2009-11	247.70	居住用地	36.00	1434	0.0
地块点评	近年来，天津规划重心向南发展，知名发展商陆续进驻八里台等板块，吸引了大量投资者的进驻，成为房地产热点发展区域。2009年11月2日，中信信托有限责任公司成功进驻八里台，以楼面地价1434元/m^2，获取容积率为1的津南（挂）2009-11地块，目前周边在售项目均价在9000元/m^{2}以上，项目预计售价将达到10000元/m^{2}左右						

最核心地块							
开发商	地块名称及位置	公告号	土地面积（万m^2）	用地性质	成交总价（亿元）	楼面地价（元/m^2）	溢价率（%）
金融街（天津）置业有限公司	和平区荣业大街与福安大街交口	津和荣（挂）2009-173	9.20	居住型公寓 商业、商业金融业用地	14.20	2153	0.0
地块点评	和平区是天津市政治、商贸、金融、教育中心，适合发展高端商业、写字楼和居住型产品，众多知名发展商争相进驻。此次津和荣（挂）2009-173地块进行挂牌出让，制订了一系列“苛刻”的条件，如：高达12亿元人民币的竞买保证金、不接受联合竞买、竞得人须自签订土地出让合同之日起一年内开工建设，五年内全部竣工等，限制了部分意向买家。金融街（天津）置业有限公司，以底价获取津和荣（挂）2009-173地块，但是除支付土地款外，还要支付约28.2亿元的项目拆迁成本，合计总价款约为42.4亿元，楼面地价为6430元/m^2，项目预计2010年上市，价格在25000元/m^{2}左右						

续表

楼面地价最高的商业用地							
开发商	地块名称及位置	公告号	土地面积（万m^2）	用地性质	成交总价（亿元）	楼面地价（元/m^2）	溢价率（%）
天津乐城置业有限公司	天津市河西区乐园道南侧	津西乐（挂）2009-178	7.50	商业金融业用地	33.50	13958	0.0
地块点评	河西区面积大人口多，是天津传统的居住区，是建设中的金融区、市级行政中心。津西乐（挂）2009-178地块规划建设天津市重点工程——银河国际购物中心项目，该项目集高端百货、国际名品旗舰店、偶像时尚店和大型娱乐场于一体，打造一站式消费场所						

红桥区成交楼面地价最高地块							
开发商	地块名称及位置	公告号	土地面积（万m^2）	用地性质	成交总价（亿元）	楼面地价（元/m^2）	溢价率（%）
北京亿城房地产开发有限公司	红桥区光荣道与勤俭道交口	津红光（挂）2009-136	9.30	商业、居住用地	14.60	5230	59.7
地块点评	在天津市内六区中红桥区房地产的发展相对滞后，而目前，红桥区房地产市场的发展面临较大的利好因素——陆家嘴项目的建设以及西站的改扩建。以上两个项目的建设将有效提升区域土地价值。亿城地产获取的津红光（挂）2009-136地块，位于西站改扩建的规划范围内，区内主流在售项目均价在13000～17000元/m^2。预计亿城项目将于2011年上市，售价在15000元/m^2以上						

塘沽最高楼面地价地块							
开发商	地块名称及位置	公告号	土地面积（万m^2）	用地性质	成交总价（亿元）	楼面地价（元/m^2）	溢价率（%）
天津市鸿发房地产有限公司	塘沽区规划杭州道北侧、洞庭路西侧	津塘（挂）2009-19	11.00	居住、商业用地	11.78	5377	115.1
地块点评	津塘（挂）2009-19位于塘沽上北居住板块，临近开发区，区位优势明显。该地块以11.78亿元的总价成交，折合楼面地价5377元/m^2成交，创下当年塘沽区楼面地价成交之最						

万科天津首个限价房项目							
开发商	地块名称及位置	公告号	土地面积（万m^2）	用地性质	成交总价（亿元）	楼面地价（元/m^2）	溢价率（%）
天津万科房地产有限公司	天津空港物流加工区规划路与东五道交口南侧	津空加（挂）2009-21、22	13.70	住宅用地（限价商品房）	0.86	420	0.0
地块点评	2009年8月10日，万科地产获取津空加（挂）2009-21、22两宗限价房开发用地，楼面地价为420元/m^2，该项目是万科在天津首次涉足保障性住房领域。项目案名为万科·新里程，目前销售均价为5600元/m^2						

楼面地价最高居住用地							
开发商	地块名称及位置	公告号	土地面积（万m^2）	用地性质	成交总价（亿元）	楼面地价（元/m^2）	溢价率（%）
天津新塘投资有限公司	南开区红旗南路东侧	津南红（挂）2009-109	1.97	居住用地	2.28	7252	43.4
地块点评	2009年9月16日，天津新塘投资有限公司获取津南红（挂）2009-109，该地块容积率为1.6，是天津市中心城区稀有的容积率较低的纯居住性质用地，该地块以2.28亿元的总价成交，折合楼面地价7252元/m^2，创下当年居住用地楼面地价最高的纪录						

溢价率最高商业地块							
开发商	地块名称及位置	公告号	土地面积（万m^2）	用地性质	成交总价（亿元）	楼面地价（元/m^2）	溢价率（%）
天津市宁河县林海餐饮中心	宁河县北淮淀乡乐善庄村	津宁（挂）2009-02	0.11	商业金融业用地	0.02	1050	481.5
地块点评	2009年7月22日，宁河县成交一宗商业金融业性质用地，因面积小，容积率低，规划经济指标良好，溢价率达到了481.5%，创当年商业用地溢价率最高的纪录						

续表

溢价率最高居住地块							
开发商	地块名称及位置	公告号	土地面积（万m^2）	用地性质	成交总价（亿元）	楼面地价（元/m^2）	溢价率（%）
天津秦城房地产开发有限公司	宝坻区宝平公路东侧、南三路南侧	津宝（挂）2009-054	1.99	居住用地	0.83	2082	244.4
地块点评	2009年12月24日，天津秦城房地产开发有限公司以0.83亿元获取了津宝（挂）2009-054地块，溢价率达244.4%。造成如此高溢价率的原因为：宝坻区住宅用地稀缺，区域内商品住宅存量较少；该地块所处位置交通及配套较为完善；起始楼面价较低						

振业河东补偿地价地块							
开发商	地块名称及位置	公告号	土地面积（万m^2）	用地性质	成交总价（亿元）	楼面地价（元/m^2）	溢价率（%）
天津市振业房地产开发有限公司	河东区新开路东侧	津东新（挂）2009-137	1.31	商业、居住用地	2.52	3501	0.0
地块点评	2009年11月2日，天津市振业房地产开发有限公司以楼面地价3501元/m^2，获取津东新（挂）2009-137地块，而2009年市内六区的经营性用地成交均价在5000元/m^2以上。此次振业可以低价获取该地块，是政府为其在2007年高价拍下的地王平衡地价。2007年8月2日，振业集团拍得的津东新（挂）2007-078，溢价率达到了146.5%，楼面地价为8805元/m^2，市场调整之后，该公司一度传出退地消息。两块地平衡下来，目前振业集团天津河东地块的楼面地价为6818元/m^2						

资料来源：天津中原投资顾问部。

天津市最值得关注的8大地块（2010年上半年） 表19-5

单价最高商业地块							
开发商	地块名称及位置	公告号	土地面积（万m^2）	用地性质	成交总价（亿元）	楼面地价（元/m^2）	溢价率（%）
天津市小白楼市场经营投资有限公司	和平区滨江道西侧	津和滨（挂）2010-060	0.06	商业金融业用地	0.58	76720	70.1
地块点评	2010年4月28日，天津市小白楼市场经营投资有限公司以5800万元击败了包括郝仕伽在内的其他3家企业，拍得位于和平区滨江道西侧的津和滨（挂）2010-060号地。该地块出让面积为594.6m^2，折合单价为76720元，成为了天津新的单价地王。该地块土地用途为商业金融业用地，建筑面积不大于756m^2，使用年限为40年						
总价最高地块、土地面积最大							
开发商	地块名称及位置	公告号	土地面积（万m^2）	用地性质	成交总价（亿元）	楼面地价（元/m^2）	溢价率（%）
北京富力城房地产开发有限公司	津南区咸水沽镇	津南（挂）2010-11	128.90	居住、商业用地	70.50	2341	20.6
地块点评	2010年4月28日，津南（挂）2010-11号地块竞拍，起始价58.48亿元，富力和中铁两家房企展开角逐，最终富力地产70.5亿拍得该地块，折合楼面地价2341元/m^2。该地块周边正在建设大学城，周边规划重点交通干线——天津大道，区域发展潜力较大						
最多竞价次数的保障房用地							
开发商	地块名称及位置	公告号	土地面积（万m^2）	用地性质	成交总价（亿元）	楼面地价（元/m^2）	溢价率（%）
天津住宅建设发展集团有限公司	东丽区俞蒙道以北	津东丽俞（挂）2010-087	8.85	居住（限价商品住宅）用地	3.13	2523	16.9
地块点评	2010年5月11日，津东丽俞（挂）2010-087号地块公开出让，住宅集团112轮竞价创下了保障房用地出让新纪录						

续表

溢价率最高综合性质地块							
开发商	地块名称及位置	公告号	土地面积（万m^2）	用地性质	成交总价（亿元）	楼面地价（元/m^2）	溢价率（%）
天津泽裕国际贸易有限公司	静海县城静文公路北侧，工农大街西侧	津静（挂）2009-185	0.50	居住、商业月地	0.31	2140	205.0
地块点评	2010年4月16日，天津泽裕国际贸易有限公司，获取位于静海县的津静（挂）2009-185，该地块面积较小，周边配套相对完善，发展商看好该地块发展潜力，因此最终溢价205%成交						

中铁天津第一个项目							
开发商	地块名称及位置	公告号	土地面积（万m^2）	用地性质	成交总价（亿元）	楼面地价（元/m^2）	溢价率（%）
中铁房地产集团有限公司	河北区金钟河大街北侧	津北金（挂）2010-099、2010-100、2010-101	25.23	居住、商业用地	40.32	4647	0.0
地块点评	2010年6月30日，河北区金钟河大街北侧津北金（挂）2010-099、2010-100、2010-101地块挂牌出让，最终被中铁房地产集团有限公司以40.32亿元竞得。天津是中铁集团布局环渤海区域的重要一步，此次出手一是看中了天津在环渤海区域的重要地位和未来发展，二是看中地块本身的升值潜力						

单价最高的综合性质用地							
开发商	地块名称及位置	公告号	土地面积（万m^2）	用地性质	成交总价（亿元）	楼面地价（元/m^2）	溢价率（%）
天津融创置地有限公司	南开区怀安环路南北两侧	津南怀（挂）2010-029	7.06	住宅、商服用地	17.80	10409	17.6
地块点评	2010年3月12日，南开区兴业里地块出让，融创以17.8亿元的总价竞得，折合楼面地价10409元/m^2。该地块的成交大幅带动了周边二手房市场价格的上涨						

中惠天津第一个低密度项目							
开发商	地块名称及位置	公告号	土地面积（万m^2）	用地性质	成交总价（亿元）	楼面地价（元/m^2）	溢价率（%）
中惠熙元房地产集团有限公司	团泊新城仁爱大学北侧	津静（挂）2009-92	18.07	住宅、商业月地	3.35	1854	67.2
地块点评	2010年3月4日，天津市土地交易中心推出9块团泊湖区域的居住地块，其中，静海团泊新城仁爱大学北侧编号为津静（挂）2009-92的地块，被中惠熙元房地产集团有限公司拍得。该地块容积率不大于1.2，将打造为高端低密度项目						

溢价率最高居住性质地块							
开发商	地块名称及位置	公告号	土地面积（万m^2）	用地性质	成交总价（亿元）	楼面地价（元/m^2）	溢价率（%）
恒大地产集团天津蓟县有限公司	蓟县官庄镇盘山引线西	津蓟（挂）2010-007	11.29	城镇住宅用地	1.06	1342	132.5
地块点评	2010年6月28日，蓟县官庄镇盘山引线西推出6块城镇居住性质用地，均由恒大地产拍得，其中此地块溢价率最高，为132.5%						

资料来源：天津中原投资顾问部。

19.3 天津住宅市场

天津市历年商品住宅市场主要指标表（2009～2010年上半年）　　表19-6

	商品住宅市场		二手住宅市场	
	销售面积（万m^2）	销售额（亿元）	销售面积（万m^2）	销售金额（亿元）
2009年	1329.60	985.69	879.92	590.67
2010年上半年	434.23	392.75	279.56	185.78

数据来源：天津市房管局。

天津市商品住宅供需情况表（2009年）　　表19-7

区　域	销售情况			
	销售套数（套）	销售面积（万m^2）	成交金额（亿元）	成交均价（元/m^2）
全市	126560	1329.59	985.69	7413.49
中心城区	29325	307.73	343.20	11152.55
环城四区	38184	396.77	261.84	6599.38
滨海新区	32623	334.65	241.76	7224.22
远郊区县	26428	290.44	138.89	4782.05

数据来源：天津市房管局。

天津市商品住宅销售量价季度走势（2009～2010年上半年）　　表19-8

区　域	2009年第一季度	2009年第二季度	2009年第三季度	2009年第四季度	2010年第一季度	2010年第二季度
成交价格（元/m^2）						
全　市	6653	6943	7690	7996	9117	8976
中心城区	9504	10014	11793	12871	13859	14666
环城四区	5863	6200	6834	7392	8249	9494
滨海新区	6628	6653	7436	7673	9255	9619
远郊区县	4293	4646	4838	5035	5130	5850
成交面积（万m^2）						
全　市	209.17	352.82	398.94	368.67	211.91	222.32
中心城区	53.47	87.47	91.75	75.05	50.69	37.62
环城四区	74.60	117.75	107.44	96.97	61.30	70.00
滨海新区	41.97	78.78	109.68	104.24	51.16	28.74
远郊区县	39.14	68.83	90.06	92.43	48.76	85.95

数据来源：天津市房管局。

天津市二手住宅成交量价季度走势（2009～2010年上半年）　　表19-9

区　域	2009年第一季度	2009年第二季度	2009年第三季度	2009年第四季度	2010年第一季度	2010年第二季度
成交价格（元/m^2）						
全　市	5333	5580	5809	6112	6546	6724
中心城区	6818	7134	7418	7970	8390	8701
环城四区	4542	4669	4939	5230	5501	5844

续表

区　域	2009年 第一季度	2009年 第二季度	2009年 第三季度	2009年 第四季度	2010年 第一季度	2010年 第二季度
滨海新区	4806	4881	5149	5431	5540	5692
远郊区县	2911	3030	3240	3475	3429	3556
成交面积（万 m^2）						
全　市	119.42	212.49	248.42	299.59	122.90	156.66
中心城区	53.48	98.64	111.95	127.13	59.49	73.37
环城四区	17.29	31.28	37.53	52.00	21.81	30.27
滨海新区	27.53	46.31	55.91	64.99	20.23	23.16
远郊区县	21.14	36.25	43.01	55.48	21.36	29.85

数据来源：天津市房管局。

图19-2　天津市最值得关注的16大住宅项目区位分布图（2009～2010年上半年）

	2009年				2010年上半年		
	项目名称	关注点	关注信息		项目名称	关注点	关注信息
1	环球金融中心	全市成交金额最高	成交金额：31.96亿元	1	阳光晶典	低价开盘项目	开盘均价：16000元/㎡
2	星耀五洲	全市成交面积最大	成交面积：34.5万㎡	2	河东万达广场	成交金额最高	成交金额：13.5亿元
3	九州国际	中心城区销售套数最多	销售套数：1183套	3	君临天下	全市单价最高	成交单价：36804元/㎡
4	万科东丽湖	环城四区成交单价最高	成交单价：7879元/㎡	4	万科朗润园	环城四区成交单价最高	成交单价：23351元/㎡
5	保利上河雅颂	远郊项目成交面积最大	成交面积：55.95万㎡	5	富力桃园	环城四区成交面积最大	成交面积：6.6万㎡
6	远洋城	滨海项目成交面积最大	成交面积：31.2万㎡	6	恒大绿洲	环城四区新增面积最大	新增面积：10.2万㎡
7	华纳豪园Ⅲ期	滨海项目成交单价最高	成交单价：23000元/㎡	7	富力津门湖	环城四区成交金额最高	成交金额：8.5亿元
8	天保金海岸	滨海项目成交金额最高	成交金额：14.25亿元	8	新悦庭	别墅成交套数最多	成交套数：61套

资料来源：天津中原投资顾问部。

天津市最值得关注的8大住宅项目（2009年） 表19-10

环球金融中心（2009年全市成交金额最高）		
项目地址	和平区大沽桥与兴安路交汇处	
开发商	金融街控股股份有限公司	
占地面积（万m^2）	5.32	
建筑面积（万m^2）	60	
开盘时间	2009-05-23	
开盘均价（元/m^2）	21500	
总套数/销售套数	1092/985	
销售面积（万m^2）	13.95	
销售金额（亿元）	31.96	
项目点评	“天津环球金融中心”地处天津市核心要地，项目包括世界级地标建筑——“津塔写字楼”、“津门公寓”、“津塔公寓”以及“圣瑞吉斯酒店”，周边各种配套设施齐全，为近年来最值得关注的项目之一。其中，“津门公寓”共436套，177～217$m^2$274套，281$m^2$76套，357$m^2$78套，460$m^2$8套；“津塔公寓”共644套，其中59～61$m^2$539套，80～90$m^2$3套，127～138m^2共102套。项目自开盘以来受到各界追捧，价格不断上涨，2009年9月达到24000元/m^2，2009年12月达到27000元/m^2，2010年6月达到30000元/m^2，其中“津塔公寓”月均去化约66套/月，“津门公寓”月均去化21套/月，目前已售出90%。“环球金融中心”吸引了海归、商贸金融、外籍人士等高端客户，其中又有相当数量的外来投资客户，在成交客户中，外地、港澳台及外籍客户共占42.3%；同时部分企业客户也对项目表示出强劲的信心，驻足于此	

续表

星耀五洲（2009年成交面积最大）		
项目地址	津南区八里台镇天嘉湖	
开发商	星耀集团	
占地面积（万m^2）	730	
建筑面积（万m^2）	300	
开盘时间	2009-05	
开盘均价（元/m^2）	高层6000	
总套数/销售套数	4916/3201	
销售面积（万m^2）	41.58	
销售金额（亿元）	56.94	
项目点评	“星耀五洲”项目地处津南区西南部，距天津外环19千米。项目利用天嘉湖的生态优势，建造了文化广场、音乐喷泉、主题公园等景观设施，内部包括高层、独栋、联排、别墅等多种建建筑形式，还规划了会所、高尔夫俱乐部、游艇会、商业、教育、医疗等各种配套服务设施。该项目高层一室户型主要在66～115m^2，二室户型在80～122m^2，三室户型在127～190m^2；别墅主力户型在180～300m^2。项目高层2009年5月以6000元/m^2开盘，价格不断上涨，2010年8月均价达9700元/m^2。由于项目价格较低，且体量较大，带动周边居住板块形成，因此吸引了许多市内购房客户。周边竞争项目包括“天津碧桂园”	

九州国际（2009年中心城区销售套数最多）		
项目地址	天津市南开区南马路	
开发商	天津中新滨城房地产开发有限公司	
占地面积（万m^2）	3	
建筑面积（万m^2）	16.5	
开盘时间	2009-07	
开盘均价（元/m^2）	11500	
总套数/销售套数	1700/1183	
销售面积（万m^2）	14.48	
销售金额（亿元）	16.22	
项目点评	项目位于南开区老城厢板块，在天津首次推出个性化选装服务，将精装修与个性化充分调和，最大限度满足业主的个性需求。此项目总户数为1700户，以85～99m^2两室户型为主，三室户型面积为114m^2，2009年销售达到1183套，占项目总套数的69.5%，周边的竞争项目有“阳光晶典”、“东北角艺术公寓”等	

万科东丽湖（2009年环城四区成交单价最高）		
项目地址	东丽区东丽之光大道	
开发商	天津万科房地产有限公司	
占地面积（万m^2）	473	
建筑面积（万m^2）	200	
开盘时间	2009-09-26	
开盘均价（元/m^2）	别墅：11000；住宅：4800	
总套数/销售套数	—/1201	
销售面积（万m^2）	11.42	
销售金额（亿元）	9.11	
项目点评	项目地处东丽区北部，以东丽湖为中心，紧邻市中心、空港；项目规划以北欧简约建筑风格为主，湿地公园环绕其中，项目建筑形式多样，周围配套酒店、会所、学校、商业等，出售产品包括别墅、多层洋房、小高层、高层及公寓。别墅项目2006年4月开盘以来价格不断上涨，2007年5月涨至19000元/m^2，至2009年7月涨至20000元/m^2，住宅项目2006年9月开盘以来价格亦不断上涨，2007年5月涨至5800元/m^2，2010年9月均价为6000元/m^2	

续表

保利上河雅颂（2009远郊项目成交面积最大）		
项目地址	武清泉发路西侧	
开发商	保利（天津）房地产开发有限公司	
占地面积（万 m^2）	30	
建筑面积（万 m^2）	75	
开盘时间	2008-10-04	
开盘均价（元/m^2）	5700	
总套数/销售套数	6800/4230	
销售面积（万 m^2）	55.95	
销售金额（亿元）	36.40	
项目点评	项目地处京津枢纽带-武清，且为武清行政中心区域内，毗邻京津塘高速、京津高速、高铁、103国道、104国道，项目景观是以水系园林、坡地园林为主的南派园林，主打新古典主义风格25～30层的高层建筑，项目周边各种配套服务齐全	

远洋城（2009年滨海项目成交面积最大）		
项目地址	滨海新区津塘公路7016号	
开发商	天津普利达房地产建设开发有限公司	
占地面积（万 m^2）	70	
建筑面积（万 m^2）	230	
开盘时间	2008-12-13	
开盘均价（元/m^2）	5600	
总套数/销售套数	17000/2836	
销售面积（万 m^2）	31.2	
销售金额（亿元）	80.76	
项目点评	项目地处滨海新区塘沽西部城区，北侧为津滨高速、南侧为津塘公路，园林设计以多层次的自然生态景观为主导，项目规划11个组团，开发周期为10年，建筑形式包括多层、小高层、高层，教育、商业等公共配套设施齐全。项目售价已经由开盘之初的5600元/m^2上涨至均价6800元/m^2，上涨至万元左右，目前已经成为塘沽区的典型住宅项目	

华纳豪园Ⅲ期（2009滨海项目成交单价最高）		
项目地址	滨海新区经济技术开发区第二大街12号	
开发商	汉周（天津）投资开发有限公司	
占地面积（万 m^2）	1.23	
建筑面积（万 m^2）	9.26	
开盘时间	2009-08-30	
开盘均价（元/m^2）	23000	
总套数/销售套数	216/52	
销售面积（万 m^2）	1	
销售金额（亿元）	0.91	
项目点评	项目地处滨海新区经济技术开发区的商业核心区，南接津滨高速、津塘高速，北临京津塘高速，京津高速，西临全国首条导轨电车，建筑形式以高层为主，周边紧邻泰达商业中心，配套设施成熟完善。项目客户基本为政企高管、私企业主等成功人士；由于开发商的外资背景，项目也吸引了部分外籍客户	

续表

天保金海岸（2009年滨海项目成交金额最高）		
项目地址	滨海新区第三大街与太湖路交口	
开发商	天津滨海开元房地产开发有限公司	
占地面积（万 m^2）	1.12	
建筑面积（万 m^2）	188	
开盘时间	2009-09-26	
开盘均价（元/m^2）	14000	
总套数/销售套数	—/1542	
销售面积（万 m^2）	16.2	
销售金额（亿元）	1.4	
项目点评	项目地处滨海新区核心区域，北靠开发区泰达大街，南临第一大街，东靠东海路，西至太湖西路，项目以居住为主，集商业、休闲娱乐、商务办公、国际教育为一体的国际化社区，项目建筑形式包括高层、洋房、联排别墅，周边金融、教育、医疗、体育、休闲等各项配套齐全	

资料来源：天津中原投资顾问部。

天津市最值得关注的8大住宅项目（2010年上半年） 表19-11

阳光晶典（2010年上半年低价开盘项目）		
项目地址	南开区南城街与城厢东路交口	
开发商	天津中新名仕房地产开发有限公司	
占地面积（万 m^2）	2.20	
建筑面积（万 m^2）	20.96	
开盘时间	2010-06-05	
开盘均价（元/m^2）	16000	
总套数/销售套数	1176/119	
销售面积（万 m^2）	1.48	
销售金额（亿元）	2.25	
项目点评	项目地处老城厢东南部，北至南城街，南至南马路，东至城厢东路，临近地铁及公交总站，建成后具备主题景观公园及阳光会所，7栋高层公寓，周边商业成熟，各种配套设施完善。本项目地处老城厢板块，周边楼盘均价在20000元/m^2，如“保利香槟国际”21000元/m^2，“东北角艺术公寓”19800元/m^2，项目以低于均价20%开盘进入市场	

河东万达广场（2010年上半年成交金额最高）	
项目地址	河东区津滨大道57号
开发商	天津河东万达广场投资有限公司
占地面积（万m^2）	8.2
建筑面积（万m^2）	50.85
开盘时间	2009-10
开盘均价（元/m^2）	12000
总套数/销售套数	1799/1645
销售面积（万m^2）	18.21
销售金额（亿元）	24.03
项目点评	“河东万达广场”地处津滨大道，天津市地铁4、5线交汇处 周边多条公车线路，项目规划为第三代城市综合体，涵盖商业、住宅、购物中心、商务办公、影院等多种业态，建筑单体以高层为主。项目销售套数共1799套，主要为70年产权住宅，主力户型为90～120m^2。项目开盘销售火爆，价格平稳上涨，至2010年8月，已从开盘均价12000元/m^2上涨至14000元/m^2，月均去化约120套/月，已售出90%，目前仅有少量商铺剩余。由于市场价格具有竞争力，项目地理位置具有升值潜力，该项目不仅吸引了河东区区域内客户，还吸引天津市其他各区客户以及塘沽客户，其中包括部分投资型客户。周边竞争项目主要有“红星国际”

君临天下（2010年上半年成交单价最高）	
项目地址	河北区博爱道1号
开发商	天津星际房地产开发有限公司
占地面积（万m^2）	1.1
建筑面积（万m^2）	9.9
开盘时间	2010-05
开盘均价（元/m^2）	15000
总套数/销售套数	1000/881
销售面积（万m^2）	2.4
销售金额（亿元）	8.9
项目点评	项目所在位置紧邻海河沿线，毗邻天津站，项目包括高层住宅和高层公寓，项目园林景观借助自然海河景观带，周边紧邻和平路商业街，配套设施齐全。此项目户型一、二、三室，Loft均有，两室面积在80～110m^2，Loft面积在180～210m^2之间，开盘以来价格不断上涨，2010年9月已涨至20000元/m^2，成交最高单价为36804元/m^2，周边竞争楼盘包括“保利香槟国际”、“天津大都会”、“天津环球金融”中心等

万科朗润园（2010年上半年环城四区成交价格最高）		
项目地址	西青区芥园道与外环线交口西行1.5公里	
开发商	天津中天万方投资有限公司	
占地面积（万m^2）	3	
建筑面积（万m^2）	7.5	
开盘时间	2010-04	
开盘均价（元/m^2）	最低350万/套	
总套数/销售套数	480/107	
销售面积（万m^2）	1.8	
销售金额（亿元）	4.1	
项目点评	项目地处天津西部新城中北镇，靠近新津杨公路、外环线、复康路及规划中的地铁二号线曹庄站，项目采用法桐阵、银杏林和蓝水轴系进行三重环绕景观设计，建筑均为联排别墅，均有前后庭院并附带天台，均价400万元/套，最高620万/套	

富力桃园（2010年上半年环城四区成交面积最大）		
项目地址	津南区南外环微山南路西侧	
开发商	天津鸿富房地产开发有限公司	
占地面积（万m^2）	16.64	
建筑面积（万m^2）	41.60	
开盘时间	2010-03-24	
开盘均价（元/m^2）	8600	
总套数/销售套数	2800/659	
销售面积（万m^2）	6.6	
销售金额（亿元）	5.7	
项目点评	项目地处天津市东南板块外环线附近，靠近地铁1号线、6号线将途经该项目，项目建筑以板式高层为主，产品采用港派装修风格，南派园林景观设计，临近54000亩别墅和生态高尔夫公园，建成后社区内将有大型商业设施，周边配有教育资源	

恒大绿洲（2010年上半年环城四区新增面积最大）		
项目地址	东丽区东丽湖温泉度假旅游区	
开发商	恒大地产集团	
占地面积（万m^2）	86	
建筑面积（万m^2）	120	
开盘时间	2010-06-27	
开盘均价（元/m^2）	7880	
总套数/销售套数	5500/301	
销售面积（万m^2）	4.61	
销售金额（亿元）	4.34	
项目点评	项目地处东丽湖温泉度假旅游区内，位于新地河以西，金钟河以南，东丽湖北岸，处于滨海新区中轴线轴心地带，项目建筑包括高层、小高层、洋房，项目景观依托东丽湖水系，以中央纵横景观轴线，串联中部8大景观园林和水系，项目配套包括酒店、国际会议中心、温泉中心、饮食中心、娱乐中心、商业中心、运动中心、豪华会所、国际双语幼儿园等。项目开盘以来价格稳中有升	

续表

富力津门湖（2010年上半年环城四区销售金额最高）		
项目地址	河西区资金山路与珠江道交口	
开发商	天津耀华投资发展有限公司	
占地面积（万m^2）	165	
建筑面积（万m^2）	427	
开盘时间	2010-06-07	
开盘均价（元/m^2）	14500	
总套数/销售套数	729/526	
销售面积（万m^2）	5.7	
销售金额（亿元）	8.5	
项目点评	项目地处外环线以内，距离市中心较近，项目建筑形式包括别墅、高档公寓、高层住宅、酒店式公寓等，面积区间跨度大，项目规划有6千米的水岸线，将纯自然生态景观融入社区，采用岛屿、码头构成形式，使社区形成由公园、岛屿、绿色缓冲带组成的绿色空间。“溪畔云舒”主打87m^2两居，150m^2三居，价格稳中有升，已涨至15500元/m^2	

新悦庭（2010年上半年别墅销售套数最多）		
项目地址	津南区梨双公路与微山路交口西侧	
开发商	天津市鸿吉房地产开发有限公司	
占地面积（万m^2）	12.8	
建筑面积（万m^2）	75.6	
开盘时间	2009-06	
开盘均价（元/m^2）	18000	
总套数/销售套数	168/61	
销售面积（万m^2）	2.7	
销售金额（亿元）	3.5	
项目点评	项目地处天津东南板块外环线附近，项目产品为168栋独栋别墅，建筑风格为新英格兰建筑风情，如大屋顶、半圆窗、室内壁炉、廊柱设计等。项目自开盘以来，价格持续小幅下降，至2010年9月底，均价为17000元/m^2	

资料来源：天津中原投资顾问部。

19.4 天津写字楼市场

天津市销售型甲级写字楼市场新增供应一览表（2009～2010年上半年）　　表19-12

区　域	项目名称	项目地址	开发商名称	上市时间	建筑面积（万m^2）	销售价格（元/m^2）
海河沿线商圈	环球金融中心	和平大沽桥与兴安路交汇处	金融街津塔（天津）置业有限公司	2009-08	20.5	30000
南京路商圈	君隆广场	和平南京路99号	御道津旅（天津）发展有限公司	2009-01	9.4	25000
	环球置地广场	南开卫津路与南京路交口	天津海顺置业发展有限公司	2009-01	5.3	20000

数据来源：天津中原投资顾问部。

天津市租赁型甲级写字楼市场新增供应一览表（2009～2010年上半年） 表19-13

区 域	项目名称	项目地址	开发商名称	上市时间	建筑面积（万m^2）	租赁价格 美元/（m^2·天）
友谊路商圈	鑫银大厦	河西区友谊路7号	天津金丰兆业房地产开发有限公司	2009-07	5.55	0.74
滨海开发区	MSD项目C区	开发区第一大街	天津泰达发展有限公司	2009-08	16.1	0.59

数据来源：天津中原投资顾问部。

天津市甲级写字楼租金季度走势（2009～2010年上半年） 元/（m^2·月） 表19-14

区 域	2009年第一季度	2009年第二季度	2009年第三季度	2009年第四季度	2010年第一季度	2010年第二季度
南京路商圈	105	120	120	135	150	165
海河沿线商圈	—	—	—	—	105	105
友谊路商圈	90	96	105	120	135	135
小白楼商圈	144	150	150	150	144	144

数据来源：天津中原投资顾问部。

天津市甲级写字楼入住率季度走势（2009～2010年上半年） % 表19-15

区 域	2009年第一季度	2009年第二季度	2009年第三季度	2009年第四季度	2010年第一季度	2010年第二季度
南京路商圈	75	78	78	78	78	80
友谊路商圈	70	72	75	75	65	65
小白楼商圈	80	80	83	82	83	85

数据来源：天津中原投资顾问部。

天津市甲级写字楼市场未来供应项目（2010～2011年） 表19-16

项目名称	项目地址	开发商	预计竣工时间	占地面积（万m^2）	建筑面积（万m^2）	项目点评
昆仑中心	河西友谊路乐购超市北侧	天津昆仑兆业	2012年	1.4	5.6	项目总占地约1.4万m^2,总建筑面积约19万m^2，是集商业、写字楼、高级公寓、五星级酒店为一体的高端城市商务综合体。其中：甲级写字楼，47层，57500m^2；项目建筑高度约180m，主楼高度约为210m，是友谊路第一高楼
宝利国际中心	南开长江道北侧与南丰路交口	天津宝利集团有限公司	2012年	2.0	7.0	由1栋38层建筑组成，是宝利地产在天津的首个甲级写字楼项目
合生国际大厦	和平海河北安桥头	合生创展（天津）有限公司	2012年	2.0	5.0	“合生国际大厦”坐落于天津中心商业区——海河北安桥头，集五星级酒店式公寓、5A级写字楼及大型商业中心于一体的综合项目，项目总建筑面积19万m^2，其中，5A级写字楼由一栋29层和一栋31层建筑组成，办公室都为精装修
世纪都会轩	和平南京路（南京路营口道地铁上盖）	和记黄埔地产（天津）有限公司	2012年	2.0	9.0	“世纪都会”是和记黄埔地产集团在天津的首个综合性地产，位于天津市南京路，项目包括三栋公寓一栋53层写字楼与一座6层购物中心

数据来源：天津中原投资顾问部。

图19-3 天津市最值得关注的10大写字楼项目区位分布图（2008～2010年上半年）

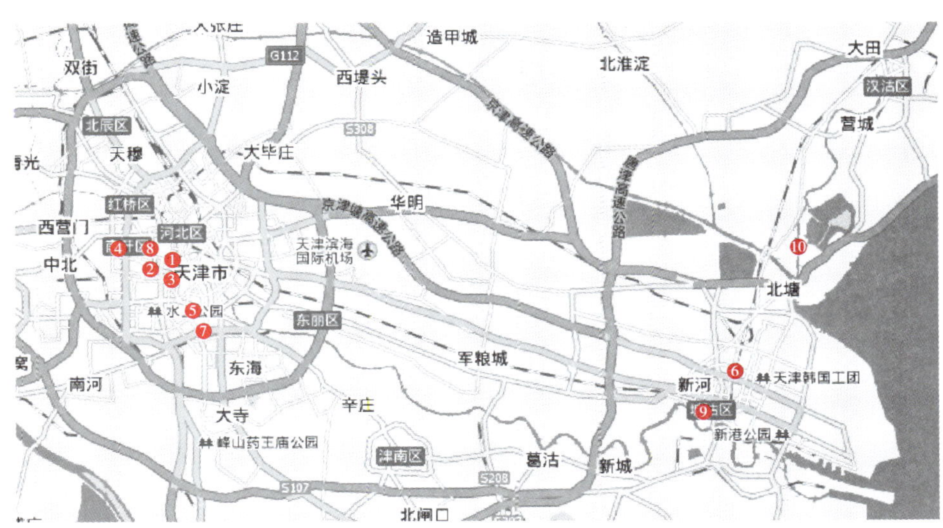

	项目名称	关注点	关注信息
1	环球金融中心	华北地区第一高楼	楼高：336.9m
2	津汇广场	南京路最高端的最具人气的甲级写字楼	外资企业占入住企业的50%， 租金：150元/（m^2·月）
3	君隆广场	南京路上销售型甲级写字楼	销售均价：25000元/m^2
4	环球置地广场	海光寺区域最高、价格涨幅最大的写字楼	销售价格涨幅达：60%
5	鑫银大厦	友谊路新金融区最高端的写字楼	租金：150元/（m^2·月）
6	MSD项目C区	滨海新区最高端的写字楼	租金：120元/（m^2·月）
7	城市大厦	友谊路行政中心区域最高端的写字楼，也是人气最高的写字楼之一	租金：108元/（m^2·月），入住率：80%
8	创新大厦	2009年优惠力度最大的写字楼	优惠幅度：60%
9	旷世国际	滨海新区响螺湾商务区首批写字楼	响螺湾区域是滨海新区未来的核心商务区
10	天和·新乐汇	中新生态城首个写字楼	中新生态城写字楼发展的第一步

资料来源：天津中原投资顾问部。

天津市最值得关注的10大写字楼项目（2008～2010年上半年） 表19-17

环球金融中心（华北地区第一高楼）	
项目地址	和平大沽桥与兴安路交汇处
开发商	金融街控股股份有限公司
占地面积（万m^2）	2.22
建筑面积（万m^2）	20.5
租金（元/（m^2·月））	180
售价（元/m^2）	30000
管理费(元/（m^2·月）)	28
入住率(%)	10
入住时间	2010-07
项目点评	“环球金融中心”的写字楼：336.9m为华北第一高，天津新地标。津塔写字楼高336.9m，地上75层，地下4层，建筑面积20.5万m^2。它以位列全球第十七、华北第一的绝对高度，成就天津市档次最高的写字楼物业。目前该建筑已经封顶，正在做外缘部分的装饰，30层以下部分楼层可以入住装修

续表

津汇广场（南京路最高端的最具人气的甲级写字楼之一）		
项目地址	和平南京路189号	
开发商	澳中发展有限公司	
占地面积（万m^2）	1.52	
建筑面积（万m^2）	15	
租金（元/（m^2·月））	150	
售价（元/m^2）	只租不售	
管理费(元/（m^2·月）)	30	
入住率(%)	一期：90%；二期：75%	
入住时间	一期：2002年；二期：2008年	
项目点评	“津汇广场”写字楼A座36层，B座39层，是南京路较早的甲级写字楼之一；一期项目即A座部分于2002年入住，形成国内外知名企业在天津主要的聚集地之一，二期及B座于2008年入住，目前引进客群主要是国内外大型金融、建筑、咨询类客户。目前，该项目是天津市最高端的甲级写字楼之一，是南京路上的地标建筑	

君隆广场（南京路上销售型的高端甲级写字楼）		
项目地址	和平区南京路与河北路交口	
开发商	御道津旅（天津）发展有限公司	
占地面积（万m^2）	1.5	
建筑面积（万m^2）	18（其中写字楼9.4万m^2）	
租金（元/（m^2·月））	105	
售价（元/m^2）	25000	
管理费(元/（m^2·月）)	6.5	
入住率(%)	65	
入住时间	2009-06	
项目点评	“君隆广场”是天津市旅游集团与新加坡联合工业共同开发建设的集六星酒店、六星公寓、甲级写字楼、行政楼、情景商业街于一体的综合型项目；“君隆广场”写字楼为38层纯板式规划，办公区标准层高3.9m，局部层高5.1m；项目设计超过600个地下停车位，车位充足	

环球置地广场（海光寺区域最高、价格涨幅最大的写字楼）		
项目地址	南开卫津路与南京路交口（海光寺家乐福对面）	
开发商	天津海顺置业发展有限公司	
占地面积（万 m^2）	0.5	
建筑面积（万 m^2）	5.3	
租金（元/（m^2·月））	114	
售价（元/m^2）	20000	
管理费(元/（m^2·月）)	21	
入住率(%)	60	
入住时间	2008-11	
项目点评	“环球置地广场”上建筑40层，地下3层，按照国际甲级标准打造的高规格商务中心。包含了办公、会议、餐饮、购物为一体的完善配套商务设施，“环球置地广场”坐落在天津市最繁华的CBD商务区——南京路。依托“地铁上盖”的优越平台，定位于世界知名企业的总部办公基地，其高品质的建筑细节，全市独一的双层挑高空中花园景观设计，全方位的配套服务使之成为天津市最新、最显著的地标性商业楼。环球置地广场37～40层整体出售，单层面积为1700m^2，单间面积为100～600m^2	

鑫银大厦（友谊路新建的定位于金融类最高端写字楼）		
项目地址	河西友谊路7号（与增进道交口）	
开发商	天津金丰兆业房地产开发有限公司	
占地面积（万 m^2）	1.1	
建筑面积（万 m^2）	8.2（其中写字楼5.55万 m^2）	
租金（元/（m^2·月））	150	
售价（元/m^2）	只租不售	
管理费(元/（m^2·月）)	22	
入住率(%)	30	
入住时间	2010-06	
项目点评	天津“鑫银大厦”坐落于天津繁华的金融中心——友谊路中心位置，写字楼主楼高达166m。建筑主体采用钻石造型，与友谊路形成45°角。外檐采用隐框玻璃幕墙点缀现代简洁的金属板，多角立面映射周边城市景观，是友谊路上的标志性建筑。写字楼主楼地上39层，建筑面积55532m^2。“鑫银大厦”是目前友谊路上租金最高的写字楼，主要定位于国内外知名的金融类企业	

MSD项目C区（天津开发区最高端的最具现代感的甲级纯写字楼）		
项目地址	滨海新区开发区第一大街与新城东路交口	
开发商	天津泰达发展有限公司	
占地面积（万m^2）	1.3	
建筑面积（万m^2）	16	
租金（元/（m^2·月））	120	
售价（元/m^2）	只租不售	
管理费(元/（m^2·月）)	24	
入住率(%)	尚未入住	
预计入住时间	2010-10	
项目点评	“泰达MSD”，地处天津滨海新区核心区——天津经济技术开发区核心区位，集成熟的生活配套环境和国际甲级写字楼及商业于一体，新建部分总建筑面积134万m^2。首期C期16万m^2写字楼及商业将于2010年投入使用。C期写字楼主3栋31层建筑组成，其办公空间从5~31层，最小面积100m^2，最大面积1432m^2，该项目目前是滨海新区首个达到LEED标准的写字楼项目，租金水平也是开发区最高	

城市大厦（友谊路行政中心区域高端写字楼，也是友谊路人气最高的写字楼之一）		
项目地址	河西友谊路与平江道交口	
开发商	天津建工集团房地产发展有限公司	
占地面积（万m^2）	1	
建筑面积（万m^2）	3.43	
租金（元/（m^2·月））	108	
售价（元/m^2）	只租不售	
管理费(元/（m^2·月）)	25	
入住率(%)	80	
入住时间	2009-06	
项目点评	“城市大厦”坐落于天津繁华的金融中心——友谊路，毗邻市内主要的商业区（南京路和小白楼）、工业区（西青开发区、天津经济技术开发区）、梅江高档住宅区。项目是由36层的高品质办公楼宇、一座36层的服务式公寓及裙房商业共同组成。“城市大厦”写字楼拥有后现代建筑所独有的大面积办公区域，装修精致，多个电梯区直达各楼层，并配备尖端技术的电力以及电讯系统，现代化安保系统以及一个隐藏式地下车库，吸引了众多知名的世界500强企业进驻	

创新大厦（和平区优惠力度最大的写字楼之一）		
项目地址	天津市和平南马路11号	
开发商	麦购（天津）集团有限公司	
占地面积（万m^2）	0.5	
建筑面积（万m^2）	4	
租金（元/（m^2·月））	99	
售价（元/m^2）	只租不售	

续表

创新大厦（和平区优惠力度最大的写字楼之一）		
管理费(元/（m^2·月）)	21	
入住率(%)	50	
入住时间	2009-12	
项目点评	“创新大厦”坐落于天津市和平区，周边环海河商务带、和平路商业街、老城厢中心区等繁荣商圈环绕，并且属地铁上盖项目，地铁2、4号线在此交汇，交通便捷，四通八达。大厦主体27层，标准层面积1554m^2，拥有近1000个车位的超大停车场；“创新大厦”目前政府扶持政策力度比较大，因此对外的优惠力度也很大；入住客户租赁大厦第一年免租金，第二年在租金的基础上7折优惠，并可获得政府的租金补贴，因此受到众多企业的青睐	

旷世国际（滨海响螺湾商务区首批写字楼项目）		
项目地址	滨海新区响螺湾商务区A—06 A—08	
开发商	五矿置业（天津）滨海新区有限公司	
占地面积（万m^2）	2	
建筑面积（万m^2）	18（其中写字楼6.1万m^2）	
租金（元/（m^2·月）)	只售不租	
售价（元/m^2）	16500	
管理费(元/（m^2·月）)	18	
入住率(%)	尚未入住	
入住时间	2011-10	
项目点评	“旷世国际”项目位于商务区A-06和A-08地块，是集写字楼、公寓、商业为一体的高档功能综合体。项目的两个主塔楼高度均在100m左右，A座为商务办公楼，B座为酒店式公寓及SOHO办公，裙房主要为3层商业，局部4层，两座塔楼之间在3层以通廊连接。“旷世国际”项目目前是响螺湾商务区首批写字楼项目，目前销售情况较好	

天和·新乐汇（中新生态城首个写字楼项目）		
项目地址	滨海新区中新天津生态城服务中心对面	
开发商	天津生态城投资开发有限公司	
占地面积（万m^2）	3	
建筑面积（万m^2）	7.9（其中办公面积4万m^2）	
租金（元/（m^2·月）)	只售不租	
售价（元/m^2）	10500	
管理费(元/（m^2·月）)	—	
入住率(%)	尚未入住	
入住时间	2011-05	
项目点评	“天和新乐汇”是中新生态城首个集国际甲级写字楼项目、国际时尚型商业街区、低碳服务公寓三种产品形式相互支撑，互为依托的商务综合体，该项目的上市，意味着中新生态城商务配套的正式启动，目前该项目正在销售中	

资料来源：天津中原投资顾问部。

Photo by: Hu wenkit 胡文杰（www.pdoing.com）

Company
公司

京 津 | JINGJIN

北京中原房地产经纪有限公司

天津中原物业顾问有限公司

北京中原房地产经纪有限公司

一、公司简介

北京中原房地产经纪有限公司总部设立于香港，成立于1994年10月1日，是香港中原集团的独资企业。

北京中原自成立至今，凭借专业的队伍、良好的信誉、优质的服务得到了国内外众多开发商及客户一致的好评。目前公司涵盖项目代理、经纪、投资顾问三大业务板块，业务范围涵盖项目营销代理、可行性研究分析、项目推广、策划销售、二手住宅、写字楼的买卖及租赁代理等业务，通过17年的发展，北京中原已发展成为北京市最具规模及影响力的专业性房地产综合服务机构之一，截至2010年7月，员工近3000人，累计策划及代理项目超过400个，开设二手房门店超过160家，服务的物业种类从写字楼、酒店、商铺到别墅、各种档次的住宅及公寓，分布于京城东南西北各大区域。同时，北京中原积极开拓市场，发展多项业务，在信息咨询、物业管理、项目投资转让以及客户综合服务方面取得了长久的进步，现已成为区域内网络最齐全、信息管道最广泛的代理行。

凭借17年积累的市场营销经验，先进的组织管理模式，科学的数据、信息采集分析系统以及全体员工的全心努力，北京中原不断扩大其在一、二手市场的占有率，与中化、中电、建工、万科地产、SOHO中国、华远集团、首开集团、城建集团、天鸿集团、首创置业、金融街控股、华侨城、上海阳光集团、复地集团等众多知名企业有过或正在进行良好而愉快的合作。在近年北京各类媒体的代理行排名中，北京中原连续多年销售额位列第一名。

在如此激烈的房地产代理行业竞争中，北京中原一直坚守着一条重要原则，即："为客户创造更多价值"，稳步发展，并以其良好的信誉和稳健的风格赢得了众多发展商和客户的信赖。

二、主要部门业务简介

（一）投资顾问服务

北京中原投资顾问部拥有一支在房地产、经济、金融、财务等各领域理论素养深厚、实践经验丰富的专业队伍。从业人员平均行业工作年限超过5年以上，目前操作项目超过上百个，主要从事土地一级市场、市场研究、项目定位、产品规划、财务测算、营销顾问等全方位服务及房地产基础研究工作，其内容涉及住宅、写字楼、商业、酒店、综合体、度假等物业类型。

1. 前期顾问服务工作内容

- 土地价值评估
- 住宅市场定位及产品定位研究

- 商业公建市场定位及产品定位研究
- 综合体市场定位及产品定位研究
- 旅游地产市场评估研究
- 区域规划及产业研究

具体包括：

第一 市场供应和需求调查与研究

第二 产品特性与发展趋势分析研究

第三 市场定位及投资经济测算与分析

2. 营销顾问服务工作内容

全程营销顾问合作

■ 深度营销顾问合作：作为品牌顾问与项目营销顾问，与开发商建立品牌共赢，形成长期战略联盟

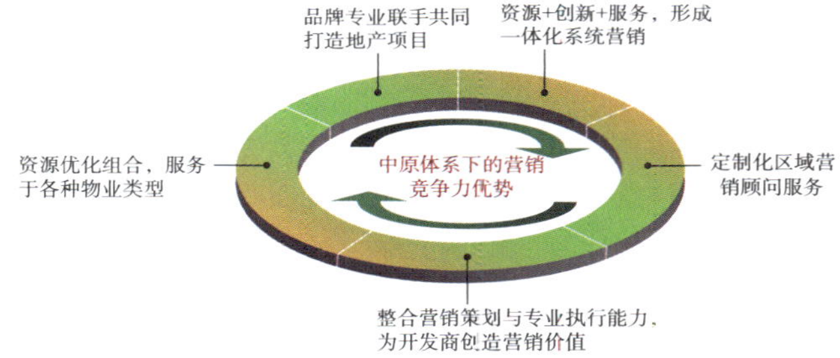

■ 全方位的服务体系—鱼骨模式

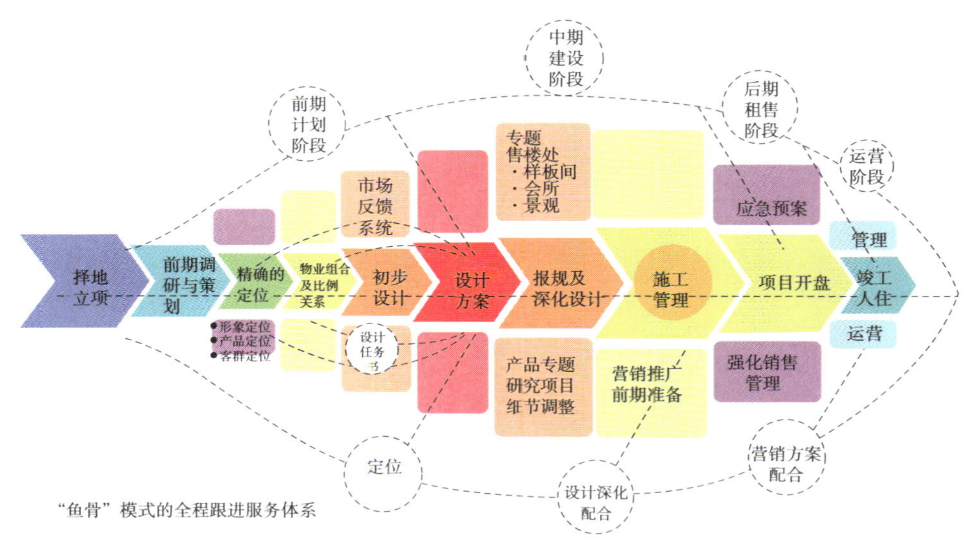

"鱼骨"模式的全程跟进服务体系

3. 近期部分投资顾问项目

项目类别	项目名称
居住类物业项目投资顾问	泛海国际居住区前期策划顾问 通州砖厂项目前期策划顾问 清河营4号地前期策划顾问 密云曜阳老年公寓前期策划顾问
公建综合体项目顾问	大成西四环前期策划顾问 湖广会馆项目前期策划顾问 首开集团广渠路36号地商业公建部分营销策划 百荣世贸三期项目前期策划顾问 城建北苑广场项目前期策划顾问 首开回龙观项目前期策划顾问
旅游休闲地产前期顾问	钓鱼嘴项目前期策划顾问 漫山岛项目前期策划顾问 崆峒岛项目前期策划顾问 北京密云亚澜湾项目前期顾问
区域规划及产业研究	北京羊坊村项目 青岛城阳片区开发项目 山西太原亿成片区开发 平谷新城项目
营销顾问服务	秦皇岛壹品天成全程营销顾问服务 源平.美璟花园全程营销顾问服务 河间项目全程营销顾问服务
战略合作服务	北京城建战略合作 天鸿集团战略合作 万和集团战略合作 北京中水电战略合作
个性化研究服务	向首创提供监测报告 向城建开发提供市场监测报告 向鲁能置业提供季度市场监测报告 向万科集团提供监测数据及分析报告

（二）住宅业务

北京中原住宅部成立于1996年，在激烈的市场大潮下，立足于市场变奏，在积累了丰富操盘经验的同时，逐渐摸索、建立了系统的现场管理体系，确立了京城住宅代理市场的领导地位，为实现部门可持续的远景战略目标打下了坚实的基础。

■ 现有部门架构：营销方略中心、技术中心是住宅部下设的技术职能部门，为住宅部在售的和新拓展的所有项目提供强有力的技术支持，同时负责对房地产营销相关知识产品的研发和中原知识信息的沉淀。技术中心搭建并维护的北京中原知识信息管理平台为住宅部提供了强有力的知识信息支持，并形成了良好的技术培训体系。

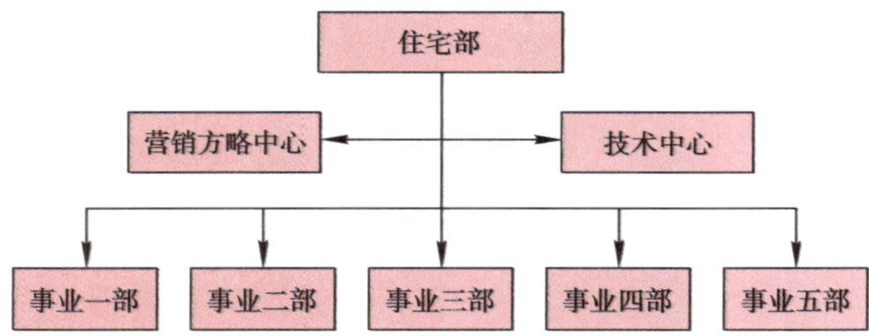

■ 营销一体业务："以略统谋，以谋达略，谋存略张，先存后张"，是中原地产策划工作的核心思想。以高度专业的行业知识、丰富的市场经验、精准的行业洞见，强势的专业后台支持，坚持"房地产专业化品牌谋略"的道路，深刻地把握地产动态系统，将自身对资源的整合能力作为创造经济价值与社会价值的源动力。

作为房地产全程策划之思想核心，策划团队以有效的互动整合投资顾问部的研究成果，基于系统了解各类型物业在分布、价位、优劣势等方面情况。并在此基础上掌握市场的前沿资料，结合科学的分析方法，以及中原多年的地产销售经验，针对不同类型的物业推导项目市场定位、客户定位，制定有利于创造销售业绩的价格策略、销售策略和宣传推广等系列营销策略。同时安排效果监测，及时关注市场变化，适时调整方案，配合住宅销售、中原问鼎等部门，构建强势的项目推广及销售团队。

根据策划团队制定出的营销策略，销售团队对所推广的住宅项目进行销售技巧培训，安排销售管理、销售组织工作，通过多种销售方式：直销、巡展、展会接待、广告咨询电话以及组织现场接待等方式积极向客户推介项目，促进成交。针对不同性质项目及客户群体，通过集团在香港的庞大销售网络，完成海外销售工作。

秉承"以人为本"之公司理念，住宅部立足于人员储备及销售队伍的组建，对新、老员工进行全面的专业培训，以增强业务队伍的战斗力，使销售业绩逐年提升。

目前，住宅部拥有专业策划及销售人员500多人，均接受过系统专业的业务培训，具有很强的专业素质。成功代理的项目有：观筑庭园、东1时区、朝阳・无限、优秀・赏、美景・东方、嘉铭园（嘉铭・桐城）、源屋曲、保利欣苑、文津国际、融城、华悦国际、君山高尔夫别墅、A派公寓、金都杭城、东湖湾、长安驿、阿凯笛亚庄园、学院派、竹语堂（涿州）、随园公寓、复地国际公寓等诸多项目，并创下骄人的销售业绩。

（三）写字楼、商业业务

1. 商业楼宇部

秉持"为客户提供国际化水准的专业服务"，商业楼宇部积极开拓写字楼、商业的买卖、租赁市场，立足于市场，服务于客户，通过专业的团队，周密的市场研究体系，长期积累的品牌客户，逐渐形成了一套完整的服务体系，为我们的客户提供完善可行的服务，并以开发商的认可作为我们最高荣誉。

近几年，商业楼宇部的成交量稳居北京写字楼代理行业榜首，积累了数千个商业楼宇盘源及数以万计的客户档案，并不断整合资源，形成更强的核心竞争力，从经济效益和技术可行等多方位出发，以创新策划理念和强大的招商保障，为开发商量身定做，提供更有效、更全面、更专业的服务。

■ 写字楼项目顾问、代理服务：北京中原商业楼宇之写字楼部在北京写字楼市场独家代理多个知名项目，并且取得了骄人的市场业绩。包括：北京银泰中心、北京LINK、竞园、宏源大厦、港中旅望京置业大厦、世茂大厦、合泰大厦、华彩大厦、人济大厦、石景山万达广场、北辰新纪元、世纪华天、光大国际中心、泰达时代中心、华远企业号、长安兴融中心、CBD国际大厦、北京国际中心、伦洋大厦、金泰国益大厦、卷石天地、空港国际、赢嘉中心、国航大厦、金码中心、银网中心、新保利大厦、国际投资大厦C座、佳程广场、北京银行大厦、中影益田星光世界项目、浙大中控亦庄研发中心、置地星座A座、盈泰商务中心、中国电子大厦A座、卷石天地、中环世贸中心、金都置业大厦、创业大厦、长安中心、韦伯时代中心A座、道乐铭钻等，更是承接了亚洲最大的两个交通枢纽工程——东直门的东华广场和西直门的西环广场两个综合项目。2003年，中原成功将独家代理项目——5万m^2的韦伯时代中心整售，成为历年北京房地产市场的最大宗成交，轰动业界内外。

■ 商业项目顾问、代理服务：北京中原商业楼宇之商业部在北京市场及外埠独家代理多个项目，市场业绩显著。包括：易兴国际商贸城、北京港中旅望京置业大厦（商业）、北京国盛风尚购物中心、海鱼广场商业项目、裘马都商业项目、天津海河项目、高碑店西区项目、泛海国际商业中心、北京望京六佰本、北京锦绣大地物流港、吉林中东新生活广场、北京健翔家居广场、北京盛世龙源、北京光禾天地、北京两广购物中心、牡丹江景福新都会和上海印象、北京星街坊、内蒙古滨海新城、北京望京龙韵公园、沈阳原普尔斯玛特改造项目、北京万象新天 、北京中关村西区Z23地块、北京A-Ztown、北京石榴庄项目等。

■ 其他高端项目代理：北京中原商业楼宇部在北京市场及外埠独家代理有几个高端项目，并且取得了优异的市场业绩。包括：昆仑公寓、圣世一品、凤凰水城、泰和·福地水案等；新签约的楼盘项目有三亚蜈支洲岛度假别墅、琉森湖庄园等。

2. 工商铺部

北京中原工商铺部自1995年成立以来，一直致力于为办公客户及商业客户提供全面专业的选址、投资顾问服务。在激烈的房地产代理行业竞争中，我们一直坚持以“为客户创造更多价值”为原则，稳步发展，以良好的信誉和稳健的风格赢得了广大客户的信赖。目前已成为北京市场极具规模及影响力的专业性二手写字楼及商业代理，并通过积极地开拓市场，逐渐形成了一套完整的服务体系，积累了数百个项目的盘源及数以万计的客户档案。近几年，成交量居北京代理行业前列。

工商铺部目前下设写字楼部、商铺部、后勤部，写字楼业务涉及中高档写字楼租赁、买卖、物业托管服务等。商业涉及项目分析、市场定位、目标客户定位、产品设计、营销推广策略及商场招商、经营管理策略等方面的工作。提供服务包括：

- 写字楼租赁
- 写字楼销售
- 租金评估与续租
- 市场分析

- 买卖相关税费咨询
- 权证服务
- 物业托管服务

2009年～2010年部分业绩：

中国社会科学院租泰达时代中心5851m²

携程计算机技术（上海）有限公司租居然大厦2410m²

北京林达刘知识产权代理事务所租环球贸易中心3160m²

北京辣婆婆餐饮有限公司租新东安广场2378m²

中国平安人寿保险股份有限公司租洲际大厦2034m²

北京东方网力科技有限公司租方恒国际中心1175m²

宝健（中国）日用品有限公司租中环世贸大厦1346m²

北京四维图新科技股份有限公司租凤凰置地广场10061m²

3. 商业地产部

■ 商业全案策划顾问：商业地产部所从事的商业策划项目、招商代理和营销代理项目及商业运营顾问项目已经遍及北京并延伸到了其他城市。其中，策划内容主要包括前期商业策划、商业项目产品规划设计和商业项目运作顾问，其工作领域不但包含纯粹的商业区大型商业项目，还涉及了专业性商业的策划工作，同时，在社区商业的策划中也加重了针对性的研究。另外，随着商业物业自身的发展，商业街项目也日渐显示出其自身的价值，而中原商业地产部经过长期的探索与实践，已在该领域中成就了许多典型案例，并积累了大量的实操经验，拥有雄厚的操作实力。

商业竞争的今天已经不单单是停留在产品与服务的竞争，过程中的商业经验、经营策略、动态观察、巧妙操作都成为稳操胜券的砝码。商业地产部立足于市场，服务于客户，通过自己专业的商业策划队伍，建立的强大的商业地产数据体系，进行周密的商业市场分析，长期积累的品牌客户，为我们的客户提供完善可行的商业策划方案，使我们的商业策划项目更具市场竞争力。

■ 商业招商及营销代理：商业的成功与否直接取决于招商工作中“商户的正确选择、业态的合理组合、店铺的有效分割”。作为专业的招商团队，我们所能提供的正是“专业知识＋行业经验＋客户资源”的全方位的招商服务。商业地产部对行业的理解和熟悉是对招商顾问的基本要求，除此以外，对商户的管理也是未来招商的成功关键。我们的招商顾问分工极其明确，分别依行业、类别进行圈定，力争通过专业素质有效落实目标客户，达到理想的招商目的。

商业活动中的客户是全国甚至是全球性的。在多年的从业经验中，中原积累了大量的有效客户，客户网络遍及各行业。拥有这样庞大的客户网络有效保证了招商工作的顺利实施。

作为与招商工作平行的营销线路，中原也有着丰富的运作经验和客户资源。从商业产品营销定位到客户意向达成，中原商业地产团队的工作穿插其中，确保每一环节有效实施。高效的模式化运作链，灵活机动的应急备案以及丰富的市场经验搭建起中原商业地产强大的营销平台，是项目运作的中坚力量。

商业运营顾问商业运营顾问的主要工作包括项目后期运营顾问、项目后期商业运营管理。与住宅项目有所不同，商业项目的成功并不止于产品的顺利售出，后期的商业管理才是项目成功道路上的坚实保障。中原商业地产团队长期以来，立足项目本身，依靠运营经验精心筹划，大到商业物业的管理，小到商业纠纷的调节，都予以预判并提供可行性方案，为商业项目顺利地走入并占领市场保驾护航。

■ 近期部分商业项目案例

项目类型	项目名称
北京操作项目案例	● 首城国际商业街（广渠门36号地） ● 钻河新天地 ● 幸福三村商业街 ● 港湾时尚商业街（原亦庄中央公馆商业街）
外地项目操作案例	● 建邦唯园商业街 ● 沙河汇通新天地 ● 邢台高开区家居市场 ● 四平新加坡不夜城 ● 山西恒实 · 太原平阳景苑
中原－冀南地区 战略合作伙伴	● 沙河 · 汇通集团 ● 家乐园集团

（四）三级市场业务

北京中原目前直营连锁地铺近160余家，覆盖京城各大中高档商品房社区。作为北京中原最大的营业部门，三级市场部业务范围涉及：各类房屋租赁及买卖、一手项目尾房的代理销售、房产评估咨询和产权过户、提供快捷的二手房各类型按揭贷款、转按揭贷款以及房产抵押消费贷款等金融服务，并为购房者随时提供免费的房产法律知识咨询等服务。

同时基于中原集团一、二手房整合联动的独有资源优势，我们可以为广大客户提供集团代理的全国一手房项目信息，并为客户提供便捷的购买渠道。

部门专业的研究团队定期为京城知名房地产开发商和各大媒体提供权威的二手房市场研究报告和见解独到的市场分析，并每年参与编撰中国社科院出版的《房地产蓝皮书》，独家提供区域篇中存量房买卖和租赁市场分析文章。

秉承中原集团30余载“公开资讯、公平交易”的原则，北京中原三级市场部始终如一地恪守精诚服务之志，不断创新发展，致力于为我们的顾客提供最优服务，创造更多价值。

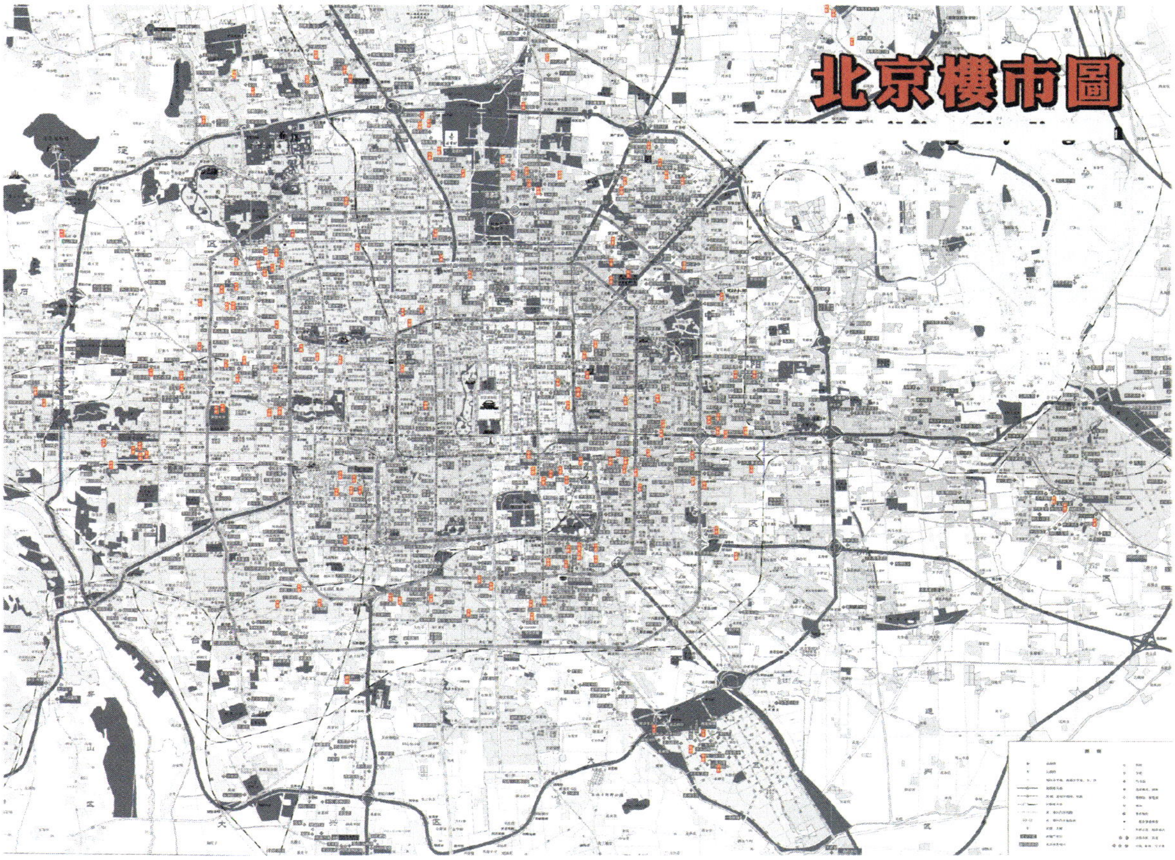

北京樓市圖

三、北京中原荣誉榜（2009年～2010年）

北京中原获“中国地产新视角·金牌地产综合服务机构”称号

获奖时间：2010年1月6日

主办单位：搜狐焦点网

北京中原获“2009中国地产经纪年度品牌机构奖”

获奖时间：2010年1月21日

主办单位：搜狐焦点网

北京中原获“2009年新浪乐居金牌代理行”称号

获奖时间：2010年1月19日

主办单位：新浪网

北京中原获“2009年北京标杆营销机构”称号

获奖时间：2010年1月12日

主办单位：新京报

四、企业文化图片集

2009年9月29日，“中原秘书节”——北京中原秘书户外拓展

晒"名人合影"赢"心跳大奖"全新启动

返回首页

往期获奖回顾 >>

- 第一季
- 第二季

More >

MEDIA PLAYER

中原地产

活动执行知多少（答业务问）：

1、活动从什么时候开始？

答：本轮晒名人合影活动按季度进行评选，即2010年7月1日至9月30日、10月1日至12月31日。

2、如何提供与"名人"合影的照片？

答：① 将人员与"名人"在合影的电子版照片上传上至品牌部刘学丽邮箱bjliuxl2@centaline.com.cn （需在邮件主题写明：XX部门XX人提供）

② 传照片时邮件中请注明：a\照片中从左至右的人员姓名；b\合影时间；
c\"名人"介绍（如：著名相声演员***；某公司总裁***）；d\成交人姓名

3、与"名人"合照时有哪些要求？

答：① 凡是参与人员必须为本公司在职员工；

② 凡是参选照片必须为正规拍摄器材拍摄（考虑到像素、洗印清晰度等问题）；

③ 凡是参选照片必须以带有中原标志及LOGO为拍摄背景（住宅及其他项目不能满足此拍摄条件的员工可忽略此条）；

④ 凡是参与拍摄人员必须着正装、系工牌拍摄；

⑤ 凡是参与合影的"名人"必须与合影业务人员有业务往来，且合影名人需具备较高知名度。

4、 与"名人"的合影照片将会在哪些地方展示？

答：① 与"名人"的合影照片将由公司统一负责冲洗、装裱后分发至获奖人员，悬挂在办公区内指定位置做长期展示；

2010年7月1日起，三级市场品牌部发起"晒名人合影，迎心跳大奖"活动

2010年2月1日，北京中原年会——"梦想开始的地方"

本次年会是北京中原成立的第15个年头，在这15年中，正是北京中原迎合北京房地产市场的大潮，飞速发展及壮大的15年。15年的历程中，各营业部门努力拼搏坚守着自己的阵地，非营部门全面配合着业务部门的发展，不断树立中原在北京房地产市场中的品牌形象。为业绩的持续增长，上下同心，共同营造着中原人在北京的一个又一个的中原梦！

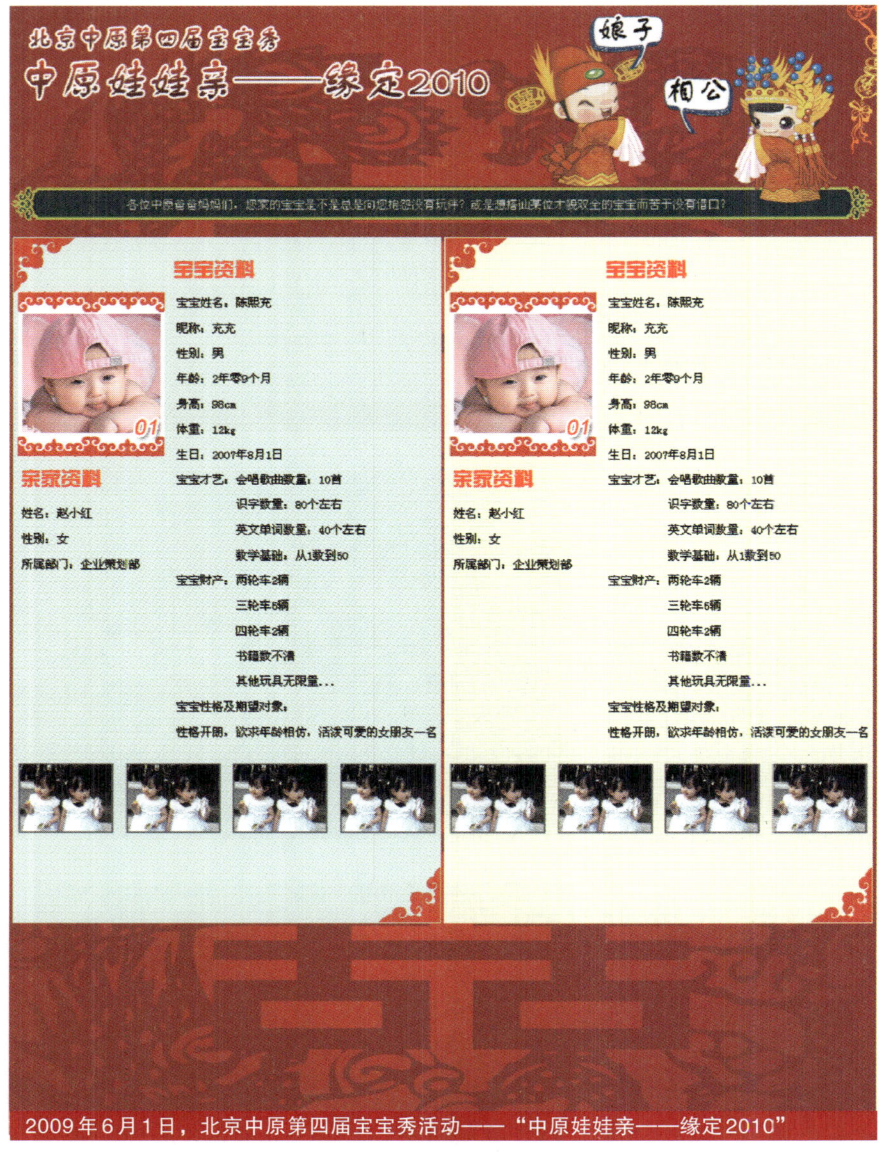

2009年6月1日，北京中原第四届宝宝秀活动——“中原娃娃亲——缘定2010”

2010年7月28日，北京中原第一届台球赛

2010年8月2-3日，三级市场东区事业部拓展

2010年8月5日，三级市场豪宅、昌平、顺义事业部拓展

2010年8月18～19日，三级市场南区事业部拓展

天津中原物业顾问有限公司

一、公司简介

天津中原物业顾问有限公司成立于2001年10月，是香港中原集团在天津投资的港商独资企业。截止目前，天津中原地产员工1300余人，分行数90余家，业务范围包括市场拓展、市场分析调研、项目可行性分析报告、规划顾问、策划营销、代理销售、房地产中介服务、项目推广等。同时，天津中原积极开拓市场、发展各项业务，在信息咨询、项目投资转让以及客户综合服务等方面取得了长足的进步，逐步向“专业化成熟的房地产综合服务商”的目标加速发展。

凭借多年积累的市场销售经验，先进的组织管理模式、科学的数据、信息采集分析系统以及全体员工的全心努力，天津中原不断扩大其在一、二手市场的占有率，为房地产项目发展商、中、小业主与所有的客户提供更为全面的专业服务。与松江、金地、五矿置业、首创置业、郎钜等发展商开展积极合作，营销代理的喜年广场、八栋适家、富顿广场、汐岸国际、米兰世纪、俊城·浅水湾、嘉汇园、云台花园、白楼·仕嘉、津玉大厦、天骄领域等项目在天津房地产市场上逐步树立了“皇牌代理、信心标记”的品牌形象。并积极展开“一、二手联动”，独家代理红磡、金地格林世界、大地十二城、万源星城、富瀛洲花园、时代奥城等项目，均取得了骄人的销售佳绩。

天津中原坚持“所识尽教，任人唯贤”原则，依赖先进的组织管理模式、科学的信息采集系统、丰富的一、二手联动优势、员工之间团结协作的精神及良好和睦的工作关系定能为发展商和客户提供高素质的服务。

目前天津中原已成为天津市极具规模及影响力的专业性房地产代理咨询机构，并通过天津市房屋土地管理局房地产中介代理机构资质认证，在房地产业内赢得了良好的声誉。在津发展的几年中，天津中原已发展成为代理项目众多、部门齐全、颇具规模和影响力的房地产综合服务代理商，荣获“天津市房地产经纪最具影响力企业十强”、“品牌经纪‘金桥奖’机构奖”、“天津房地产品牌中介TOP10第一名”、“天津市优秀房地产经纪公司”、“明星企业奖”、“功臣企业”、“天津房地产销售员大赛冠军”等奖项。

（一）发展历程

（二）业务范畴

市场拓展业务

投资顾问服务

住宅业务

写字楼业务

商业业务

三级市场业务

一、二手联动业务

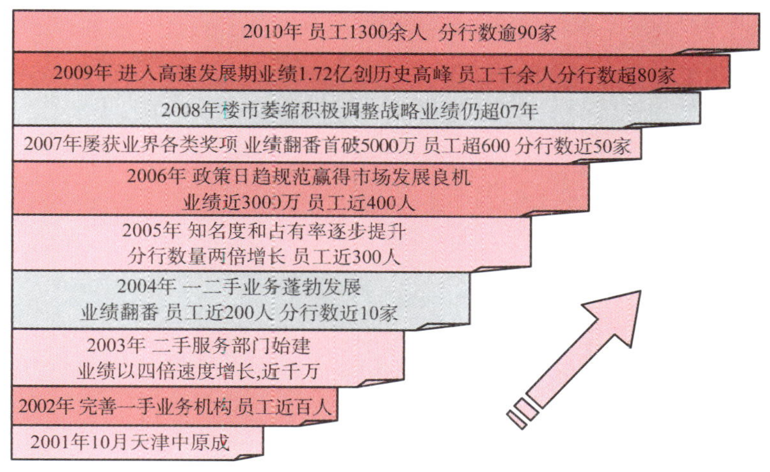

（三）组织架构

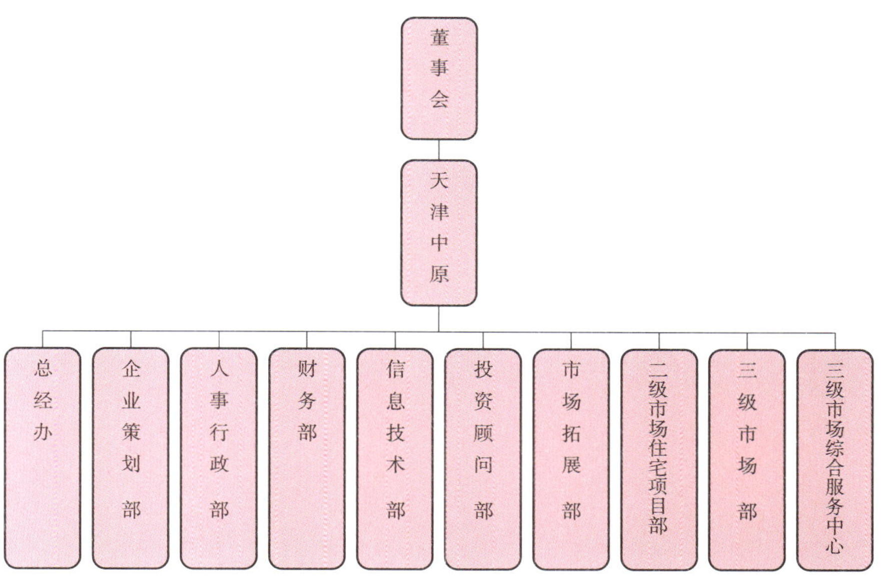

二、主要部门业务简介

（一）投资顾问部业务简介

天津中原拥有完善的房地产供应与需求数据库。对市场数据进行定期收集，完善了宏观信息、土地、住宅、写字楼、商铺、酒店及酒店式公寓六大数据库。并凭借其完善的数据分析系统及优秀的投资分析人员，定期向社会公众提供准确的市场信息，为房地产经营者及各类投资决策提供可靠的论据，以及具有市场价值和前瞻性的专业分析成果。

在当今竞争越来越激烈的市场经济中，掌握市场信息成为企业成败的前提条件。天津中原始终坚持掌握市场第一手资料的强烈意识，加上对天津房地产市场的透彻了解和敏锐的洞察力，定能为客户提供强有力的支持。

常规服务内容

・城市及功能区顾问内容・土地及项目转让顾问内容・项目评估业务・主题地产顾问・房地产调查及分析业务・地产项目顾问咨询

专项服务内容

・套餐类服务・中小型项目与金融机构对接服务・协助金融机构对项目融资可行性进行评估服务

成果展示

・中原数据库系统：宏观经济数据库、指数库、房地产开发统计数据库、房地产项目数据库、房地产项目预售资料库、客户资料库、房地产相关企事业单位资料库、政策法规库、房地产土地信息库

・中原系列研究产品：天津中原房地产月度市场报告、天津中原房地产季度市场报告、天津中原房地产年度市场总结与展望

（二）二级市场项目住宅部业务简介

■ 策划部

在强大的专业平台支持下，整合市场研究成果，掌握市场前沿资料，结合科学的分析方法和中原多年的地产销售经验，针对不同类型的物业提供项目整体策划报告，包括市场定位、客户定位、制定价格策略、销售策略和总体营销策略等，并将随时关注市场变化，适时调整运营方案，以强势成熟的项目操作经验配合中原的销售团队。

策划部业务范围

・项目前期开发策划：前期市场调研、项目可行性研究、项目定位策略、规划设计建议

・项目营销推广策划：项目形象定位、产品包装策略、营销推广计划、总体价格策略、全案操盘节奏

■ 销售部

天津中原在激烈的市场竞争大潮下，立足于市场变奏，在积累了丰富操盘经验的同时，逐渐摸索、建立了系统成熟的现场管理体系，确立了天津住宅代理市场的领导地位，为实现公司可持续的远景战略目标打下了坚实的基础。

根据策划部制定出的营销策略，销售部对所推广的住宅项目进行销售技巧培训，安排销售管理、销售组织工作，通过多种销售方式：直销、巡展、展会接待、广告咨询电话以及组织现场接待等方式积极向客户推广项目，促

进成交。针对不同性质项目及客户，通过中原在香港的庞大销售网络，完成海外销售工作。

秉承“以人为本”之公司理念，销售部立足于人员储备及销售队伍的组建，对新老员工进行全面的专业培训，以增强业务队伍的战斗力，使销售部业绩逐年提升。

中原策划、代理服务案例

正在服务项目			
第五大道公馆项目	美国铁狮门	1.4万m^2	前期定位及独家代理
喜年广场	深圳花样年集团	10万m^2	全案策划及独家代理
朗钜天域	深圳朗钜集团	50万m^2	全案策划及独家代理
红勘领世郡	红勘集团	140万m^2	联合销售及二、三级联动
松江高尔夫小镇	松江集团	19万m^2	产品策划及营销顾问
美克集团解放南路项目	美克集团	3万m^2	前期研究及定位策划
逸仙园	泰达集团	10万m^2	前期研究及定位策划
金海湖	深圳桃源居	50万m^2	前期研究及定位策划
亚泰项目	亚泰集团	15万m^2	前期研究及定位策划
八里台	松江集团	60万m^2	前期研究及定位策划
二、三级联动服务项目			
大地12城	万隆集团	100万m^2	二、三级联动销售
海河大道	翰华置业	30万m^2	二、三级联动销售
金地格林世界	金地集团	53万m^2	二、三级联动销售
富瀛洲花园	汇森地产	18万m^2	二、三级联动销售
橄榄树	泰富集团	20万m^2	二、三级联动销售
北斗星城	泰达集团	16万m^2	二、三级联动销售
已结案独家代理项目			
米兰世纪花园	津东地产	20万m^2	全案策划及销售代理
汐案国际	松江集团	12万m^2	全案策划及销售代理
俊城浅水湾	正信地产	20万m^2	全案策划及销售代理
云台花园	天思置业	10万m^2	全案策划及销售代理
富顿中心	金麟置业	4万m^2	全案策划及销售代理
天骄领域	松江集团	30万m^2	全案策划及销售代理
八栋世家	六合地产	4万m^2	全案策划及销售代理
未来之约	尔心置业	5万m^2	全案策划及销售代理
嘉汇园	荣嘉置业	6万m^2	全案策划及销售代理
白楼仕嘉	河西建设	8万m^2	全案策划及销售代理

数据来源：天津中原二级市场住宅项目部。

（三）三级市场业务简介

天津中原三级市场部主要从事二手房代理业务，目前在天津市场开设逾90家分行，所有分行划分为四个营业区域和豪宅买卖部。近年来，天津中原三级市场部呈飞速发展，在天津房地产行业中居于领先地位。

天津中原三级市场部快速发展凭借的是全透视的交易流程和专业的房地产服务态度。秉承"公开资讯、公平交易、诚信为本、不吃差价"的服务理念，本着"以人为本、以客为尊、团结高效、创新进取"的经营宗旨为客户提供纯洁的中介代理服务。近年来，三级市场部除保持原有二手房业务稳定的地位以外，更注重发展一手房代理业务，用"两条腿"走路，一二手业务同时发展、平衡发展。2007年底签订了多项一手房代理项目，在代理过程中一如既往保持自己的服务品质，受到了客户和开发商的一致好评。随着市场的发展变化，三级市场部更将"诚信经营"提高到"5S"的服务理念这一新高度。用"销售、微笑、服务、迅速、满意"五项标准来衡量服务流程中的各个环节，注重发展每一个细节，使客户在买卖房产中感受到VIP级的服务享受。

2009～2010年天津中原业绩统计

年　份	二级市场	三级市场	总　计
2009年1～12月	695万元	16569万元	17264万元
2010年1～7月	477万元	9209万元	9686万元

数据来源：天津中原财务部

三、天津中原荣誉榜（2009～2010年）

获奖时间：2009年

所获奖项：中国地产经纪年度品牌机构奖

主办单位：搜狐焦点网

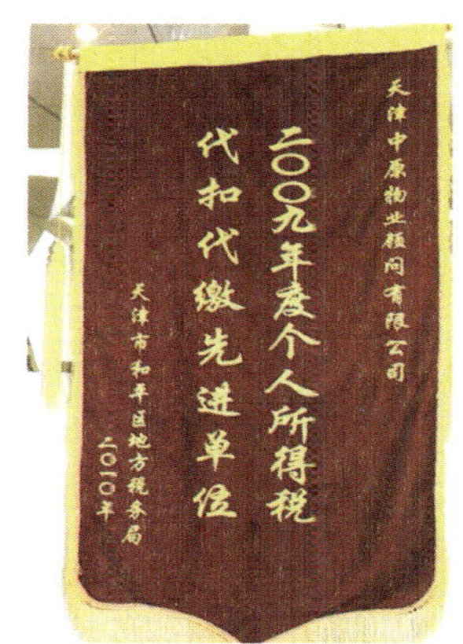

获奖时间：2009年

所获奖项：个人所得税代扣代缴先进单位

主办单位：天津市和平区地方税务局

获奖时间：2009年

所获奖项：胡润（天津）品牌价值企业TOP100

主办单位：今晚传媒

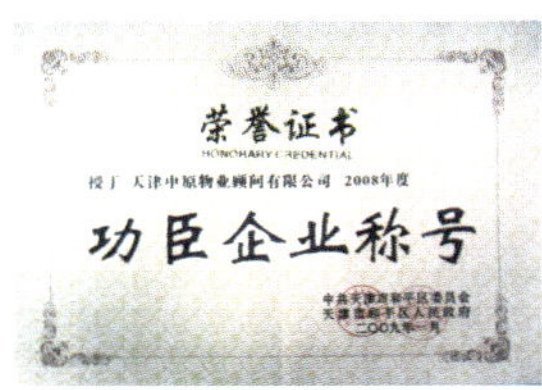

获奖时间：2009年

所获奖项：功臣企业

主办单位：和平区人民政府

四、企业活动

1. 天津中原爱心行（2009～2010年）

爱心社及“母亲水窖1+1”捐款

爱心社成立于2009年9月1日，主要宗旨为“奉献爱心、服务社会”，以精英会成员为主要社员，全体同仁自愿参加。成立之初曾组织“母亲水窖1+1”捐款倡议活动。每年预计组织1～2次爱心活动。

爱心社今后将继续坚持“奉献爱心，服务社会”的宗旨，为社会的发展和进步做出应有的贡献。在奉献爱心的同时，净化和升华自己的心灵。

天津中原爱心社社徽

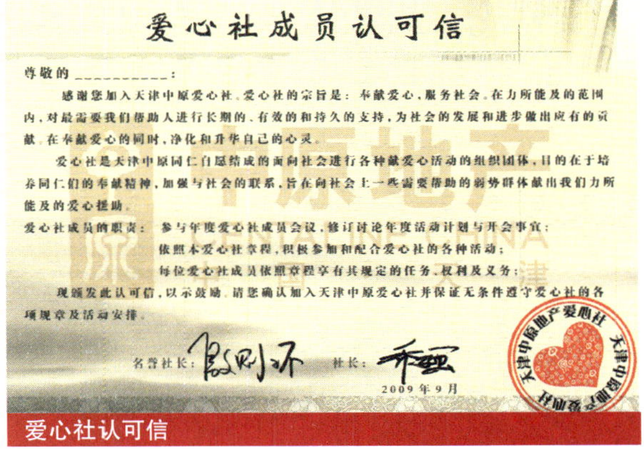

爱心社成员认可信

尊敬的__________：

感谢您加入天津中原爱心社。爱心社的宗旨是：奉献爱心，服务社会。在力所能及的范围内，对最需要我们帮助人进行长期的、有效的和持久的支持，为社会的发展和进步做出应有的贡献。在奉献爱心的同时，净化和升华自己的心灵。

爱心社是天津中原同仁自愿结成的面向社会进行各种献爱心活动的组织团体，目的在于培养同仁们的奉献精神，加强与社会的联系，旨在向社会上一些需要帮助的弱势群体献出我们力所能及的爱心援助。

爱心社成员的职责：参与年度爱心社成员会议，修订讨论年度活动计划与开会事宜；
依照本爱心社章程，积极参加和配合爱心社的各种活动；
每位爱心社成员依照章程享有其规定的任务、权利及义务；

现颁发此认可信，以示鼓励。请您确认加入天津中原爱心社并保证无条件遵守爱心社的各项规章及活动安排。

名誉社长：　　社长：

2009年9月

爱心社认可信

爱心社成员合影

母亲水窖捐款主页

2. 媒体发布

10 主流地产·商业地产特刊

第二届商选会明日启幕

2009 年天津商业白皮书同期发布

探寻天津商业地产价值红「芯」

《天津日报》主办商选会投资顾问部总监高飞作现场演讲，独家发布《09商业地产白皮书》

与主流媒体展开积极合作

董事总经理参与《先行一步》录制

3. 团队建设

京津精英会军事拓展

9月"谁羽争锋"羽毛球比赛火热进行

软件培训

管理层培训

色彩性格培训

香港交流考察，获奖同事上台领奖

4．公司庆典

9月1日，中原日庆典，总部举行庆典，领导下分行为精英颁奖

刘总为楼处优秀策划师颁奖

殷总为楼处销售精英颁奖

乐队表演《我的未来不是梦》

施董颁发实物特等奖“汽车钥匙”

三区、六区士气展示

Sherman为09年度至尊大奖获奖代表颁发奖金

2010年2月2日，年会隆重举行

5. 内部建设

精英会专题和海报

十分行同开庆典

三级市场部CCAI上线